Le Livre noir des États-Unis

DU MÊME AUTEUR

Trahison tranquille, essai,Les Intouchables, 1998.

Imprimé en France.

Peter Scowen

Le Livre noir des États-Unis

Traduit de l'anglais par Pierre R. Desrosiers

MANGO DOCUMENT

Remerciements et notes sur la recherche

Entrecoupées de séjours à New York et à Paris, la recherche documentaire et l'écriture de ce livre ont été menées à une allure folle en l'espace de douze semaines au printemps de 2002. Un travail aussi rapide ne peut prétendre au titre d'ouvrage d'histoire sans faire injure aux historiens qui consacrent une vie entière à un sujet donné. Il s'agit plutôt d'une œuvre journalistique qui doit beaucoup aux authentiques historiens, comme Chalmers Johnson, Robert Jay Lifton, Greg Mitchell, Gar Alperovitz et Henry Kissinger, ainsi qu'aux auteurs et rédacteurs du *Oxford Companion to the History of the United States* et du *Penguin History of the United States of America.* J'ai aussi puisé abondamment dans les travaux du politologue Benjamen R. Barber et de la nutritionniste Marion Nestle. Les faits dont ils font état et les mots qu'ils emploient ont sérieusement orienté mon travail, et j'espère avoir largement reconnu cette dette dans ces pages, principalement dans les notes. Je suis également redevable au personnel des National Security Archives qui, par son inlassable ténacité, a forcé divers départements et organismes du gouvernement américain à dévoiler des documents d'une valeur inestimable et à les rendre accessibles sur Internet. Si ce livre n'avait qu'un mérite, ce serait de témoigner de la fiabilité d'une connexion Internet à haute vitesse, couplée à la rapidité de Google. C'est par Internet que j'ai découvert plusieurs pistes qui m'ont finalement mené à leurs sources premières. Chaque fois que cela a été possible, je m'en suis tenu à ces sources d'origine ; lorsque nécessaire, j'ai utilisé des sources secondaires, tels des articles de journaux et des livres. Les archives électroniques du *Baltimore Sun* et du *New York Times* ont été d'une importance capitale, de même que celles du *National Post* de Toronto. Le chapitre consacré au recomptage lors de l'élection présidentielle du 7 novembre 2000 est presque entièrement basé sur les reportages de la série « America Waits » du *Los Angeles Times*. La Toronto Reference Library est aussi une excellente source de documents habituellement difficiles d'accès.

Le lecteur prendra note que les sommes exprimées en dollars le sont toujours en dollars américains.

À titre plus personnel, je dois remercier Ken Whyte et Doug Kelly, du *National Post*, qui m'ont autorisé à prendre des congés pour écrire ce livre, ainsi que Michel Brûlé, cet éditeur qui a cru en moi. Ma femme, Lee-Anne Goodman, m'a été, comme toujours, d'un indéfectible soutien et je la remercie aussi de m'avoir fait connaître de superbes groupes américains tels Wilco et les Dandy Warhols. Désolé pour le terrible désordre qui règne dans mon bureau…

Et par-dessus tout, je suis profondément reconnaissant à ma sœur d'avoir survécu à l'attaque du World Trade Centre le 11 septembre 2001. Son courage aura été la source d'inspiration sans laquelle ce livre n'aurait pu voir le jour.

Introduction

Toronto, le mardi 2 avril 2002

Ma sœur aînée a passé le week-end dernier à notre domicile de Toronto. Pour ma femme et moi, cette visite a été un honneur.

Amy, qui est cadre supérieur dans une société américaine de conseillers en gestion, était à son bureau du cinquante-quatrième étage de la tour Sud du World Trade Centre dès 8 h 30 le matin du 11 septembre 2001. Elle se souviendrait plus tard d'avoir ressenti, ce matin-là, un inexplicable désir de joindre par courriel des amis lointains. Lorsque le premier avion envoyé par Oussama ben Laden a heurté la tour Nord, à 8 h 48, elle a immédiatement su que quelque chose de terrible venait de se produire ; elle a d'abord cru que les plus hauts édifices de New York avaient de nouveau été la cible de bombes, comme cela avait été le cas en 1993. De sa fenêtre, elle pouvait voir des milliers de feuilles de papier s'élever et redescendre doucement au gré des courants d'air entre les deux immenses structures ; plus haut, une partie de la tour Nord disparaissait derrière une énorme boule de feu. Pour des raisons qui, encore aujourd'hui, restent pour eux mystérieuses, Amy et ses collègues ont décidé de quitter sur-le-champ leur édifice encore intact. C'était là, leur semblait-il, la meilleure chose à faire. Les quelque vingt-cinq personnes qui se trouvaient là ont aussitôt amorcé leur descente, prenant d'abord les ascenseurs, puis les escaliers de secours. Elles avaient atteint à peu près le trentième étage lorsque le second avion a percuté la tour, cinquante étages plus haut, avec une violence telle que plusieurs d'entre elles ont perdu l'équilibre. Regroupées après ce choc, elles ont pressé le pas jusqu'au niveau du métro et sont finalement sorties de l'édifice pour poursuivre instinctivement leur marche vers le nord, laissant les tours derrière elles. Ces gens n'avaient encore aucune idée de ce qui s'était passé et n'apprendraient qu'un peu plus tard dans la journée la cause de cet indescriptible désordre, comprenant alors à quel point la mort avait été proche. Amy ne l'a appris qu'en voyant à la télévision, dans l'appartement d'une amie chez qui elle avait trouvé refuge, les appareils s'écraser avec une mortelle précision sur chacune des tours.

Dispersée entre Montréal, Toronto et Silver Springs (Maryland), notre famille a vécu cette matinée dans une terrible angoisse. Les standards téléphoniques étant surchargés et les communications impossibles, Chris, le mari d'Amy, mes deux sœurs, nos parents et moi-même avons passé trois heures entre l'espoir et la terreur. Sachant Amy débrouillarde, nous pensions que, si la chose était possible, elle trouverait un moyen pour quitter la tour. Mais nous ignorions dans quelle tour elle travaillait et à quel étage. Se trouvait-elle aux étages qui avaient été frappés ou, pire encore, à un niveau supérieur ? De retour de l'école où il avait conduit leur fils, son mari a reçu un message téléphonique d'Amy qui lui disait que la tour Nord avait été bombardée, mais que tout allait bien et qu'elle quittait son édifice. Grimpé sur le toit de leur maison de Brooklyn pour voir les tours en feu, il a vu la tour Sud – celle d'Amy – s'écrouler à 9 h 59. Il se souvient en avoir eu des haut-le-cœur.

C'est tout ce que nous avons su durant les premières heures. Ma sœur cadette et moi, installés dans sa chambre, à Toronto, nous regardions les reportages télévisés. J'étais surexcité, état qui a habituellement pour effet de générer chez ma sœur un calme olympien. Elle était en train de me rassurer sur la débrouillardise d'Amy lorsque la deuxième tour s'est écroulée sous nos yeux. Du coup, ma sœur a rengainé ses propos lénifiants et a déclaré, impassible : « Ça s'annonce mal. » Notre sentiment d'impuissance s'est accru lorsque nous avons appris l'explosion survenue au Pentagone et l'écrasement, dans un champ de Pennsylvanie, d'un autre appareil détourné. Une sorte de résignation s'est alors emparée de nous. Nous nous sentions coupables, tout à coup, de nous inquiéter pour Amy alors que, de toute évidence, les morts étaient si nombreux. Nous ne savions que faire. Chaque appel téléphonique ranimait l'espoir, mais ne nous apportait aucun soulagement. Enfin, un ami de Toronto nous a appelés pour nous dire qu'il avait reçu un courriel d'Amy : elle lui assurait qu'elle était en sécurité et lui demandait de nous le faire savoir. Cependant, il ignorait si ce message provenait de son bureau ou d'un lieu éloigné de la catastrophe. Amy nous préciserait par la suite qu'elle avait expédié ce message depuis une galerie d'art de Soho. Je n'ose imaginer dans quel état étaient nos parents et le mari d'Amy, mais, pour un bref moment qui me hante encore, je l'ai crue morte.

Finalement, vers 11 h 30, Chris est parvenu à joindre notre mère par téléphone, à Montréal, et lui a appris qu'Amy était en sécurité. Elle l'avait appelé depuis la résidence de son amie à Greenwich Village et se dirigeait maintenant vers Brooklyn pour aller retrouver sa famille. Plus tard dans la journée, je lui ai téléphoné depuis mon bureau et ai enregistré une interview pour le compte du *National Post*, le quotidien qui m'a généreusement accordé des congés pour écrire ce livre. Sur le ton neutre d'une personne en état de choc, Amy m'a décrit le sentiment inexplicable et spontané, purement instinctif, qui l'avait poussée à quitter son bureau. « C'était une décision incroyable », a-t-elle ajouté sans enthousiasme. (On trouvera une transcription de cette interview à la fin de ce livre.)

Sa visite, le week-end dernier, a été un moment heureux mais difficile. Amy était venue assister aux funérailles de la sœur de sa meilleure amie. Elle en a profité pour rendre visite à une autre amie dont le jeune mari était décédé subitement un an plus tôt et à une troisième dont la mère était morte récemment. Amy pleurait souvent et elle a été aussi prise d'un énorme fou rire lorsque ma femme l'a surnommée Calamity

Amy. Plus tard, lorsque le taxi dans lequel elle se trouvait a brûlé un stop et évité de justesse une autre voiture, l'afflux d'adrénaline a fait remonter en elle des souvenirs qui ont déclenché une grosse crise de larmes. De toute évidence, l'épreuve subie plus de six mois auparavant la trouble encore, ce dont elle convient volontiers. Parmi les choses qui l'ont le plus marquée, elle est profondément troublée par le fait qu'un événement aussi phénoménal et aussi bouleversant ait pu survenir dans sa vie sans crier gare. Elle a noté, dans son journal : « J'ai réfléchi au fait que nous nous apprêtions, en toute innocence, à être les victimes d'un cataclysme. Le jour précédent, j'avais assisté à une rencontre avec des cadres supérieurs et quand je les ai revus ensuite, notre univers avait changé à tout jamais. »

Je me suis efforcé aussi de trouver un sens aux événements du 11 septembre. En premier lieu, j'ai ressenti de la colère. Aussi, j'ai été heureux d'entendre le président Bush déclarer qu'il s'agissait là d'un combat entre le bien et le mal. Je ne demandais pas justice, mais vengeance. J'ai trouvé normal que le gouvernement des États-Unis arrête des musulmans et ne cache pas son intention d'utiliser son écrasante puissance militaire pour exercer des représailles. J'ai également affirmé, tout comme la majorité de la population, qu'il ne fallait pas blâmer la politique américaine pour ces attaques, car cela aurait équivalu à blâmer indirectement les victimes. Face à une telle hécatombe et à ce qui avait failli arriver à ma propre famille, il me semblait cruel que l'on exige des victimes et de leurs proches d'accepter une responsabilité partielle dans ce qu'ils avaient subi, ou même d'y faire simplement allusion.

Mais même dans les moments de colère, la raison demeure à l'affût, prête à s'imposer. Lorsque j'étais plus calme, j'éprouvais un curieux sentiment d'ambivalence en pensant que le terrorisme, jusqu'alors phénomène lointain – puisque la télévision ne nous avait jamais parlé que de terroristes s'attaquant à des ambassades américaines en Afrique ou à des hommes et à des femmes se trouvant en Irlande du Nord et au Moyen-Orient –, était soudainement à nos portes avec toute son horreur. Journaliste depuis dix-huit ans, dont six dans les médias dits « alternatifs », je savais que les États-Unis avaient eux-mêmes commis des atrocités et s'aventuraient sur un terrain plus que glissant lorsque leur président divisait l'humanité en bien et en mal. Par-dessus tout, je ne pouvais tout simplement pas comprendre pourquoi ma sœur et toutes les autres personnes qui travaillaient à cet endroit étaient devenus une cible pour les terroristes. Qu'avaient donc fait d'innocents Américains, provenant de toutes les couches de la société, pour mériter d'être réduits en poussière par une belle matinée de fin d'été ?

Ce livre est une enquête sur le pays où ma sœur a failli être tuée. Ce n'est pas de la grande littérature, mais cela m'a aidé à répondre à certaines questions dont celles-ci : le gouvernement américain met-il la vie de ses citoyens en péril par ses politiques étrangères et ses actions passées, et est-il vraiment en mesure de se poser en champion de la morale dans sa guerre contre le terrorisme ?

Durant les mois qui ont suivi le 11 septembre, on n'a pas posé ce genre de questions. Les États-Unis ont connu une période de grâce au cours de laquelle il était politiquement incorrect – quelque chose comme une trahison – d'évoquer l'hypothèse qu'il ait pu y avoir le moindre rapport de causalité entre leurs politiques et les attaques terroristes. Le gouvernement américain, assez remarquablement, s'est déclaré tout aussi innocent que les victimes de ben Laden – sorte de spectateur choisi au hasard par une force irrationnelle. Du président aux simples porte-parole, les responsables gouvernementaux ont affirmé dans un même élan que les attaques n'étaient pas un phénomène géopolitique lié aux intérêts américains outre-mer. Un grand nombre de personnes, dont j'étais, ont accepté cette version des faits par sympathie et par crainte. Mais beaucoup d'autres – je le constate maintenant –, n'en croyaient rien mais ne pouvaient exprimer leur opposition à cause de cette période de grâce largement artificielle qu'avaient imposée le gouvernement américain et des médias de masse atteints d'hyperpatriotisme.

Ce livre est donc un examen personnel tardif de l'histoire américaine récente à la lumière de la prétention des États-Unis, dans la foulée du 11 septembre, à l'innocence politique et à la rectitude morale. Il tente de mettre au jour tout renseignement permettant de voir sous un autre jour tout ce qui a été dit par le gouvernement américain à leur sujet.

Car comment les Américains peuvent-ils, au-delà de leur sentiment d'horreur et de leur patriotisme, ne *pas* soupçonner qu'il y a un lien entre leur politique étrangère et les attaques du 11 septembre ? Ce lien *doit* exister. Comment apporter autrement une explication qui résiste à l'analyse ? Il est parfaitement ridicule de prétendre le contraire, c'est-à-dire d'assurer que la politique étrangère récente ne peut être reliée à ce qui s'est passé le 11 septembre. Il est tout aussi naïf d'affirmer que les États-Unis sont une nation vertueuse et innocente. (Il n'existe pas de nation vertueuse ; un Livre noir pourrait être écrit sur tous les pays de la planète.) Non seulement c'est naïf, mais c'est aussi contre-productif. Car si l'on veut utiliser dans leur sens strict les termes manichéens clamés par le président Bush et d'autres après le 11 septembre – et voulant que le mal soit le mal, que le bien soit le bien, et que rien ne soit relatif –, on peut dire que les États-Unis d'Amérique sont dirigés depuis cinquante ans par des gouvernements qui se sont montrés aussi cruels et aussi inhumains que tout autre dans l'histoire. Lorsque les nuances sont bannies d'un monde de guerre et de morts, les « bons » n'existent pas, paradoxe apparemment inconnu des leaders américains.

Les Américains se voient comme les citoyens d'une bonne nation, par opposition à une mauvaise nation. Les citoyens démunis des autres pays ne peuvent se permettre un tel simplisme. S'ils reconnaissent les qualités des Américains, ils savent aussi que ce pays soutient un terrorisme d'État et des dictatures sanglantes. Ils savent que ce pays, lorsque l'ont exigé ses intérêts, a allègrement contribué à l'extermination, dans des pays étrangers, de populations « encombrantes », quand il n'a pas lui-même entrepris de les éliminer. Ils évitent, sans toujours y parvenir, les balles et les missiles que l'Amérique a exportés, contre les trillions de dollars, sans vraiment se soucier de qui les achète et à quelles fins. Ils doivent s'humilier devant une superpuissance menaçant sans cesse de retirer l'aide humanitaire à des pays en voie de développement qui n'adoptent pas les valeurs démocratiques américaines, alors qu'elle se moque, chez elle, de ces mêmes valeurs. Ils sont surpris de voir un gouvernement dénoncer les atteintes aux droits de la personne dans d'autres pays, alors qu'il tolère chez lui un système judiciaire qui impose des centaines d'années d'emprisonnement pour une infraction sans grande importance à la loi sur les stupéfiants et ordonne l'exécution d'individus qui ont commis un meurtre à l'époque de leur adolescence. Ils connaissent un pays qui exporte des aliments et un mode de vie à ce point malsains qu'ils mériteraient la description horrible imprimée sur les paquets de cigarettes. Et, par-dessus tout, ils voient un gouvernement qui, soi-disant au nom de son peuple blessé, accuse d'autres gouvernements de ne pas respecter des valeurs qu'il n'incarne même pas lui-même.

Ben Laden ne visait pas ma sœur. Pas plus qu'il ne visait le mode de vie américain ou l'ensemble de la civilisation occidentale. Ben Laden s'attaquait au gouvernement américain, et les activités de ce gouvernement dans cette partie du monde qu'il considère comme sa patrie lui donnaient une raison d'agir supplémentaire. Il se peut qu'il ait aussi visé, bien que ce soit peut-être là lui faire trop honneur, l'« exceptionnalisme » américain, c'est-à-dire cette suffisance messianique qui permet aux Américains de se croire à l'abri des aléas de la géopolitique. Mais les terroristes ne tuent jamais des politiques ou des croyances. Ils tuent des gens innocents – Israéliens attablés devant une pizza à Haïfa, employés d'une ambassade en Afrique, gens travaillant dans un édifice à bureaux. Aucun pays ne devrait céder aux exigences d'un terroriste, mais aucun pays ne devrait non plus ignorer les griefs sous-jacents à ces exigences, car ils témoignent parfois de requêtes pertinentes émises par des populations raisonnables. S'ils s'efforçaient, pour un instant, de voir leur pays avec les yeux des autres, les Américains prendraient conscience des horreurs dont leur gouvernement est capable, et ils saisiraient mieux la nécessité de voir le monde de façon plus nuancée. Ils comprendraient pourquoi d'autres nations sont lasses des sermons américains sur la démocratie et sur la liberté. Et ils finiraient par entrevoir ce que les populations d'autres pays ont douloureusement compris depuis longtemps, soit qu'un gouvernement n'est pas innocent du seul fait que ses citoyens assassinés l'étaient.

Chapitre 1

Le bien et le mal

> Tout n'est pas OK. Et ce n'était pas Pearl Harbor.
>
> Susan Sontag, *The New Yorker*, le 24 septembre 2001

Le 11 septembre 2001, les États-Unis d'Amérique furent attaqués sur leur territoire pour la deuxième fois depuis la guerre de 1812. Le 12 septembre, le président George W. Bush déclara officiellement que son pays était la victime innocente d'un individu malfaisant ; ainsi s'amorça une tentative concertée, et largement réussie, de faire taire la dissidence au pays de la liberté [1].

Au lendemain des attaques, Bush affirma que les États-Unis étaient « forts » ; que le gouvernement et les entreprises continueraient à fonctionner normalement ; que la force militaire se vengerait d'un acte de destruction commis par des terroristes qui avaient visé l'Amérique parce qu'elle était « le phare le plus brillant de la liberté ». Les États-Unis n'avaient pas été attaqués, prit soin de souligner Bush, à cause de ses actions passées ou présentes, mais parce qu'ils se distinguaient

1. NdT : « *In the land of the free* » : l'auteur fait ici référence à un passage de l'hymne national américain.

parmi toutes les nations éprises de liberté – comme si la France, la Suède ou la Belgique étaient moins libres que les États-Unis ou n'auraient pu, elles aussi, être la cible de terroristes excédés par la présence militaire américaine en Arabie Saoudite. Par conséquent, il n'était pas nécessaire de rechercher dans la politique étrangère américaine la cause première des attaques. Dans un autre discours prononcé le même jour, Bush qualifia les attaques d'« acte de guerre » et décrivit l'avenir immédiat de l'Amérique comme « un gigantesque combat du bien contre le mal ». Le 14 septembre, les responsables gouvernementaux prévinrent les Américains que la guerre contre le terrorisme serait « une longue lutte » et reprirent le message présidentiel : n'importe quel pays démocratique aurait pu être visé par les terroristes. Un haut responsable affirma que des leaders d'autres pays avaient déclaré au président Bush : « Cela aurait pu nous arriver. » Le 16, Bush confirma qu'Oussama ben Laden était le principal suspect[2].

Dans les médias, entre-temps, le 11 septembre devint un « jour d'infamie », expression qui reprenait les mots employés par Franklin Delano Roosevelt pour décrire l'attaque non provoquée de Pearl Harbor par les Japonais en 1941[3]. Une fois de plus, le gouvernement américain était considéré, à l'instar des quelque trois mille victimes, comme un spectateur innocent et bien intentionné. Durant les quarante-huit heures qui suivirent les attaques, cette prétention sans fondement, répétée par les politiciens et les commentateurs des médias, prit la force d'une vérité. En moins de trois semaines, elle était devenue parole d'évangile, prêchée par des leaders politiques qui affirmaient carrément que toute personne ayant le moindre doute là-dessus n'était ni plus ni moins qu'un terroriste. Le maire de New York,

2. Transcription des paroles de Bush à son arrivée à la Maison-Blanche le 16 septembre.

3. Prononcée le 8 décembre 1941, la déclaration de Roosevelt se lisait ainsi : « Hier, le 7 décembre 1941 – date qui vivra dans l'infamie –, les États-Unis d'Amérique ont été soudainement et délibérément attaqués par les forces navales et aériennes de l'Empire du Japon. »

Rudolph Giuliani, qui s'était acquis une crédibilité incontestable grâce à la façon héroïque dont il avait mené les opérations de secours lors des attaques, résuma ce nouvel évangile dans un discours prononcé devant les Nations Unies le 1er octobre :

> Ce n'était pas là qu'une attaque contre New York ou contre les États-Unis d'Amérique. C'était une attaque contre l'idée même d'une société libre, diversifiée et civilisée. [...] D'un côté, on trouve la démocratie, la règle de droit et le respect de la vie humaine ; de l'autre, la tyrannie, les exécutions arbitraires et les assassinats de masse. Nous sommes le bien et ils sont le mal. C'est aussi simple que cela. [...] L'époque du relativisme moral entre ceux qui pratiquent ou admettent le terrorisme et ceux qui s'y opposent, cette époque doit prendre fin. Le relativisme moral n'a pas sa place dans cette discussion et dans ce débat.

Une semaine plus tard, le président Bush reprit ce point de vue dans un discours à la Maison-Blanche :

> Dans ce conflit, il n'existe aucun terrain neutre. Tout gouvernement qui soutient les hors-la-loi et les assassins d'innocents devient lui-même un hors-la-loi et un assassin. Et de tels gouvernements s'engagent dans cette voie à leurs risques et périls.

Les commentateurs des grands médias mirent leur poids dans la balance, reprenant l'idée que l'Amérique était une victime innocente et que l'on ne pouvait être, comme le répéta Bush le 7 novembre, que « pour nous ou pour les terroristes ». On notera, entre autres, les propos d'un chroniqueur qui, dans le *National Post* du 28 septembre, écrivit dans un langage accessible à tous que les États-Unis étaient incontestablement du côté de la vérité : « Les États-Unis sont devenus un bouc émissaire, tout comme les Juifs l'ont été dans l'Allemagne nazie[4]. »

Pendant ce temps, les réseaux de télévision américains, qui avaient adopté un ton solennel, pharisaïque et flagorneur, réduisaient la tragédie globale, et les milliers de tragédies individuelles

---

4. Sherry Cooper, « Unholy judgments : Critics who imply that the United States got what they deserved are ignoring harsh realities, especially for », *National Post*, 28 septembre 2001, toutes éditions, section Business.

que celle-ci comportait, à un ensemble de manchettes et d'images qui avaient pour but de jouer sur les émotions.

> Tout à coup, on nous enseignait comment se montrer patriote et comment faire son deuil. Le slogan de CNN passa de « America Attacked » [L'Amérique attaquée] à « America's New War » [La nouvelle guerre de l'Amérique]. Celui de CBS devint « America Rising » [L'Amérique se lève]. Le site Web du réseau ABC proposa des drapeaux américains téléchargeables, et K-Mart fit imprimer dans le *New York Times* une version pleine page de Old Glory. Lorsque des volontaires portaient secours aux victimes, le reportage télévisé s'accompagnait du sous-titre explicatif: « Quiet Acts of Heroism » (Un héroïsme ordinaire) [5].

Quiconque, dans les médias de masse, osait prêcher une vérité contraire ou se montrait critique à l'égard de la politique étrangère américaine était traité avec autant de respect que l'étaient jadis les sorcières de Salem. Romancière et essayiste de grande réputation, Susan Sontag fut l'une des rares personnes à s'y risquer. Se trouvant à Berlin le jour des attentats, elle passa les premières quarante-huit heures à suivre les reportages de CNN, après quoi elle expédia au *New Yorker* un commentaire de mille mots [6]. Anticonformiste passionnée, elle attaquait cette couverture médiatique constante et inconditionnelle, accusant les politiciens et les médias américains de mener une campagne d'« infantilisation du public ».

> Où trouve-t-on la reconnaissance du fait qu'il ne s'agissait pas là d'une « lâche » attaque contre la « civilisation » ou contre la « liberté » ou l'« humanité » ou le « monde libre », mais d'une attaque contre la superpuissance mondiale autoproclamée, attaque qui découlait spécifiquement des alliances et des actions américaines ?

Par ces mots, Sontag défiait le président. Elle demandait aux Américains d'examiner les politiques passées et présentes de leur gouvernement afin d'y découvrir des indices leur permettant de comprendre pourquoi des compatriotes innocents

---

5. John Powers, « Media Fundamentalism », *L.A. Weekly*, 21-27 septembre 2001.
6. Ce numéro du journal, premier à paraître après les événements, est daté du 24 septembre 2001.

avaient été la cible de ces attentats – tout comme, par exemple, doivent le faire les Israéliens par rapport aux politiques de leur gouvernement à l'égard des Palestiniens et aux attentats suicidaires qui en résultent. Sontag poursuivait ses propos hérétiques en invitant instamment les Américains à ne pas suivre docilement le gouvernement.

> [...] Tout n'est pas OK. Et ce n'était pas Pearl Harbor. Nous avons un président robotisé qui nous assure que l'Amérique se tiendra debout. De nombreux personnages publics de tous horizons, encore en fonction ou non, fortement opposés aux politiques de cette administration, se sentent apparemment libres de ne rien dire, sinon qu'ils font bloc derrière le président Bush. Une vaste réflexion doit être entreprise, et peut-être l'est-elle à Washington et ailleurs, à propos de l'ineptie des services de renseignements et de contre-espionnage américains, des choix possibles en matière de politique étrangère, particulièrement au Moyen-Orient, et de ce qui constitue un programme intelligent de défense. Mais on ne demande guère à la population d'assumer grand-chose de la réalité. Les platitudes euphorisantes applaudies à l'unanimité durant les congrès des partis soviétiques ne méritaient que mépris. Unanime, moralisateur et conçu pour occulter la réalité, le discours récent des responsables et des commentateurs américains m'apparaît... comment dire ?... indigne d'une démocratie adulte.

Sontag conclut :

> La psychothérapie a remplacé la politique. Vivons tous notre douleur. Mais ne soyons pas tous stupides. Quelques bribes de conscience historique pourraient nous aider à comprendre ce qui s'est produit ou ce qui peut se produire ensuite. « Notre pays est fort », nous répète-t-on à satiété. Je suis de ceux que ces propos ne consolent pas complètement. Qui doute que l'Amérique soit forte ? Mais elle ne doit pas être que cela.

La réaction fut instantanée et brutale. On qualifia Sontag d'« ennemie de l'Amérique », de « moralement idiote » et de « traître [7] ». Comme elle l'écrirait par la suite, le *New York Post* souhaita la voir écartelée [8]. À la télé, un commentateur déclara

7. David Talbot, « The "traitor" fires back », Salon.com, 16 octobre 2001.
8. *Ibid.*

qu'elle devrait être « déshonorée pour ses opinions stupides [9] ». Aux yeux de ses critiques, tel Charles Krauthammer, chroniqueur au *Washington Post*, son plus grave péché fut de refuser une vision manichéenne des attentats, de soulever des interrogations à un moment où les leaders du pays exigeaient un acquiescement silencieux.

> Le temps n'est pas à l'obscurcissement des thèses. Ou à un relativisme angoissé. Ou, de manière indécente, à blâmer d'abord l'Amérique. Le temps est à la clarté. Dans une telle situation, ceux qui cherchent des nuances dans le mal, des causes premières, des atténuations sont, selon l'expression de Lance Morrow [autre chroniqueur américain], « trop philosophes pour être de fréquentation honorable [10] ».

Le « relativisme moral » et les « propos équivoques » n'étaient plus à la mode ; la mode était au patriotisme fonceur et au ralliement autour du chef. Remettre en question l'Amérique et son gouvernement, ou se pencher sur les causes de la tragédie, était, en un certain sens, une absence de « clarté » ; souligner, par contre, le statut de quasi-sainteté de l'Amérique témoignait d'une pensée claire. Impénitente, Sontag confia plus tard à un intervieweur que son texte du *New Yorker* lui avait valu « un grand nombre de lettres très méchantes », qui l'accusaient de trahison [11]. On l'accusa en outre d'avoir approuvé les attaques, ce qui était à la fois faux et injuste et qui l'obligea à réagir, bien à contrecœur.

> Je choisirai n'importe quand l'empire américain plutôt que l'empire du… « fascisme islamique ». Je ne m'oppose pas à la lutte contre cet ennemi – c'est un ennemi et je ne suis pas pacifiste. Je pense que l'attaque du 11 septembre fut un crime épouvantable et je suis stupéfaite d'avoir à le dire pour rassurer ceux qui m'attribuent l'opinion contraire [12].

---

9. *Ibid.*
10. Charles Krauthammer, « This is no time for agonized relativism », *National Post*, 22 septembre 2001, toutes éditions, section Opinion, A-14.
11. David Talbot, « The "traitor" fires back », Salon.com, 16 octobre 2001.
12. *Ibid.*

Par ailleurs, Sontag tint à préciser qu'elle ne croyait pas que « les attaques du 11 septembre visaient à satisfaire des revendications légitimes par des moyens illégitimes [13] ». Elle les considérait comme ce qu'elles étaient : l'assassinat massif de civils, geste qui ne se justifie jamais, quel que soit le lieu où il se produit ou le gouvernement qui le soutient, démocratique comme celui des États-Unis ou d'Israël ou hors-la-loi comme celui des Talibans. Historienne, Sontag connaît des exemples de plusieurs assassinats de cette nature, soutenus ou perpétrés au quatre coins du monde par le gouvernement des États-Unis et par ses agences (et que nous évoquerons dans les chapitres suivants). Elle se contentait de proposer aux Américains, désormais douloureusement conscients du terrible coût humain de tels actes, de remettre en question la supposée supériorité morale de leur pays et de réexaminer ses « alliances et [ses] actes ».

(Il faut noter que d'autres écrivains ont produit des textes qui remettaient en question la réaction américaine aux attaques et qui rappelaient que le pays n'était pas une douce et innocente victime de la terreur. La *New York Review of Books* a présenté des analyses intelligentes des événements, dont certaines sont citées dans cet ouvrage ; les hebdomadaires « alternatifs », dernier refuge de la gauche américaine, ont aussi publié des propos anticonformistes très perspicaces.)

Pour avoir osé penser d'une manière différente, cette femme, admirée en tant que penseur et écrivain, fut ostracisée et traitée comme une lépreuse intellectuelle. Elle s'en tira pourtant plutôt bien. Bill Maher, comédien et animateur de l'émission intitulée *Politically Incorrect* et diffusée sur ABC, faillit perdre son emploi pour avoir fait exactement ce que proposait Sontag : remettre en question les États-Unis. Durant une émission diffusée peu après le 11 septembre, il contesta l'idée selon laquelle les terroristes étaient des lâches. « Nous [les États-Unis] avons été des lâches en lançant des missiles depuis une

---

13. *Ibid.*

distance de 2000 kilomètres », a-t-il déclaré en ondes à propos des missiles Cruise lancés en 1998 sur les camps de ben Laden en Afghanistan. « C'est là de la lâcheté. » Avant le 11 septembre, cette remarque désinvolte n'aurait guère retenu l'attention, et l'auditoire n'y aurait réagi qu'en voyant clignoter le panneau sur lequel on peut lire : « Applaudissez. » Mais cette fois-là, des annonceurs tels que FedEx (entreprise qui profite de contrats militaires importants[14]) menacèrent de boycotter ABC, et, dans tout le pays, plusieurs stations cessèrent de présenter cette émission. Les bonzes réclamèrent la tête de Maher. Le gouvernement lui-même s'en mêla. Secrétaire de presse de la Maison-Blanche, Ari Fleischer déclara, au cours d'un point de presse télévisé digne du colonel Klink[15] : « Les Américains doivent prendre garde à ce qu'ils disent, prendre garde à ce qu'ils font ; ce n'est pas le moment de tenir de semblables propos. » Pour conserver son emploi, Maher fut forcé de s'excuser. Huit mois plus tard, après que ses cotes d'écoute eurent, paraît-il, chuté en deçà des niveaux acceptables, ABC annonça que son émission ne reviendrait plus la saison prochaine.

Maher connut un sort semblable à celui de deux journalistes qui furent sommairement congédiés pour avoir écrit ce qu'il ne fallait pas. Dan Guthrie, chroniqueur au *Daily Courier* de Grants Pass (Oregon), et Tom Gutting, responsable des affaires urbaines au *Texas City Sun* (Texas), furent tous deux mis à la porte pour s'être gentiment moqués du président. Chacun d'eux avait, dans sa chronique, ridiculisé Bush pour n'être pas revenu de Floride à Washington aussitôt après les attentats. Craignant que le président ne fût aussi la cible de ces attaques, le Secret Service l'avait obligé d'abord à demeurer en

14. Selon la Federation of American Scientists (FAS), FedEx a exécuté pour le département de la Défense des contrats d'une valeur de 211 millions de dollars durant l'année fiscale 2001. La FAS (www.fas.org) surveille toutes les ventes d'armes aux États-Unis.
15. NdT : Le colonel Klink était un personnage d'une émission américaine des années 1960, *Hogan's Heroes*. Commandant inepte d'un camp de prisonniers, il fait partie du folklore télévisuel américain.

vol à bord du Air Force One, puis à se terrer dans un bunker militaire du Nebraska durant la plus grande partie de la journée. Pendant ce temps, Giuliani était à Ground Zero et dirigeait les opérations. À cette époque, Bush n'était pas aussi populaire qu'il l'est devenu par la suite. Pour les deux chroniqueurs, il s'était comporté d'une manière ridicule et lâche. Ayant reçu de la part des lecteurs et des annonceurs de nombreuses plaintes, les rédacteurs en chef des deux journalistes cédèrent aux pressions et les congédièrent. Les Daughtry Jr., rédacteur en chef du *Texas City Sun*, déclara alors : « Il n'est pas convenable de publier [la chronique en question] durant la période que traversent notre pays et ses leaders [16]. »

On aurait pu s'attendre à ce que l'histoire d'un journaliste renvoyé pour avoir critiqué le président fasse boule de neige aux États-Unis, un sujet incontournable pour un monde médiatique si conscient de l'importance de sa propre liberté, mais tel ne fut pas le cas après le 11 septembre. Aucun scandale dans les médias, aucune mise en garde contre une dangereuse dérive.

Certains auteurs essuyèrent aussi quelques salves. Michael Moore, cinéaste et écrivain de gauche, devait faire, le 2 octobre, le lancement de son plus récent ouvrage, *Stupid White Men and Other Excuses for the Sorry State of the Nation*, mais apprit inopinément de son éditeur que l'événement était reporté. Celui-ci, Harper Collins, exigeait que Moore récrive des passages dans lesquels il critiquait le président, faute de quoi il détruirait les cinquante mille exemplaires déjà imprimés. Selon Moore, son éditeur lui déclara : « Nous ne nous opposons pas à ta dissidence, mais au ton que tu emploies. Tu ne peux pas, aujourd'hui, t'en prendre au président à propos de ses erreurs passées ou de ses abus d'alcool [17]. » Le livre fut finalement publié tel quel en mars 2002 après qu'une vague de

16. Steve Sebelius, « Free speech isn't free », *Las Vegas Review Journal*, 2 octobre 2001, toutes éditions, section Opinion.
17. Kera Bolonik, « Marion and Me », Salon.com, 7 janvier 2002.

protestations, venue des libraires de tout le pays, eut pris une ampleur impossible à contenir. Il devint sur-le-champ un best-seller.

Les universitaires, groupe obstinément à gauche du spectre politique américain, furent l'objet de tracasseries particulièrement mesquines. Deux mois exactement après les attaques, alors que le gouvernement américain se préparait à appliquer contre l'Afghanistan ce qu'il considérait comme des mesures de représailles légitimes, une organisation appelée American Council of Trustees and Alumni (Conseil américain des administrateurs et des diplômés universitaires) présenta sur son site Web un rapport qui mettait en doute le patriotisme des universitaires américains. Ce groupe avait été fondé par Lynne Cheney, la femme du vice-président Dick Cheney, laquelle siégeait à son conseil d'administration. Intitulé « Défense de la civilisation : Comment nos universités manquent à leur devoir envers l'Amérique et comment y remédier », le document était moins un rapport qu'une liste dramatisée de cent quinze citations et événements mettant en cause des professeurs et des étudiants qui s'interrogeaient sur les intentions guerrières des États-Unis. On y citait nommément certains d'entre eux, qui furent ainsi mis au pilori dans la presse et victimes de gestes d'intimidation et de menaces de renvoi. Il s'ensuivit un tel scandale que le rapport fut révisé et que les noms en furent retirés, geste souvent vide de sens dans la mesure où certaines citations demeurèrent suivies du titre de leur auteur, par exemple celui du doyen du collège Woodrow Wilson de l'Université Princeton [18].

On rapportait dans ce document les propos excessifs et grossiers de Richard Berthold, professeur d'histoire à l'Université de New Mexico : « Quiconque est capable de faire sauter le Pentagone aura mon vote. » Berthold présenta des excuses et fut réprimandé par l'université après que l'assemblée législa-

18. Jerry L. Martin et Anne D. Neal, « Defending civilization : How our universities are failing America and what can be done about it », American Council of Trustees and Alumni Web site (www.goacta.org), février 2002.

tive de New Mexico eut exigé son renvoi et menacé de retirer les subventions à l'université. Il faut reconnaître, en toute justice, que les attaques terroristes ont révélé l'existence, dans les universités américaines, d'une rectitude politique de gauche. Le rapport faisait état de gestes de censure à l'endroit de professeurs et d'étudiants qui s'étaient prononcés en faveur de représailles militaires. Dans une université en particulier, l'administration autorisa la tenue d'une manifestation contre la guerre, mais interdit à d'autres étudiants qui, eux, étaient en faveur de la guerre d'organiser une contre-manifestation. Le président du département de sociologie du collège de Holy Cross exigea de sa secrétaire qu'elle retire de son bureau un drapeau américain [19].

La plupart des citations dont s'offensa le Conseil, cependant, n'exprimaient que de simples opinions sur la politique étrangère américaine; leur seule faute était de s'écarter de la formule sacrée selon laquelle les États-Unis étaient une victime innocente. N'étant pas « avec nous », comme l'avait dit Bush, leurs auteurs étaient donc « avec les terroristes ». Quelques exemples:

> « Imaginez la souffrance et les griefs de la population dans d'autres pays. La meilleure manière d'entreprendre une guerre contre le terrorisme serait peut-être de se regarder dans un miroir. » (Un professeur d'anthropologie du Massachusetts Institute of Technology.)

> « Il existe un désir terrible et compréhensible de trouver et de punir toute personne qui est responsable de cela. Mais, à la réflexion, il est important que les Américains réfléchissent à notre propre histoire, à ce que nous avons fait aux citoyens d'origine japonaise en les internant durant la Seconde Guerre mondiale. » (Le doyen de la Woodrow Wilson School, Université de Princeton.)

> « Cette guerre ne prendra fin que dans la mesure où nous abandonnerons notre rôle de leader mondial, reverrons notre mode de vie et adopterons la neutralité politique. [...] Ce que nous avons de mieux à faire consiste peut-être à chercher les origines de cette

19. *Ibid.*, p. 12-30.

nouvelle guerre, à devenir plus forts en comprenant nos propres faiblesses, à nous transformer intérieurement et dans nos relations avec les autres. Nombreux sont ceux qui se demandent si nous ne sommes pas en train de rembourser une dette accumulée depuis des siècles de domination et d'interventionnisme à l'étranger, si nous ne payons pas aujourd'hui pour notre culture de consommation et d'exploitation. [...] Nous devons réexaminer notre place dans le monde et commencer à imaginer un monde sans superpuissances. » (Un professeur d'anthropologie de l'école de médecine de l'Université Brown.)

« Si j'étais le président, je présenterais d'abord mes excuses à toutes les veuves et à tous les orphelins, aux pauvres et aux gens qui ont subi des tortures, et aux millions d'autres victimes de l'impérialisme américain. [...] Rares sont les pays, s'il en existe, qui ont abrité plus de terroristes que les États-Unis. » (Attribué à un étudiant en journalisme assistant à une séance d'étude à l'Université de North Carolina.)

« [Le drapeau américain est] un symbole de terrorisme, de mort, de peur, de destruction et d'oppression. » (Un professeur de physique de l'Université du Massachusetts à Amherst.)

« [Les attaques terroristes] ne sont pas plus méprisables que les actes de terrorisme de masse [...] que le gouvernement américain a commis depuis que je suis né. » (Un professeur de journalisme de l'Université du Texas à Austin).

On estimait même dangereux et « non américains » de timides appels à la modération et quelques slogans rabâchés de l'époque du Viêt-nam :

« Nous devrions construire des ponts et des relations, et pas simplement des bombes et des murs. » (Un orateur de la faculté de Droit de Harvard.)

« Que voulons-nous ? La Paix ! Quand la voulons-nous ? Maintenant ! » (Slogan scandé au cours d'un rassemblement à Harvard, le 20 septembre 2001.)

« Œil pour œil, ça rend le monde aveugle. » (Slogan inscrit sur une pancarte, durant le même rassemblement [citation de Gandhi].)

« Il nous faut entendre un autre point de vue sur la manière de rendre le monde plus sécuritaire. Il nous faut comprendre les

raisons de la haine terrifiante suscitée par les États-U
des moyens d'action qui ne provoqueront pas dava
pour les générations à venir. » (Un professeur émeri
féministes de l'Université de l'Oregon.)

« Je trouve ridicule que nous allions tuer encore plus de gens à cause de ce qu'a fait ben Laden. » (Un étudiant de l'Université Columbia.)

Le Conseil était furieux que les universitaires refusent de se plier aux exigences de Bush, qui demandait un appui total, soumission apparemment requise de tous les citoyens après le 11 septembre. « Pendant que les représentants élus des deux partis et les commentateurs de tous les horizons condamnaient les attaques et, à la suite du président, appelaient le mal par son nom, plusieurs facultés firent exception, notait le rapport. Certaines refusèrent de se prononcer. Plusieurs proposèrent la tolérance et la diversité comme antidotes au mal. Certaines pointèrent même un doigt accusateur non pas vers les terroristes, mais vers l'Amérique elle-même. »

Le Conseil en conclut que les universités étaient incapables d'inculquer aux étudiants les valeurs dont le gouvernement disait qu'elles avaient été la véritable cible des terroristes.

Rarement les professeurs ont-ils mentionné l'héroïsme, rarement ont-ils évoqué la différence entre le bien et le mal, la nature de l'ordre politique de l'Occident ou les avantages d'une société libre. Dans plusieurs universités, en fait, le message était clair : BLÂMEZ D'ABORD L'AMÉRIQUE.

Le rapport, de même que le congédiement de journalistes et la mise au pilori de Susan Sontag, sembla jeter dans tous les États-Unis un froid qui empêcha, ou du moins retarda, l'examen des aspirations de l'administration Bush. Il devint impossible, sous peine d'être catalogué comme terroriste ou traître, de discuter du rôle de provocateur qu'aurait tenu le gouvernement dans ces attaques (hypothèse qui n'était pas inconcevable) ou de la réaction belliqueuse de Bush. La gauche, en particulier, fut systématiquement l'objet de diffamations par les éditorialistes :

> [...] Lorsque quelqu'un affirme que les États-Unis l'ont bien cherché, cela revient à dire que le meurtre est une réplique moralement valable à ce qu'on estime être un affront ou une injustice. L'extermination de civils innocents est ainsi définie comme un moyen légitime de parvenir à des fins politiques ou théologiques. C'est là un terrain que connaît bien la gauche radicale : depuis l'époque de Lénine, les marxistes ont prôné l'extermination des individus de classes sociales gênantes dans le but d'amener les survivants à l'état d'égalité [20].

Un chroniqueur américain établit un rapport direct entre les terroristes et les manifestants de gauche antimondialisation.

> Comme les terroristes, le mouvement antimondialisation n'a que dédain pour les institutions démocratiques. Lorsque vous perdez vos élections, lancer un extincteur sur un policier permettra peut-être de véhiculer votre message [21].

> Dans la lutte entre la civilisation et la barbarie, ceux qui incendient un McDonald's et ceux qui emboutissent des gratte-ciel avec des avions de ligne mettent leur énergie destructrice au service d'une cause commune [22].

Dans un tel climat, les Américains qui se permirent de s'interroger, dans la foulée des attaques, sur leur pays et sur ses valeurs le firent sous la forme d'une introspection semblable à celle à laquelle on se livre à la veille du nouvel an. Cherchant désespérément des réponses et ne recevant de leurs leaders que des platitudes et des banalités, ils examinèrent, dans leur comportement personnel, ce qui aurait pu leur faire mériter une telle douleur : « Regardons-nous trop la télévision ? Sommes-nous suffisamment respectueux les uns envers

---

20. Éditorial non signé, « Blaming the U.S., whitewashing terrorism », *National Post*, 19 septembre 2001, toutes éditions, section Opinion.
21. Aaron Lukas, « America still the villain : Protesters are still planning to demonstrate against the U.S. even though the IMF and World Bank meet », *National Post*, 18 septembre 2001, toutes éditions, section Opinion. Lukas est analyste au Cato Institute's Centre for Trade Policy Studies ; cet organisme est un *think tank* libertaire américain.
22. *Ibid.*

les autres ? Nos films et nos émissions télévisées sont-ils trop violents ? Lisons-nous suffisamment ? Devrions-nous nous tourner vers la religion ? » Soudainement mis face à leur condition de mortels, les Américains prirent la résolution d'être de meilleurs individus. Journaux et reportages télévisés se remplirent d'histoires touchantes à propos de la « nouvelle civilité », de la « fragilité de la vie » et d'autres révélations post-11 septembre. Des émissions de fin de soirée, telles que le *Late Night with David Letterman* et le *Tonight Show* de Jay Leno, quittèrent les ondes, car personne n'avait plus le cœur de rire en public. Lorsqu'on les remit au programme moins d'une semaine plus tard, les deux animateurs, jadis connus pour leur habituelle satire de la culture américaine, adoptèrent plutôt le ton grave du patriotisme. Leno se présenta en ondes devant une immense image du drapeau américain et versa des larmes. Letterman dut consoler Dan Rather, le présentateur de nouvelles de CBS, qui pleurait lui aussi. Pendant ce temps, les studios de Hollywood retardèrent le lancement de films (*Swordfish*, *Collateral Damage*) jugés trop violents et racontant des histoires de complots terroristes ; les scènes finales des films *Men in Black II* et *Spiderman* furent reprises, parce qu'elles se déroulaient au World Trade Centre. Oprah Winfrey, animatrice d'un talk-show et devenue « confesseur » des États-Unis, anima une larmoyante réunion de prières diffusée depuis le Bronx. Les ventes de bibles montèrent en flèche. Les Américains se précipitèrent pour faire don de leur sang et versèrent des milliards de dollars pour venir en aide aux victimes des attaques. Dans l'impossibilité de contester leur gouvernement, ils se livrèrent à l'introspection, phénomène que le président Bush évoqua le 29 janvier 2002 durant son discours sur l'état de l'Union :

> [...] Après que l'Amérique eut été attaquée, il semble que notre pays se soit tout entier regardé dans un miroir et y ait vu ce que nous avons de meilleur. Nous nous sommes souvenus que nous sommes des citoyens tenus à des obligations les uns envers les autres, envers notre pays et envers l'histoire. Nous avons com-

> mencé à penser moins aux biens que nous pouvons accumuler et davantage au bien que nous pouvons faire. Durant trop longtemps, notre culture nous a dit: « Si cela te fait plaisir, fais-le. » L'Amérique adopte désormais une nouvelle morale...

Ce soudain élan d'introspection prit officiellement fin le 13 mars 2002 lorsque le réseau de télévision Fox diffusa *Celebrity Boxing*, spectacle au cours duquel des acteurs de télévision complètement finis et des personnalités de second ordre, que des scandales avaient rendues tristement célèbres, faisaient des combats de boxe en direct. Durant l'un de ces combats, Paula Jones, à qui l'ancien président Clinton avait fait des propositions, fut poursuivie tout autour du ring par Tonya Harding, reconnue coupable d'avoir demandé à quelqu'un de casser, à l'aide d'un tuyau de plomb, le genou d'une concurrente à l'occasion d'un championnat de patinage artistique. Ce spectacle grossier connut un tel succès qu'on dut le rediffuser et qu'on enregistra et diffusa d'autres combats de même nature.

À la réflexion, les Américains étaient probablement trop heureux de ne pas remettre en question leur gouvernement. Pour la première fois depuis la Seconde Guerre mondiale et l'attaque de Pearl Harbor, le pays semblait incontestablement du côté du bon droit. Après des décennies d'un doute engendré par les bombardements atomiques de Hiroshima et de Nagasaki, par la guerre du Viêt-nam et celle du Golfe, par les actions contestables du gouvernement au Chili, au Nicaragua, en Malaisie et ailleurs, par des scandales tels que le Watergate et le Zippergate, il faisait bon se retrouver unis à propos du sort de la nation. Des commentateurs en rajoutèrent, profitant de l'occasion pour annoncer pieusement qu'il n'était plus nécessaire à l'Amérique de jouer le jeu du relativisme culturel ou d'éprouver quelque gêne à être *the greatest damn nation in the world*. L'ère de l'autoflagellation était révolue ; les experts affirmèrent avec jubilation que leur culture et leur système politique étaient supérieurs à ceux de tout autre pays et particulièrement à ceux de l'Arabie Saoudite, patrie de ben Laden, et de l'Afghanistan, où il vivait.

Le 29 décembre 2001, dans une chronique publiée en première page du *National Post* et intitulée « Pourquoi nier l'évidence ? L'Ouest est supérieur », Robert Fulford ne mâchait pas ses mots quant à cette supériorité. « La vie politique islamique demeure un scandale, écrivait-il. L'Islam n'a engendré aucune démocratie, et aucun pays islamique ne s'est jamais joint au monde développé. Il y a un demi-siècle, la Corée et l'Égypte avaient le même niveau de vie. Aujourd'hui, celui de la Corée du Sud est environ cinq fois supérieur à celui de l'Égypte. La Corée du Sud a accepté les méthodes de l'Occident ; l'Égypte les a rejetées. »

Que la Corée du Sud se soit vu imposer les « méthodes de l'Occident » par les États-Unis, qu'elle ait été dirigée, durant plus d'un demi-siècle après la Seconde Guerre mondiale, par un gouvernement fantoche soutenu par les États-Unis, et que son niveau de vie n'ait commencé à rejoindre celui de l'Occident qu'au cours des années 1980, tout cela n'avait apparemment plus d'importance. Rien d'autre ne comptait que le fait qu'elle avait désormais des valeurs « occidentales », quelle que soit la manière dont celles-ci lui avaient été inculquées, et qu'elle s'en trouvait mieux sur le plan économique.

Plus nuancés, certains commentateurs tinrent à préciser que même si l'Amérique n'était pas sans tache, elle demeurait le meilleur pays de la planète et que le reste du monde devrait lui savoir gré de continuer d'exister. Ils soutenaient, sans y faire explicitement référence, que les massacres jadis commis par les États-Unis – Hiroshima, Viêt-nam, Nicaragua, Chili et guerre du Golfe – échappaient à tout reproche, car ils avaient contribué à assurer le maintien du mode de vie américain, lequel faisait plus que jamais l'envie du monde, et que, de toute façon, ces massacres n'étaient que des peccadilles par rapport à l'inhumaine monstruosité du 11 septembre. Le rapport du American Council of American Trustees and Alumni contenait deux de ces commentaires.

> Les États-Unis sont un pays imparfait, mais ils sont le dernier et plus bel exemple d'une république démocratique. Laisser entendre

> – comme le font plusieurs professeurs – que les États-Unis sont la source première des maux qui affligent le monde est tout simplement une erreur[23].

> Les attaques de New York et du Pentagone ont ranimé le respect pour notre pays. Les universitaires qui négligent ce fait risquent de n'avoir bientôt pas plus de raisons d'être que les soviétologues de jadis. [...] L'Amérique est davantage que la somme de ses problèmes. Cette perspective sur le 11 septembre a peut-être fait défaut à certains intellectuels de ce pays, mais il y a là un élément de sagesse que nous enseigne Ground Zero[24].

L'Amérique est, en effet, « davantage que la somme de ses problèmes ». De cela, nul ne saurait douter. Elle est un pays fondé sur des principes universellement admirés, sinon toujours appliqués : liberté de l'individu sous toutes ses formes, protection des droits humains, marchés sans entraves. À la fin du XIXe siècle, alors que l'Europe était encore largement dirigée par des aristocraties, les États-Unis étaient déjà une démocratie depuis un siècle. Alexis de Tocqueville, noble Français qui parcourut les États-Unis en 1831 et écrivit *De la démocratie en Amérique*, s'émerveilla de la politiquc révolutionnaire de ce pays. « Le peuple règne sur le monde politique américain comme Dieu sur l'univers. Il est la cause et la fin de toutes choses ; tout en sort et tout s'y absorbe. » Grâce à de tels ouvrages, les États-Unis devinrent pour l'Ancien Monde le symbole de la modernité ; le lieu où se créait une nouvelle société et où s'écrivait un nouveau chapitre de l'histoire. C'était là un jeune pays dont l'outrecuidance était assez charmante pour n'être pas menaçante. Cela demeure un pays qui offre à la plupart de ses citoyens un mode de vie enviable, un pays dans lequel des gens de partout rêvent d'émigrer. Ses inventeurs ont créé plusieurs des innovations scientifiques et industrielles les plus marquantes du XXe siècle. L'imaginaire américain a aussi donné naissance au jazz, à des films d'avant-garde, à des romans révolutionnaires et à un art moderne de premier

23. Jerry L. Martin et Anne D. Neal, *op. cit.*, p. 34.
24. *Ibid.*, p. 33.

ordre. Des villes telles que New York et Los Angeles sont des centres financiers et culturels internationaux sans pareil. Et dans sa politique étrangère, ce pays a aussi fait preuve de compassion et de clémence envers d'autres nations, ainsi que de générosité à l'égard de l'ennemi qu'il avait vaincu après s'être finalement décidé à combattre le fascisme en Europe.

Tel est, tout au moins, ce que ce pays avait coutume d'être. Mais depuis qu'ils ont largué des bombes atomiques sur deux villes japonaises en 1945 et émergé de la Seconde Guerre mondiale en tant que superpuissance, les États-Unis sont devenus autre chose. Pour l'Ancien Monde dont ils sont issus, ils sont moins, désormais, le symbole de nouvelles possibilités que celui d'un dangereux égocentrisme. Superpuissance, ce pays qui affiche une culture populaire vulgaire et vénale, ne se soucie pas du tout des conséquences de sa domination culturelle sur les populations étrangères. Il est brutalement égoïste en matière de politique étrangère, impitoyable envers ses ennemis et utilise son arsenal militaire de façon arbitraire. Comme l'ont noté plusieurs observateurs dans des magazines américains, « [les États-Unis] sont souvent arrogants dans leurs rapports avec l'étranger ; ils revendiquent le droit d'être là où ils choisissent d'être, d'agir à leur gré sans se soucier le moindrement des conséquences que cela peut avoir pour les autres[25] ».

> Le 11 octobre, on interrogeait Richard Armitage, sous-secrétaire d'État, à propos de l'obsession de ben Laden concernant la présence de troupes américaines à proximité des lieux saints de l'Islam. Ne devrions-nous pas prêter attention aux sentiments musulmans en cette matière ? Armitage esquiva la question : « Nous sommes là, affirma-t-il, pour protéger les champs pétrolifères du golfe Persique de la menace irakienne, et nous y resterons. Si vous soulevez même la question, prévint-il l'intervieweur [un Américain], vous faites le jeu de ben Laden. » Nul doute que cette réponse sera diffusée et rediffusée à la télévision de Al-Jezira [important réseau de télévision dans les pays arabes, auquel

25. B. Silvers et Barbara Epstein, Striking Terror : America's New War, New York, *The New York Review of Books*, 2002, p. 20.

ben Laden confie fréquemment ses communiqués et ses déclarations sur vidéo] – ce sera là un excellent outil de recrutement pour la prochaine génération de terroristes[26].

Tels sont les « problèmes » des États-Unis ; leur nouveau statut, autodéclaré, de défenseur du monde libre contre le terrorisme n'a pour effet que de rendre les « problèmes » plus visibles. Et tout cela est exacerbé par le fait que ce pays, la guerre froide terminée, demeure la seule superpuissance ; aucun concurrent n'existe dont les crimes feraient contrepoids à l'arrogance américaine.

Depuis le 11 septembre, politiciens et commentateurs américains sont devenus incapables, ou refusent, de faire face à cette réalité, préférant le confort douillet des banalités enrobées de chauvinisme. Ils ont acquiescé en silence, inconditionnellement, lorsque leur président a transformé leur initiation au terrorisme en une nouvelle ère de domination mondiale des États-Unis, affirmant qu'il s'arrogeait dorénavant le droit d'envahir tout pays présumé abriter des terroristes. Ils ont omis de noter que Bush relançait, d'une certaine façon, la guerre froide, utilisant cette fois non plus le communisme mais le terrorisme pour justifier le réarmement de régimes despotiques et la mise en œuvre d'autres pratiques douteuses outre-mer. À une quasi-unanimité, ils ont souscrit à l'idée que l'Amérique avait le droit de bombarder l'Afghanistan, et peut-être d'envahir l'Irak, parce qu'elle avait pour cible des terroristes. Ils ont cru, par un acte de foi, que le terrorisme existe en tant qu'entité du mal, indépendamment du monde dans lequel il s'exerce.

Dans son texte du *New Yorker*, Susan Sontag évoquait l'absence de lien, dans le psychisme américain, entre la tragédie du 11 septembre et le rôle des États-Unis dans le monde. Tout comme leurs leaders, les Américains préfèrent ne pas chercher, dans le passé de leur pays et dans ses actions présentes, de possibles explications du terrorisme dont ils ont été victimes. Ils préfèrent croire que toutes les opérations militaires, secrètes ou

26. *Ibid.*, p. 20.

non, entreprises à l'étranger depuis la Seconde Guerre mondiale par leurs forces armées ou leurs services secrets l'ont été, et continueront de l'être, pour promouvoir les plus nobles idéaux de l'Amérique et répandre la démocratie dans le monde, ce qui les met à l'abri de la critique et de toute contre-attaque légitime. Si cela pouvait être vrai !…

Chapitre 2

L'erreur d'El Shifa

Le temps n'est pas à l'obscurcissement des thèses. Ou à un relativisme angoissé.

Charles Krauthammer,
Washington Post

À un reporter londonien qui l'interrogeait trois semaines après les événements du 11 septembre, Khatim Mahadi, journaliste soudanais, affirma que son peuple ne « criait pas de joie au vu des malheurs de l'Amérique », comme le prétendait son interlocuteur anglais, « car, contrairement aux Occidentaux, les Africains sont habitués à faire la distinction entre un mauvais gouvernement et des victimes innocentes [1] ».

« Nous avons de la souffrance une plus grande expérience que vous, ajouta-t-il. Nous savons ce qu'est la brutalité. »

Et les Soudanais ont appris à souffrir, et pas seulement à cause de leur gouvernement mais aussi à cause des États-Unis. Le Soudan, qui est le plus étendu des pays d'Afrique, est situé au nord-est du continent, au sud immédiat de l'Égypte et face à l'Arabie Saoudite dont il est séparé par la mer Rouge. En 1983, la guerre civile éclata entre le gouvernement musulman

1. James Astil, « Strike One », *The Guardian*, 2 octobre 2001, site Web.

(75 % de la population soudanaise est de confession musulmane) et des rebelles chrétiens soutenus par les États-Unis et qui occupent la partie sud de ce pays essentiellement pauvre. Cette guerre fit des milliers de victimes et maintint le pays dans la pauvreté et la violence. Aussi les choses ne s'arrangèrent-elles pas lorsque, le 20 août 1998, le gouvernement américain de Bill Clinton détruisit, à l'aide de missiles Cruise, une usine de produits pharmaceutiques sise à Khartoum, la capitale du pays. Cette attaque constituait une étape d'une double mesure de représailles adoptée en réponse d'attentats commis, le 7 août, contre les ambassades américaines au Kenya et en Tanzanie. Ces deux explosions avaient tué deux cent vingt-trois personnes et fait quelque mille blessés. Furieuse, l'administration Clinton, alors aux prises avec les célèbres procédures relatives au flirt sexuel du président avec Monica Lewinsky, estima que des actes aussi outranciers exigeaient une réplique militaire plutôt que diplomatique. Washington reconnut en ben Laden le cerveau des opérations et lança des missiles Cruise sur ses camps d'Afghanistan. On visa également l'usine de produits pharmaceutiques de Khartoum, car le gouvernement croyait que l'on y fabriquait des gaz neurotoxiques qui seraient utilisés par les hommes de ben Laden contre des cibles américaines.

Le 20 août 1998, un sous-marin américain lança donc, depuis la mer Rouge, seize missiles Tomahawk qui atteignirent l'usine avec une terrifiante précision. L'objectif fut entièrement détruit, mais les bâtiments voisins, situés de l'autre côté de la rue, ne subirent que des dommages légers. Bien que l'on n'en sache pas le nombre exact, les morts et les blessés furent peu nombreux et se comptèrent surtout parmi les gardiens, car l'attaque survint au milieu de la nuit.

Clinton, alors en vacances à l'île de Martha's Vineyard, affirma aux médias que son administration détenait des preuves irréfutables que l'usine d'El Shifa fabriquait des gaz neurotoxiques ou, à tout le moins, en créait des « précurseurs » chimiques qui, associés à d'autres produits, devenaient une redoutable variété de gaz appelée « VX ». Ce gaz, dit-il, était destiné à l'usage de ben Laden. Mis au point par l'armée américaine durant les années 1960, le gaz VX devait être utilisé au Cambodge durant la guerre du Viêt-nam (il ne le fut jamais) ; une seule goutte de ce produit sur la peau tue la victime en quelques minutes. Un déversement accidentel survenu dans l'Utah en 1968 avait tué des milliers de moutons, dont certains se trouvaient à plus de 60 kilomètres. Les États-Unis avaient donc d'excellentes raisons de craindre qu'un fou tel que ben Laden ne dispose d'un tel produit, particulièrement depuis que celui-ci, selon leurs services de renseignements, préparait d'autres attaques sur des cibles américaines.

Quelques jours à peine après la destruction de l'usine, la version de l'administration Clinton s'effilochait. Deux Britanniques, l'un cinéaste et l'autre ingénieur, affirmèrent à divers médias de Londres[2] que les Américains « avaient tout faux dans cette affaire ». L'ingénieur, nommé Tom Carnaffin, déclara qu'il avait été directeur de l'usine de 1992 à 1996 et que cette dernière n'était pas équipée pour produire des gaz neurotoxiques. Entre autres, elle ne disposait pas des portes étanches conçues pour empêcher les gaz de s'échapper accidentellement. Cette révélation amena des journalistes américains à poser une incontournable question : Si l'usine fabriquait vraiment des gaz neurotoxiques, n'était-il pas tout bonnement irresponsable de la bombarder, prenant ainsi le risque de libérer ces gaz sur Karthoum ?

Parvenues sur les lieux, les équipes de télévision ne trouvèrent aucune preuve, contrairement à ce qu'avait prétendu l'administration Clinton, que l'usine ait jamais été sécurisée et placée sous la haute protection de l'armée soudanaise. On n'y trouva, en outre, rien qui puisse prouver la production de gaz neurotoxiques. Ce que l'on vit, en revanche, c'est une usine détruite et un sol parsemé de milliers de comprimés d'aspirine et de médicaments contre la malaria. Invitée à s'expliquer, la

2. Rapporté, avec sources, par Noam Chomsky dans son livre *9-11*, New York, Seven Stories Press, 2001.

Maison-Blanche affirma avoir en sa possession des échantillons de sol qui contenaient des traces anormalement élevées d'Empta, un précurseur chimique du VX. On prétendit aussi que l'usine appartenait à ben Laden ou à des personnes qui lui étaient associées. Ces allégations furent également réduites à néant au cours des mois suivants.

Clinton et son équipe furent finalement forcés d'admettre qu'ils ignoraient à qui appartenait l'usine d'El Shifa. Lorsqu'il fut plus tard révélé que le propriétaire de cette usine était un homme d'affaires saoudien nommé Salih Idris, Washington s'empressa de déclarer que cet individu était lié à ben Laden et gela ses avoirs à la Bank of America ; cette mesure fut plus tard abrogée et 24 millions de dollars furent ainsi discrètement remis en circulation. Les chimistes experts retenus par Idris examinèrent eux-mêmes le sol entourant l'usine et n'y trouvèrent aucune preuve de la présence d'Empta[3]. Dirigé par le professeur Thomas D. Tullius, directeur du département de chimie de l'Université de Boston, le groupe d'experts recueillit soigneusement treize échantillons de sol et n'y décela aucune trace d'Empta ou de son dérivé, l'Empa. Les chimistes découvrirent même que la fosse septique de l'usine n'avait pas été touchée par les bombardements, ce qui leur permit d'essayer de retrouver des traces de tout produit chimique évacué par l'usine. Aucune trace d'Empta ou d'Empa.

Idris demanda également à Kroll Associates, une agence internationale de sécurité ayant une excellente réputation, de mener une enquête sur ses supposés liens avec ben Laden. Conclusions des enquêteurs : Idris n'entretenait aucune relation avec le chef d'Al Qaeda, mais pouvait avoir, à son insu, traité avec certaines de ses nombreuses entreprises[4]. La Maison-Blanche refusa de prendre acte de ce renseignement ou d'y répliquer ; elle garda sa position, selon laquelle le bom-

3. James Risen et David Johnston, « Experts Find No Arms Chemicals in Bombed Sudan Plant », *The New York Times*, 9 février 1999, section Foreign.

4. *Ibid.*

bardement de l'usine d'El Shifa avait été un nécessaire acte de dissuasion contre le terrorisme et s'en tint aux preuves justificatrices déjà présentées.

Tout autre était la version proposée par le *New York Times* au terme d'une enquête publiée le 27 octobre 1999[5]. Selon le reporter James Risen, l'entourage de Clinton n'était pas sûr des preuves transmises par ses agences de renseignements dans les jours qui avaient précédé le bombardement. Les spécialistes du renseignement eux-mêmes, dont le directeur de la CIA George J. Tenet, avaient des doutes. L'administration, découvrit Risen, supprima plus tard un rapport affirmant que le bombardement ne se justifiait pas. Il apprit aussi que les échantillons de sol prétendument recueillis à proximité de l'usine provenaient, en fait, d'un terrain situé à 20 mètres de là et qui ne faisait peut-être pas partie des installations. Enfin, souligna-t-il, des menaces terroristes avaient amené la CIA et l'ambassade américaine à quitter Khartoum en 1996, ce qui avait largement tari les sources de renseignement américaines au Soudan.

Non que les États-Unis aient soupçonné sans raison le Soudan d'entretenir des liens avec les terroristes. Au contraire. En 1991, le gouvernement musulman de ce pays avait adopté une politique selon laquelle les citoyens arabes étaient autorisés à s'y installer sans visa. Du jour au lendemain, le pays se transforma en une version « réelle » du *spaceport* de Mos Eisley (dans le film *La Guerre des étoiles*), minable avant-poste d'un ramassis de hors-la-loi et de terroristes qui se livraient en toute impunité à leurs activités illégales. L'un d'eux était ben Laden, rejeté de son pays d'origine en raison de sa ferveur islamique. Des dirigeants des services de renseignements américains affirmèrent :

> À peu près à la même époque [1991], ben Laden déménagea au Soudan après avoir été exilé d'Arabie Saoudite et entreprit d'investir massivement dans des sociétés commerciales, souvent en

5. James Risen, « Question of Evidence : A special report : To Bomb Sudan Plant, or Not : A Year Later, Debates Rankle », *The New York Times*, 27 octobre 1999, toutes éditions, section Foreign.

> *joint-venture* avec le gouvernement, tout en utilisant le Soudan comme base de son organisation terroriste internationale, Al Qaeda. Selon des renseignements parvenus à la CIA, ben Laden obtint un feu vert provisoire des leaders soudanais pour entreprendre la fabrication d'armes chimiques devant être employées contre les militaires américains se trouvant en Arabie Saoudite. Mais en 1996, les Soudanais, cédant aux pressions des États-Unis et de l'Arabie Saoudite, forcèrent ben Laden à quitter le pays, ce qui amena ce dernier à se réfugier en Afghanistan, accompagné de nombreux partisans[6].

Des rapports subséquents de la CIA amplifièrent l'inquiétude quant à la fabrication d'armes chimiques au Soudan et à l'intention de ben Laden d'en faire usage contre des Américains. Mais le seul véritable lien avec El Shifa résidait dans le rapport d'un informateur qui, en 1997, avait déclaré que Khartoum abritait deux usines susceptibles de produire des armes chimiques. « Cet informateur parlait également d'une troisième usine – El Shifa – sur laquelle il était moins bien renseigné, mais qui lui semblait suspecte parce qu'elle était entourée de hautes clôtures et soigneusement gardée[7]. »

Le 6 août 1998, veille des attentats contre les ambassades, une note de service du département d'État américain mentionnait que la preuve fournie par la CIA à propos du lien entre El Shifa, ben Laden et les armes chimiques était « faible[8] ». Malgré cela, une fois les États-Unis résolus à répliquer à ces attentats par la force, on inscrivit El Shifa sur la liste des cibles possibles. Cette liste était réduite aux camps de ben Laden en Afghanistan et à deux entreprises soudanaises : El Shifa et, parce qu'on soupçonnait Al Qaeda d'en être propriétaire, une tannerie de Khartoum[9]. Cette dernière fut rayée de la liste au

6. *Ibid.*
7. *Ibid.*
8, *Ibid.*
9. Selon les notes des débats dans la cause U.S.A. c. Oussama ben Laden, *et al.*, le gouvernement soudanais céda la tannerie à Al Qaeda en 1993 à titre de paiement pour la construction d'une route. Ce témoignage fut donné le 7 février 2001. On peut en lire la transcription sur le site suivant : http://cryptome.org/usa-v-ubl-03.htm.

dernier moment, et plusieurs estimèrent, au sein de l'administration Clinton et à la CIA, qu'on devait également, par manque de preuves, s'abstenir de bombarder El Shifa. Cependant, il était trop tard. Washington avait le sentiment qu'il fallait frapper fort et que les États-Unis perdraient la face si El Shifa était épargnée et que des Américains étaient ensuite attaqués au moyen d'armes chimiques, scénario qu'ils croyaient ben Laden occupé à mettre au point.

La décision de détruire El Shifa aura tenu, en fin de compte, au désir de l'administration Clinton de montrer aux terroristes que l'Amérique pouvait user de représailles en restant à une bonne distance et atteindre de multiples objectifs. On se préoccupa moins de la validité de la cible que du message qu'entendait envoyer Clinton ; et l'on ne se soucia aucunement des conséquences qu'aurait ce bombardement sur la population soudanaise. C'est ainsi que les Américains détruisirent une entreprise légitime et essentielle – une des trois seules usines de produits pharmaceutiques d'un pays pauvre et la seule qui produisît, à un faible coût mensuel pour les cent mille malades que comptait le pays, des médicaments contre la tuberculose (selon *The Guardian*) :

> Plus chers, [les médicaments] importés sont inaccessibles pour la plupart des malades – ou pour leur mari, leur femme et leurs enfants qui auront par la suite contracté la maladie. El Shifa était aussi le seul endroit où l'on fabriquait des médicaments à usage vétérinaire dans cet pays immense dont les habitants vivent essentiellement d'élevage. On s'y spécialisait dans la fabrication de médicaments conçus pour éliminer les parasites que transmettent les troupeaux aux bergers et qui sont une des causes majeures de la mortalité infantile au Soudan [10].

Selon d'autres rapports, El Shifa produisait les remèdes contre la malaria dont le sud du pays avait un besoin pressant. De ce fait, les organismes d'aide humanitaire craignaient que sa destruction n'entraîne directement la mort de quelque dix

10. James Astil, *op. cit.*

mille enfants. Sur les trente-cinq millions de personnes qui vivent au Soudan, sept millions et demi environ sont atteintes de malaria. Trente-cinq mille d'entre elles y succombent chaque année. C'est une maladie qui tue lentement, douloureusement et frappe aussi bien les adultes que les enfants. Affection guérissable, elle ne tue que ceux qui n'ont pas accès aux médicaments que produisait El Shifa. Le Medical Emergency Relief International (MERLIN), organisme de secours dont le siège se trouve à Londres, déclara que le Soudan avait connu en 1998 sa pire épidémie de malaria depuis quarante ans, ce qui fit de la destruction de sa seule usine de médicaments un véritable crime contre l'humanité.

La frappe américaine provoqua aussi le départ du Soudan de nombreux travailleurs des organisations d'aide humanitaire, ce qui accrut le risque de famine et d'épidémies dans ce pays. De même, nota l'écrivain et activiste Noam Chomsky qui cite diverses sources, le bombardement réduisit à néant « un compromis qui se dessinait lentement entre les factions combattantes du Soudan ». À Londres, le European Sudanese Public Affairs Council rapporta, en 1998, que l'année précédente « le gouvernement soudanais s'était employé à refaire l'image du Soudan ».

> Le gouvernement a proposé l'instauration d'un système fédéral, exigence de longue date du sud du pays, négocié l'accord de paix de Khartoum (1997) avec plusieurs factions rebelles et convenu de tenir dans quatre ans, sous supervision internationale, un référendum qui permettrait pour la première fois au Soudan du Sud de choisir l'union ou la séparation. [...] Il y a à peine quelques mois, le gouvernement a rédigé une nouvelle constitution qui fut acceptée par référendum. Cette constitution garantissait le multipartisme. Le gouvernement soudanais a extradé le terroriste international connu sous le nom de « Carlos » et expulsé ben Laden à la requête des États-Unis. Il a aussi imposé l'obligation de visas d'entrée, mettant ainsi fin à la libre circulation des citoyens arabes dans le pays. Il a appliqué avec vigueur les programmes d'ajustement du Fonds monétaire international [11].

---

11. Extrait de « Confused, Inconclusive and Contradictory: An Assessment and Analysis of the American Government's "Evidence" for the Cruise Missile

En bref, le Soudan avait tout à perdre en abritant, au grand déplaisir des États-Unis, une fabrique terroriste de gaz neurotoxiques. Le pays semblait en voie de sortir d'une période d'anarchie et de guerre civile lorsque les États-Unis décidèrent de bombarder El Shifa. En mars 2002, trois ans et demi plus tard, la guerre civile se poursuit. Des rapports ont fait état de civils mitraillés depuis des hélicoptères du gouvernement alors qu'ils faisaient la queue pour obtenir de la nourriture, et de villages entiers exterminés par les forces rebelles soutenues par les États-Unis. Le pays vivait un état d'urgence décrété par le gouvernement, et les États-Unis continuaient de lui imposer des sanctions pour violations des droits de la personne et « liens présumés avec des terroristes islamistes[12] ». Les Nations Unies ont levé leurs sanctions économiques en 2002, permettant ainsi aux sociétés pétrolières de revenir au Soudan pour la première fois depuis 1996 et au gouvernement de mieux financer sa guerre contre les rebelles. Les États-Unis, qui dirigent les efforts de paix dans ce pays mais y maintiennent aussi une présence importante dans l'espoir de mettre la main sur ben Laden, n'ont jamais admis avoir commis une erreur en bombardant El Shifa.

Pour Washington, El Shifa symbolisa la capacité américaine de frapper l'ennemi de très loin et d'atteindre plus d'une cible. Pour le Soudan et pour les pays arabes, ce fut la preuve de l'indifférence des États-Unis à l'égard de qui ou quoi que ce soit n'agissant pas dans leurs intérêts ; preuve que l'Amérique n'hésitera pas à tuer des innocents à la seule fin de faire étalage de sa puissance. Ben Laden a utilisé le désastre d'El Shifa pour trouver d'autres appuis dans les pays arabes ; il s'en est servi pour transformer des modérés en radicaux ou, à tout le moins, pour inciter les modérés à fermer plus volontiers les yeux sur ses activités.

Attacks on Sudan », publié en septembre 1998 par le European Sudanese Public Affairs Council et repris sur le site suivant : www.espac.org.

12. Christopher S. Wren, « Sudanese Foes Give Consent For Relief Aid For Civilians », *The New York Times*, 17 mars 2002, dernière édition, section Foreign, p. 13.

Sanaa Al Said, chroniqueur au quotidien égyptien *Al Wafd*, écrivit :

> Du jour au lendemain, cet homme est passé du statut de hors-la-loi en fuite à celui de héros national défiant une superpuissance détestée [...] qui est venue dans nos régions et y a causé ses propres ravages. Les changements approchent. L'hégémonie américaine prendra fin un jour, et le monde respirera alors plus librement [13].

Il se peut que les attaques aient fourni à ben Laden, ou à quiconque en a d'abord eu l'idée, le motif des horreurs du 11 septembre. Si les Américains étaient capables, depuis des lieux éloignés, de frapper en plusieurs endroits des victimes innocentes, Al Qaeda le pouvait aussi. On frissonne en songeant au fait que la presse islamique radicale (www.muslimedia.com) parlait des bombardements d'El Shifa et des camps afghans de ben Laden comme d'« attaques jumelles » ; ne parlait-on pas volontiers du World Trade Centre comme des « tours jumelles [14] » ? On notera par ailleurs que les missiles américains furent tous lancés le 20 août ; il n'est pas impensable que ben Laden ait prévu de frapper le jour anniversaire de ces bombardements, mais qu'il ait dû, pour des raisons de logistique, retarder l'opération de trois semaines.

Ce n'est là, il va sans dire, que spéculation. Il est indubitable, par contre, que les retombées de l'attaque d'El Shifa ont aussi fait du tort au gouvernement américain et à sa population. Le président Clinton, qui, peu de temps auparavant, avait été accusé de mensonge flagrant pour avoir nié qu'il avait eu des relations sexuelles avec Monica Lewinsky, vit sa crédibilité chuter d'un autre cran lorsqu'il fut démontré que son gouvernement avait frappé la mauvaise cible. Les experts se demandèrent

---

13. Jonathan Broder, « How to turn a criminal into a hero », Salon.com, 26 août 1998.
14. L'article de Zafar Bangash, intitulé « Clinton's scandals root cause of missile strikes at Sudan and Afghanistan » fut retrouvé sur le site www.muslimedia.com. Ce site est le volet Internet de *The Crescent* (*Le Croissant*), journal islamique radical.

si ces représailles hâtives et violentes n'étaient pas imputables au désir du président d'empêcher les médias de trop s'attarder sur ses incartades en les orientant vers une action susceptible d'inspirer un certain patriotisme. Le film *Wag the Dog*, dont le scénario met en scène un adjoint présidentiel qui, avec l'aide d'un producteur de Hollywood, concocte une petite guerre outre-mer afin de détourner l'attention des aventures sexuelles de son patron, était déjà sorti sur les écrans américains avant l'attaque d'El Shifa, coïncidence qui assombrit encore la réputation de Clinton. Les médias se régalèrent ouvertement du rapport entre la réalité et la fiction. Plusieurs commencèrent alors à se poser la question suivante : Se pouvait-il que ben Laden, à qui le gouvernement attribuait la moindre action terroriste, ne soit qu'un simple bouc émissaire [15] ? On peut se demander si la ridicule erreur de l'administration Clinton n'a pas finalement provoqué aux États-Unis une certaine suffisance quant à la menace que présentait ben Laden – suffisance qui permit à des terroristes d'apprendre à piloter des avions de ligne aux États-Unis, de détourner quatre appareils et de les diriger sur quatre cibles lourdes de symboles.

On se demanda également si la haine de l'administration Clinton envers le Soudan et son désir de l'isoler par ses politiques (dès 1993, Washington l'avait catalogué comme État soutenant les terroristes) n'avaient pas mené à un effondrement de sa filière de renseignements, jouant ainsi le jeu de ben Laden. Plusieurs rapports révélèrent que, dans les années ayant suivi son expulsion du Soudan, le gouvernement soudanais, désireux d'améliorer ses relations avec Washington, offrit à plusieurs reprises aux Américains de leur livrer des dossiers détaillés sur ben Laden et sur ses agents. Ces renseignements avaient été recueillis par des responsables soudanais de 1991 à 1996, à l'époque où ben Laden dirigeait son réseau dans ce pays ; et les dossiers contenaient des photographies et de

15. Loren Jenkins, « Is bin Laden a terrorist mastermind – or a fall guy ? », Salon.com, 27 août 1998.

précieuses informations personnelles sur quelque deux cents agents d'Al Qaeda. Le gouvernement soudanais proposa même aux États-Unis, en février 1997, de dépêcher dans son pays « des agents de renseignements, des policiers et des spécialistes du contre-espionnage ». Washington écarta cette proposition, de même que les dossiers sur Al Qaeda, les considérant comme « rien d'autre qu'une offensive de charme [16] ».

Dans une interview accordée au magazine *Vanity Fair*, le dernier ambassadeur des États-Unis au Soudan, Tim Carney, affirma que si les États-Unis avaient étudié les dossiers proposés par le Soudan, ils auraient pu prévenir les attentats commis contre les ambassades en 1998 et qui provoquèrent le bombardement d'El Shifa. Dans le numéro de janvier 2002 de ce magazine, Carney déclare : « Le fait est qu'ils nous ont ouvert des portes et que nous n'avons pas profité de l'occasion. Les États-Unis n'ont pas réagi à la volonté du Soudan d'engager avec eux des discussions sérieuses sur le terrorisme. On peut s'interroger sur les graves conséquences de cet échec – à tout le moins pour ce qui est survenu à nos ambassades en 1998. Quoi qu'il en soit, les États-Unis ont laissé échapper là une mine de renseignements sur ben Laden et son organisation. Cela a été pire qu'un crime. Cela a été se foutre dans la merde. »

Mauvais gouvernement, population innocente. Le 11 septembre, des Américains ont été tués non pas parce qu'ils méritaient d'être des cibles mais parce qu'ils étaient, aux yeux d'un dément, ce que la population du Soudan avait été aux yeux de Bill Clinton : des cibles stratégiques dans un État « ennemi ». À El Shifa, les États-Unis se montrèrent impitoyables et cruels dans leur recours aveugle à une violence extrême. Le gouvernement américain commit alors une atrocité qui, on peut le soutenir, fit plus de victimes et de dommages à ce pays que ne l'ont fait les attaques du 11 septembre aux États-Unis. C'est aussi ce

16. Tim Weiner et James Risen, « Decision to Strike Factory in Sudan Based On Surmise Inferred From Evidence », *The New York Times*, 21 septembre 1998, dernière édition, section Foreign.

que soutint Noam Chomsky dans les semaines ayant suivi le 11 septembre, déclaration qui lui valut, tout comme à Susan Sontag, d'être mis au pilori par les médias. Dans son livre, *9-11*, il écrit ceci de ses critiques : « Il est difficile de ne pas conclure que, quelque part au fond d'eux-mêmes, et de quelque manière qu'ils s'en défendent, ils considèrent les crimes [des États-Unis] contre le faible aussi normaux que l'air que nous respirons [17]. »

17. Noam Chomsky, *op. cit.*, p. 46.

Chapitre 3

Les atrocités de Hiroshima et de Nagasaki

> En étant les premiers à en faire usage [de la bombe atomique], nous avions adopté la norme morale des barbares de l'âge de pierre.
>
> William D. Leahy

L'attaque d'El Shifa ne fut qu'une minuscule démonstration de la capacité des États-Unis à agir impitoyablement et à employer une extrême violence à des fins politiques, ainsi que de la capacité de ses citoyens à fermer les yeux sur un tel comportement. Le pire exemple demeure la destruction atomique des villes japonaises de Hiroshima et de Nagasaki à la fin de la Seconde Guerre mondiale. Cent soixante-dix mille civils japonais – hommes, femmes et enfants – furent tués instantanément par les engins américains largués sur leur ville et ils furent plus nombreux encore, dans les jours et les années qui suivirent, à souffrir d'une mort lente causée par les radiations. Dans la mythologie américaine, ces bombardements représentent un triomphe scientifique et militaire qui mit un terme à la guerre, épargna des millions de vie américaines et un nombre encore plus élevé de soldats et de civils japonais. « En étant sans pitié, ils furent miséricordieux [1] », écrivit le *Chicago Tribune*, au lendemain d'Hiroshima, dans un éditorial à la gloire des chefs militaires américains. Apprenant d'un assistant la réussite du largage de la première bombe, Harry Truman, le président qui avait autorisé ces attaques, la qualifia de « plus grand événement de l'histoire [2] ». William L. Laurence, reporter du *New York Times* que le U.S. War Department avait secrètement retenu pour rédiger ses communiqués de presse, expédia ce reportage, prétendument émouvant, sur la scène qui se déroulait dans le poste de commande du B-29 Superforteresse transportant la deuxième bombe vers Nagasaki :

> Les premières lueurs de l'aube apparurent peu après 5 heures Le sergent Curry, qui n'avait cessé, écouteurs aux oreilles, de guetter le moindre signal tout en observant lui-même le silence radio le plus strict, salua l'aube en se levant pour contempler l'horizon. « C'est bon de voir le jour, me dit-il. Je me sentais claustrophobe, enfermé dans cette cabine la nuit. »
> Curry est un jeune Américain typique, qui paraît encore plus jeune que ses vingt ans. Il n'est pas nécessaire d'être voyant pour lire dans ses pensées.
> « Nous sommes loin de Hoopeston, en Illinois », lui fais-je remarquer.
> « Ouais », répond-il en s'affairant à décoder un message.
> « Croyez-vous que cette bombe atomique mettra fin à la guerre ? » demande-t-il avec espoir.
> Je réponds : « Il est très probable que celle-ci fera l'affaire. Mais sinon la prochaine ou la suivante y parviendra certainement. Elles sont si puissantes qu'aucun pays ne peut y résister bien longtemps [3]. »

Dans le même communiqué de presse, Laurence, qui décrit la bombe posée dans le ventre de l'appareil comme « *a thing of beauty* », pose la question et y répond : « Ressent-on de la pitié ou de la compassion pour les pauvres diables qui mourront

1. Robert Hay Lifton et Greg Mitchell, *Hiroshima in America : A Half Century of Denial, New York*, Avon Books, 1995, p. 24.
2. *Ibid.*, p. 23.
3. Extrait d'une conférence de presse du War Department : « Eye Witness Account, Atomic Mission Over Nagasaki », 9 août 1945. Trouvé sur Internet.

bientôt ? Pas quand on pense à Pearl Harbor et à la Marche de la mort sur Bataan. » Laurence écrit aussi que Nagasaki était un objectif militaire, une ville « qui fabriquait des armes de guerre destinées à être employées contre nous ».

Même si le dialogue est guindé comme celui d'un mauvais film de série B, le communiqué de presse n'en est pas moins un chef-d'œuvre en matière de relations publiques. Il synthétise tout ce dont les Américains se sont convaincus à propos de la seule utilisation de l'arme atomique contre des cibles humaines, c'est-à-dire qu'elle a mis fin à la guerre et épargné des vies humaines, et qu'elle n'était que justice face à un ennemi cruel qui avait traîtreusement exterminé des centaines de militaires américains à Pearl Harbor et commis d'horribles crimes de guerre. Les largages de « Little Boy » sur Hiroshima le 6 août 1945 et de « Fat Man » sur Nagasaki le 9 (plage horaire du Japon) étaient des actes de guerre commis contre un pays despotique qui n'avait que lui à blâmer pour la misère imposée à son peuple. Le geste des Américains comportait même une connotation religieuse, du moins dans l'esprit de Truman qui déclara : « Nous remercions Dieu d'avoir mis la bombe entre nos mains plutôt qu'entre celles de nos ennemis ; et nous prions pour qu'Il nous amène à l'employer à Ses fins et comme Il le voudrait [4] », conférant ainsi à cette action des airs de fatwah. Cela étant, l'Amérique n'a guère éprouvé le besoin de discuter même de la légitimité de cet acte, tout comme elle n'a éprouvé ni le désir ni le besoin de remettre en question les représailles militaires qui ont suivi les attentats du 11 septembre.

Mais l'annihilation atomique de deux villes japonaises ne fut jamais une décision unanime. Durant les jours ayant précédé Hiroshima, des voix importantes s'élevèrent, qui estimaient que ce geste n'était pas nécessaire sur le plan militaire, que le Japon était disposé à capituler et l'avait même fait savoir. Durant les deux années qui suivirent la guerre, des esprits

4. *Ibid.*, p. 28.

conservateurs sérieux soulevèrent des questions sur ce geste[5]. Et il apparaît désormais, de nombreux faits ayant été mis à jour après toutes ces années, que les deux bombardements ne répondaient pas à une nécessité militaire, mais à un opportunisme politique : le besoin d'envoyer un message aux dirigeants d'une Union soviétique expansionniste et le désir de démontrer au Congrès que les 2,6 milliards de dollars requis pour mettre au point cette bombe n'avaient pas été dépensés en vain. De même est-il maintenant évident que la nature prétendument militaire de ces cibles était une pure invention du War Department. Les États-Unis savaient que les victimes seraient essentiellement des civils et voulaient qu'il en soit ainsi. Des ouvrages de plus en plus nombreux, dont deux livres américains publiés à l'occasion du cinquantième anniversaire des bombardements, soulèvent des questions difficiles à propos des raisons ayant justifié cet emploi de la bombe. L'accès à des documents jadis gardés secrets, dont plusieurs sont désormais présentés sur Internet, des interviews avec des participants aux décisions, aujourd'hui vieillissants, souvent contrits et dont certains ont écrit leur autobiographie, tout cela tend à démontrer que ces bombardements, qui ont inauguré l'ère nucléaire et massacré des civils innocents, en violation directe des traités internationaux interdisant le bombardement de civils, étaient tout aussi injustifiés et moralement indéfendables que les malheureux lancements de missiles sur l'usine de produits pharmaceutiques d'El Shifa.

La course à la bombe atomique menée par les États-Unis durant la Seconde Guerre mondiale était parfaitement justifiable. On craignait que les Allemands ne soient en voie d'acquérir la maîtrise de l'atome ; dès le début de la guerre, on avait persuadé Albert Einstein d'en prévenir le gouvernement américain. Ces pressions poussèrent les États-Unis à créer, dès 1941, le projet Manhattan, lequel devait finalement entraîner des dépenses de 2,6 milliards de dollars (coût énorme, même

5. « Forgetting the Bomb ; the Assault on History », *The Nation*, 15 mai 1995.

selon les normes d'aujourd'hui). L'équipe, qui travailla dans des installations ultrasecrètes sises à Los Alamos (au Nouveau-Mexique), était composée des meilleurs physiciens, dont le plus connu fut J. Robert Oppenheimer, et de centaines de personnes placées sous la direction du général Leslie Groves, l'homme qui est à l'origine de la construction du Pentagone à Washington. Au début de 1945, alors que la capitulation allemande était imminente et que les forces japonaises se retiraient partout dans le Pacifique, le groupe de Los Alamos estima avoir mis au point un engin atomique opérationnel. Lorsque Harry Truman accéda à la présidence, après le décès de Franklin D. Roosevelt en avril 1945, le dossier de la bombe fut l'un des premiers que lui communiquèrent ses assistants. Le 16 juillet, on fit exploser, sur le terrain d'essai de Trinity au Nouveau-Mexique, une bombe atomique contenant 6 kilos de plutonium. Le 25, Truman évoquait le succès de cet essai dans son journal : « L'arme sera employée contre le Japon d'ici le 10 août. »

> J'ai dit au secrétaire à la Guerre, M. [Henry] Stimson, de l'utiliser en ciblant des objectifs militaires, des soldats et des marins, et non des femmes et des enfants. Même si les Japs sont sauvages, impitoyables, implacables et fanatisés, nous ne pouvons, en tant que leaders mondiaux agissant pour le bien commun, larguer cette bombe terrible sur la vieille capitale ou sur la nouvelle. [Stimson] et moi sommes d'accord. La cible sera de nature purement militaire et nous émettrons un avertissement demandant aux Japonais de se rendre et d'épargner des vies. Je ne suis pas certain qu'ils le feront, mais nous leur en aurons fourni l'occasion. Il est heureux pour l'univers que le groupe de Hitler ou celui de Staline n'aient pas découvert cette bombe atomique. Cela semble être la chose la plus terrible jamais inventée, mais on peut en faire la plus utile[6].

L'explosion de Trinity montra, en effet, que l'essai atomique était un événement terrible à contempler. Laurence, qui écrivait au nom du War Department, la célébra dans un langage fleuri : « On avait le sentiment d'être présents au

6. Robert H. Ferrell, *Off the Record : The Private Papers of Harry S. Truman*, New York, Harper and Row, 1980.

moment de la Création, lorsque Dieu a dit : "Que la lumière soit." » Du gigantesque nuage qui prenait peu à peu la forme d'un champignon, il dit aussi qu'il ressembla « pour un bref instant, à une immense statue de la Liberté, un bras vers le ciel, symbole de la naissance d'une liberté nouvelle pour l'homme [7] ». Parmi les scientifiques témoins de l'événement, certains furent enchantés par cette preuve concluante de leur succès, mais d'autres furent horrifiés. L'explosion était plusieurs fois plus puissante que prévu ; la colonne de nuages s'éleva à plus de 20 000 mètres et demeura en place durant plusieurs heures. Une enquête subséquente révéla que tout être humain vivant dans un rayon de 3 kilomètres du centre de l'explosion aurait été tué ou mortellement blessé sur-le-champ, et que l'éclat lumineux aurait gravement endommagé, sinon détruit, la vue de quiconque l'aurait regardé sans protection à une distance de moins de 10 kilomètres. Une ferme située à presque 5 kilomètres de là fut lourdement endommagée et ses portes furent arrachées. Les scientifiques furent aussi étonnés par l'étendue de la zone exposée à des niveaux dangereux de radiations ; on mesura des radiations de haute intensité à une distance de plus de 32 kilomètres, ce qui incita les administrateurs du projet à faire évacuer les fermes de la région et, en une occasion tout au moins, à solliciter un avis juridique quant à leur responsabilité [8]. Les troupeaux de bestiaux des environs tombèrent malades et les enquêteurs trouvèrent le cadavre d'un âne tué par les radiations à 32 kilomètres du point zéro [9]. Quatre jours après la détonation, on pouvait encore déceler dans l'air des radiations de basse intensité à 320 kilomètres de distance. L'équipe recommanda de doubler l'étendue de la zone inhabitée dans l'éventualité d'autres essais.

7. Robert Jay Lifton et Greg Mitchell, *op. cit.*, p. 15-16.
8. Extrait d'un rapport d'archives du US National Archives, RG 77, Records of the Office of the Chief of Engineers, Manhattan Engineer District, TS Manhattan Project Files, et trouvé sur le site suivant : www.dannen.com/decision/trin-rad.html.
9. Robert Jay Lifton et Greg Mitchell, *op. cit.*

L'explosion équivalait à 10 000 tonnes de TNT. Les deux bombes larguées sur le Japon avaient la capacité, selon l'altitude à laquelle elles exploseraient et selon d'autres paramètres, d'atteindre le double de cette puissance destructrice. L'essai de Trinity apprit aux États-Unis quel serait le coefficient meurtrier d'une seule bombe explosant à une hauteur comprise entre 155 et 770 mètres au-dessus d'une grande agglomération, évaluant à la fois le nombre de décès consécutifs à l'explosion, et l'étendue de l'empoisonnement par radiations dont mourraient lentement et douloureusement les survivants quelques jours plus tard. Les radiations posaient un problème difficile aux États-Unis qui savaient que le monde ne verrait pas d'un très bon œil l'irradiation de civils japonais ; les responsables décidèrent donc, afin d'en limiter l'exposition au sol, de faire exploser les bombes à une altitude plus élevée que celle qui eût produit le plus fort impact. Les largages furent donc calculés pour produire le pourcentage le plus élevé de morts par suite d'explosion ou de brûlures – « type de mortalité associée au bombardement conventionnel… L'irradiation symbolisait l'horreur de cette arme nouvelle et introduisait un facteur d'ambiguïté morale. Elle semblait comparable aux gaz toxiques dont les pays avaient constitué des réserves, mais dont ils avaient généralement refusé de faire usage [10]. »

Les victimes d'irradiation souffrent de fièvre et d'hémorragies cutanées ; elles sont ensuite atteintes de gangrène et perdent leurs cheveux. Les Américains n'entendaient pas attirer l'attention du public sur cette mort douloureuse, tellement semblable, par les tortures qu'elle inflige, à l'empoisonnement par l'ypérite [11]. Les États-Unis avaient signé, à La Haye en 1899 et en 1907, des traités interdisant l'utilisation d'« armes empoisonnées » en temps de guerre. Ils avaient aussi appuyé en 1938 une résolution de la Ligue des Nations qui rendait illégal le

10. *Ibid.*
11. NdT : Gaz utilisé durant la Première Guerre mondiale, appelé aussi « gaz moutarde ».

bombardement de populations civiles. Néanmoins, le gouvernement savait parfaitement ce qu'il lâchait sur le Japon et que l'utilisation de ces bombes constituait une violation de ses traités. Kenneth D. Nichols, adjoint au général qui supervisa le projet Manhattan, « devait reconnaître dans ses mémoires publiées en 1987 : "Nous savions qu'il y aurait, outre les victimes de l'explosion et de la chaleur intense, plusieurs morts et blessés par irradiation [12]." »

En choisissant les cibles des bombes atomiques, et en dépit des propos de Truman, dont le journal personnel précisait que seuls des objectifs militaires seraient visés, les États-Unis décidèrent d'utiliser leur arme secrète afin de détruire, s'il existait encore, le moral du peuple japonais. L'aviation américaine avait déjà atteint l'essentiel de cet objectif en mars 1945 lorsqu'elle avait couvert Tokyo d'un tapis de bombes incendiaires qui avaient tué cent mille civils. Les bombes atomiques étant disponibles, il fut convenu de viser des centres urbains et leur population civile. Hiroshima, ville de trois cent cinquante mille habitants, fut choisie parce que, selon le procès-verbal de la réunion du Comité de ciblage du projet Manhattan (les 10 et 11 mai 1945), sa taille et son agencement étaient tels qu'« une grande partie de la ville subira[it] de lourds dommages ». On évoqua aussi la ville de Kyoto parce qu'elle était, rapporte encore le procès-verbal, « un foyer de vie intellectuelle et [que] sa population serait mieux à même de saisir ce que signifiait une telle arme ».

Épisode révélateur, le secrétaire à la Guerre, Stimson, invita instamment l'aviation, qui s'apprêtait à bombarder Tokyo et d'autres villes préalablement aux attaques atomiques, à être aussi précise que possible et à éviter de faire des victimes chez les civils. « Je ne voulais pas que les États-Unis s'attirent la réputation de dépasser Hitler en atrocités, écrivit-il dans son journal. Et [...] je craignais que l'aviation ne détruise à ce point le Japon avant que nous soyons prêts [à larguer la bombe

12. *Ibid.*, chapitre 4, 1re partie.

atomique], que la nouvelle arme ne trouve plus de lieu où montrer sa puissance[13].» En d'autres termes, gardez-nous quelques civils pour l'engin atomique.

Ayant décidé d'utiliser leur nouvelle arme pour tuer et irradier des civils, les États-Unis durent s'attaquer à la tâche de justifier cette atrocité par la nécessité militaire. Dans les rangs mêmes des scientifiques attachés au projet, un certain malaise était manifeste. Quelques-uns d'entre eux firent circuler des pétitions pressant le gouvernement de faire la démonstration de la puissance atomique à la communauté internationale et au Japon en particulier avant de larguer la bombe sur une ville. Plusieurs firent preuve de prescience en affirmant que l'utilisation de la bombe sur des cibles humaines mènerait à une «course à l'armement nucléaire» – expression qu'ils utilisèrent mot pour mot. On devrait, plaidèrent-ils, donner au Japon l'occasion de voir ce qui le menace; dans un rapport daté du 11 juillet 1945, ils s'accordaient à dire: «Le mieux serait de faire une démonstration [de la bombe] devant les représentants de toutes les Nations Unies, dans le désert ou sur une île déserte. Le climat le plus propice à la conclusion d'un accord international pourrait être créé si les États-Unis étaient en mesure de dire au monde: "Vous voyez quelle arme nous possédons, mais n'avons pas employée. Nous sommes prêts à renoncer à l'utiliser à l'avenir et à nous joindre à d'autres nations pour élaborer un mode de contrôle efficace de cette arme nucléaire[14]."» Les mêmes scientifiques notèrent que la reddition de l'Allemagne, survenue le 8 mai précédent, avait fait disparaître l'urgence de maîtriser l'atome avant les Allemands. Dans la course à la bombe, les Américains étaient nettement seuls en tête; montrer son pouvoir destructeur sur une cible vivante ne pourrait qu'inciter d'autres pays (ils ne

13. *Ibid.*, p. 133.

14. Extrait du prétendu Rapport Franck du 11 juin 1945. Officiellement, ce rapport s'intitulait *Report of the Committee of Political and Social Problems, Manhattan Project.* Il fut retracé sur le site suivant: www.dannen.com/decision/franck.html.

faisaient pas spécifiquement mention de l'Union soviétique) à tenter par tous les moyens de mettre au point leur propre version de cette arme.

Oppenheimer déclara, quant à lui, ne pas croire qu'il était possible de faire une démonstration internationale et, à choisir entre une telle démonstration et une utilisation militaire ciblée, il recommandait la seconde ligne de conduite. Il voulait mettre fin à la guerre et pensait que la bombe était la seule manière d'y parvenir ; c'était là, cependant, une opinion qu'il soutenait avant de voir l'essai de Trinity et il ne fut jamais mis au fait de deux autres hypothèses : permettre une reddition conditionnelle du Japon, par opposition à une capitulation sans condition, et attendre le déclenchement de l'invasion prévue du Japon par l'URSS [15]. Après avoir constaté l'ampleur de l'explosion de Trinity, Oppenheimer estima qu'une démonstration pouvait être utile [16].

Truman était vaguement intéressé par l'hypothèse d'une démonstration, mais d'autres facteurs entraient en ligne de compte. En premier lieu, l'idée d'une « capitulation sans condition » du Japon. Cette formule créée par Roosevelt en 1943 obsédait le public américain et plusieurs membres du gouvernement.

> Répétée avec passion durant la guerre, elle s'était transformée en un cri de ralliement et, en même temps, en une politique inflexible. À preuve, lorsque Truman prononça son premier discours au Congrès à titre de président, le passage qui comprenait ces mots « nos exigences ont été – et demeurent – une capitulation sans condition » provoqua une ovation [17].

Parce que cela eût entraîné la destitution de son empereur vénéré, le Japon refusa de se rendre sans condition. C'était là une solution inacceptable pour les militaires, dont l'allégeance fanatique à l'empereur s'était maintes fois manifestée (notam-

15. Robert Jay Lifton et Greg Mitchell, *op. cit.*, p. 154-155.
16. *Ibid.*, p. 155.
17. *Ibid.*, p. 134.

ment par l'action des kamikazes), et même pour la population japonaise qui considérait l'empereur comme un dieu. Cet inévitable refus du Japon de satisfaire aux exigences américaines signa l'arrêt de mort de Hiroshima et de Nagasaki.

De leur côté, les États-Unis savaient que les Japonais voulaient mettre un terme rapide à la guerre et que, en juillet 1945, militaires et dirigeants considéraient leur défaite comme inévitable. L'Allemagne s'était rendue, ce qui isolait le Japon ; les Alliés ayant acquis la maîtrise du Pacifique, les bombardiers américains pouvaient mener sans encombre leurs raids sur les villes japonaises ; l'Union soviétique s'apprêtait à rompre son pacte de neutralité en envahissant le Japon ; les rations de riz avaient été réduites à presque rien et la population nipponne était contrainte à manger des glands ; aux prises avec une pénurie de pétrole, les scientifiques tentaient de mettre au point un carburant à base de racines de pin ; et le gouvernement japonais, effondré, était tombé aux mains d'un amiral vieillissant « connu pour sa modération [18] ». Le 8 juillet, le Comité conjoint du renseignement américain et britannique nota dans un rapport : « Une grande partie de la population japonaise considère désormais comme probable une défaite militaire absolue. Les effets croissants du blocus naval et l'accumulation des ravages causés par les bombardements stratégiques, qui ont déjà fait des millions de sans-abri et détruit de 25 à 50 % des espaces bâtis des plus importantes villes, devraient avoir pour effet de généraliser cette impression [19]. » En outre, les Alliés avaient décrypté les codes japonais et intercepté un câble selon lequel l'empereur lui-même affirmait vouloir mettre fin « rapidement » à la guerre [20].

Un long blocus naval, le bombardement ciblé d'objectifs militaires et l'entrée en scène de la Russie, toutes mesures qui

18. Gar Alperovitz, *The Decision to Use the Atomic Bomb and the Architecture of an American Myth*, New York, Albert A. Knopf, 1995, p. 18-22.
19. *Ibid.*, p. 17.
20. *Ibid.*, p. 23.

ne comportaient guère de risques pour les soldats alliés et auraient sans doute entraîné la capitulation souhaitée par les Américains. Tel était aussi l'avis de l'amiral William D. Leahy, chef d'état-major de Truman, qui déclara plus tard : « Devant l'efficacité du blocus naval et des bombardements menés avec des armes conventionnelles, les Japonais étaient déjà vaincus et prêts à capituler. [...] En étant les premiers à en faire usage [de la bombe atomique], nous avions adopté la norme morale des barbares de l'âge de pierre[21]. » Dwight Eisenhower, qui était alors général et qui allait devenir président des États-Unis, déclara : « Le Japon s'efforçait, à ce moment même, de trouver une manière de capituler sans trop "perdre la face". [...] Il n'était pas nécessaire de les frapper de cette chose[22]. » Winston Churchill, alors premier ministre de Grande-Bretagne, n'était pas sans entretenir ses propres réserves : « Ce serait une erreur que de supposer que le sort du Japon fut scellé par la bombe atomique. Sa défaite était assurée avant que soit larguée la première bombe[23]. » Et un U.S. Strategic Bombing Survey, mené en 1946, fut encore plus catégorique : « Il est certain qu'avant le 31 décembre 1945 [...] le Japon aurait capitulé même si les bombes atomiques n'avaient pas été lancées, même si la Russie n'était pas entrée en guerre [contre le Japon] et même si aucune invasion n'avait été planifiée ou prise en considération[24]. »

Lorsque tout fut terminé, en outre, les États-Unis abandonnèrent leur thèse d'une reddition inconditionnelle. Après que les Japonais eurent radiodiffusé une offre de reddition, le 10 août, les Américains acceptèrent le maintien au pouvoir de l'empereur, estimant que ce geste faciliterait une occupation ordonnée du pays par leurs forces militaires. En d'autres termes, ayant refusé la seule condition posée par les Japonais

21. Cité par Janet Bloomfield, présidente de la Campagne pour le désarmement nucléaire ; voir : www.oneworld.org/news/world/bloomfield.html.
22. *Ibid.*
23. *Ibid.*
24. *Ibid.*

pour se rendre et largué deux bombes atomiques sur des civils pour qu'ils y renoncent, le gouvernement américain avait fini par l'accepter.

Si Truman avait exclu toute forme de reddition autre qu'inconditionnelle, en dépit de la preuve que la guerre était terminée pour le Japon, c'est qu'il avait d'autres préoccupations. L'une d'elles tenait à la puissance croissante de l'Union soviétique qui, en 1945, avait déjà fait main basse sur la Pologne, la Roumanie et la Hongrie. Dès 1944, les Américains avaient considéré la bombe comme une « carte maîtresse[25] » dans leurs rapports avec Staline et, selon Leo Szilard (un des scientifiques du projet Manhattan qui invitèrent les Américains à ne pas utiliser la bombe), Truman croyait qu'une démonstration publique de la puissance nucléaire « rendra[it] la Russie plus raisonnable en Europe[26] ». Truman craignait aussi que le public américain ne le blâme pour les coûts énormes du projet Manhattan s'il était incapable d'en montrer concrètement les résultats.

> À mesure que s'imposait chez lui la conscience de la victoire et qu'il en venait à considérer les Russes comme dangereux et la population américaine comme agitée, son centre d'intérêt se modifia. Sa source d'inspiration, plusieurs observateurs l'ont noté, passa du militaire au politique. Prévoyant le succès de la nouvelle arme, il avait dit des Russes : « J'aurai l'avantage sur ces gens-là », et il avait associé l'usage de la bombe à l'exercice d'un « contrôle » sur les Russes. Il [ressentait] aussi [...] une grande inquiétude à propos des effets qu'aurait sur le public américain une enquête du Congrès sur un projet Manhattan qui eût été stérile, d'autant plus qu'il avait lui-même bâti sa réputation en se faisant, au Congrès, un enquêteur féroce sur les industries de défense. (Interrogé, plusieurs années après, sur sa première réaction lorsqu'il fut mis au courant du projet atomique [après être devenu président en 1945], il répondit : « J'espérais qu'il soit couronné de succès, en particulier parce qu'il coûtait 2 600 000 dollars [...] cela revenait à

25. Robert Jay Lifton et Greg Mitchell, *op. cit.*, p. 129.
26. Extrait d'un article, « President Truman did not understand », *U.S. News and World Report*, 15 août 1960.

200 000 dollars la livre pour la première bombe, ce qui rend l'explosif plutôt onéreux[27].»)

Parce qu'il était convaincu de la nécessité, pour l'Amérique, de montrer au monde sa nouvelle puissance, Truman passa outre aux avis selon lesquels un changement aux conditions de reddition et la permission accordée à l'empereur de demeurer à la tête d'une monarchie constitutionnelle mettraient fin à la guerre dès juin 1945 – décision qui prolongea le conflit et envoya inutilement à la mort des soldats américains.

L'ordre de bombarder une des quatre villes choisies – Hiroshima, Kokura, Niigata et Nagasaki – fut donné le 27 juillet. L'armée de l'air devait mener la première attaque dès que les conditions météorologiques seraient favorables après le 3 août et poursuivre le largage sur d'autres villes au fur et à mesure que d'autres bombes deviendraient opérationnelles[28]. Les États-Unis étaient prêts à détruire quatre villes dans un premier temps, et la directive prévoyait des cibles additionnelles. Hiroshima fut frappée le 6 août. La censure étant en vigueur, on se contenta d'annoncer au monde que les États-Unis avaient fait usage d'une arme nouvelle et horrible contre une «base militaire», ainsi que le déclara Truman lui-même dans un message radiodiffusé le 9 à 22 heures (heure de Washington), alors que Nagasaki avait déjà subi le même sort. Truman déclara:

> Le monde notera que la première bombe atomique fut larguée sur Hiroshima, une base militaire. Il en a été ainsi parce que nous désirions que cette première attaque évite, autant que possible, de tuer des civils. Mais cette attaque n'a été qu'un avertissement. Si le Japon ne se rend pas, des bombes devront être lancées sur ses usines de guerre et, malheureusement, des milliers de civils compteront parmi les victimes. J'invite instamment les civils japonais à sauver leur vie en quittant immédiatement les agglomérations industrielles[29].

27. Robert Jay Lifton et Greg Mitchell, *op. cit.*, p. 160.
28. Le libellé officiel de l'ordre figure sur le site suivant: www.dannen.com/decision/handy.html.
29. Extrait du discours de Truman; voir: www.dannen.com/decision/hst-ag09.html.

Hiroshima n'était pas une base militaire ; Hiroshima était une ville tentaculaire dans laquelle étaient stationnés quarante mille militaires japonais. La bombe l'anéantit à partir de son centre. Tous ceux qui se trouvaient au point d'impact disparurent sans laisser la moindre trace ; plus loin, ils furent tués par l'explosion ou brûlés vifs en quelques secondes. Une séquence filmée, prise par un photographe japonais quelques jours plus tard (saisi par les Américains, le film ne fut rendu aux Japonais que durant les années 1960), montre des gens mourant par irradiation et contient une image inoubliable : celle de la silhouette d'un peintre installé sur une échelle, le bras tendu, gravée dans le béton ; l'homme avait été oblitéré par la chaleur de l'explosion [30].

On estime à cent mille le nombre d'hommes, de femmes et d'enfants qui furent tués instantanément et à cinquante mille les morts par irradiation. Des écoles, des édifices à bureaux, des temples, des magasins, des résidences et des manufactures furent détruits. Les photographies aériennes prises par l'aviation américaine avant et après l'explosion sont stupéfiantes : les premières montrent une ville grouillante de vie – labyrinthe de rues et de résidences, ponctué de parcs et d'édifices semblables à des manufactures ; un lieu de vie humaine. Ne reste plus, ensuite, qu'une surface grise uniforme, sur laquelle on devine l'esquisse des principales artères, seuls indices d'une occupation humaine. Les premières sont de la Terre, les autres de la surface de la Lune.

À l'annonce de la nouvelle du largage de la bombe et de la fin imminente de la guerre, les soldats américains sautèrent de joie et célébrèrent ces événements sans retenue, un peu comme les Palestiniens l'ont fait devant les caméras à l'annonce des attaques du 11 septembre. Personne ne songea aux victimes qui, de toute façon, appartenaient à une race méprisée aux États-Unis. Un sondage Gallup réalisé en décembre 1944 révéla que 13 % des Américains étaient en faveur d'un génocide du peuple japonais [31]. Le

30. Robert Jay Lifton et Greg Mitchell, *op. cit.*, p. 58.
31. *Ibid.*, p. 428.

> War Department, qui contrôlait toute information relative au projet Manhattan et au largage de la bombe, utilisa cette haine à son avantage. Tous les communiqués de presse émis dans les jours qui suivirent Hiroshima évoquèrent l'attaque tristement célèbre de Pearl Harbor ; on n'y mentionna jamais la nécessité de mettre fin rapidement à la guerre pour épargner des vies. Les journalistes américains, mal armés pour traiter d'un sujet d'une telle envergure, avalèrent intégralement tout ce que leur servit le War Department.
>
> Le général Groves ne laissa rien au hasard. Avant Hiroshima, il avait envoyé un ordre interdisant aux commandants américains qui prenaient part aux combats d'émettre le moindre commentaire sur les attaques atomiques sans que leurs propos aient été approuvés par le War Department. « Nous ne voulions pas, écrivit-il plus tard, que MacArthur et d'autres disent que la guerre aurait pu être gagnée sans les bombes. » MacArthur et de nombreux autres haut gradés croyaient, en effet, que la bombe n'était pas nécessaire à la victoire.
>
> [Le général] Groves devait plus tard noter avec satisfaction : « La plupart des journaux publièrent intégralement nos communiqués. C'est là une des rares fois où il en fut ainsi, depuis que les communiqués gouvernementaux sont devenus si abondants[32]. »

Des opinions différentes se faisaient pourtant entendre, cependant, venues d'« un ramassis de cinglés, de chroniqueurs, de commentateurs, d'aspirants politiciens, de soi-disant auteurs et sauveurs du monde », comme Groves appelait quiconque ne publiait pas mot pour mot ses communiqués ou remettait en question la décision de bombarder Hiroshima[33]. Chroniqueur de tendance conservatrice, David Lawrence écrivit dans le *U.S. News* : « Nous répondrons toujours à la critique en invoquant la nécessité militaire, mais cela n'effacera jamais de nos esprits cette simple vérité : nous n'avons pas, seule de toutes les nations civilisées et bien qu'ayant reculé devant l'emploi des gaz toxiques, hésité à faire usage de l'arme la plus meurtrière de l'histoire contre des hommes, des femmes et des enfants. Quel précédent n'avons-nous pas créé pour d'autres pays moins scrupuleux et

---

32. *Ibid.*, chapitre 2, 1re partie.
33. *Ibid.*

moins préoccupés d'idéaux que le nôtre ! [...] Nous ne pouvons certainement pas être fiers de ce que nous avons fait. S'il faut dire toute la vérité, nous en avons honte[34]. »

Dans l'ensemble, cependant, la population américaine, lasse de la guerre, songea avant tout à se réjouir (et avec raison) de ce qu'elle était terminée et du retour des militaires, hommes et femmes, qui y avaient survécu. Elle se contenta des propos du War Department qui lui affirmait que les bombardements avaient porté le coup de grâce à un ennemi maléfique ; si Hiroshima lui posa un problème moral, elle l'étouffa dans les sons de la victoire et du deuil ; dans le jazz et les sanglots. C'est tout juste si les journaux annoncèrent en première page le bombardement de Nagasaki.

Si l'attaque de Hiroshima était de nécessité militaire douteuse, celle de Nagasaki l'était bien davantage. En vertu des ordres d'utiliser l'arme atomique sur quatre villes japonaises, la deuxième attaque fut conduite sans supervision présidentielle et survint alors que les Japonais s'apprêtaient à capituler. Des historiens soutiennent que le haut commandement japonais, qui avait vu Hiroshima annihilée par une seule bombe le 6 août et avait décidé, dès lors, de demander l'arrêt des hostilités, ne pouvait y parvenir avant au moins le 10 août. Une telle reddition ne pouvait être organisée unilatéralement et en un seul jour ; il fallait convoquer les leaders politiques et militaires importants, expédier des ordres de cessez-le-feu aux commandants qui se trouvaient sur les lignes de front, etc. La bombe de Hiroshima avait, de toute évidence, eu l'effet désiré sur les dirigeants japonais : ils se rendraient sans condition. Pourquoi, dès lors, était-il nécessaire de larguer une deuxième bombe sur une deuxième ville ? Les Américains, qui avaient songé, ne fût-ce que brièvement, à faire une démonstration de la bombe sur une cible inhabitée pour ensuite exiger la capitulation, passèrent d'une considération humanitaire à un geste qui extermina soixante-dix mille civils jusqu'alors occupés à leurs activités

---

34. *Ibid.*, p. 37.

quotidiennes. Plutôt que d'attendre les résultats de Hiroshima, Washington continua simplement de s'acharner sur des civils avec l'arme la plus horrible et la plus cruelle jamais inventée par l'homme.

Située sur des collines à l'extrémité sud du Japon (Hiroshima est aussi située au sud), Nagasaki avait été régulièrement bombardée, depuis la fin de juillet, par des appareils munis de bombes classiques. Elle l'avait même été au lendemain de la première attaque nucléaire. Le hurlement des sirènes d'alerte étant devenu routine, plusieurs choisirent, le 9 août, de ne pas en tenir compte. La bombe explosa au-dessus du centre-ville, assez loin des chantiers navals dont les États-Unis prétendirent plus tard, à tort, qu'ils abritaient des navires de guerre. Elle raya de la carte écoles, bureaux, résidences, temples et hôpitaux. Au principal point d'impact, dirent des survivants, tout fut réduit en poudre. On ne trouva aucun cadavre. Plus loin de l'épicentre, des corps étaient éparpillés partout, dont ceux de bébés et d'enfants.

Yosuke Yamahata fut dépêché par l'armée japonaise pour y photographier la ville le lendemain de l'attaque. Ses photos montrent une ville complètement rasée, quelques morceaux de cheminée ou de structure métallique s'élevant seuls ici ou là. Il photographia une mère, en train de mourir par irradiation, donnant le sein à un bébé, lui aussi agonisant ; des rangées de cadavres ; des parents tentant vainement de soulager leurs enfants dont le corps était couvert de brûlures. Yamahata mourut d'un cancer en 1966, à l'âge de quarante-huit ans [35].

Nagasaki fut un geste cruel et parfaitement gratuit. L'Amérique savait, depuis les essais de Trinity, quelle en était la sauvagerie. Le juge en chef des procès de Nuremberg qualifia Nagasaki de « crime de guerre [36] », bien que les États-Unis n'aient jamais été formellement accusés d'une telle chose. Si les Américains avaient attendu une journée de plus, les Japonais

35. *Nagasaki Journey : The Photographs of Yosuke Yamahata*, August 10 1945, San Francisco, Pomegranate Artbooks.

36. Robert Jay Lifton et Greg Mitchell, *op. cit.*, p. 162.

auraient pu se rendre sans avoir à subir la destruction d'une autre ville et la perte de soixante-dix mille civils.

Les États-Unis auraient pu, de même, proposer au Japon des conditions de capitulation l'autorisant à conserver son empereur, mettant ainsi fin à la guerre sans avoir fait usage de la bombe. Ils auraient pu, également, attendre que le blocus naval et les bombardements conventionnels provoquent l'inévitable fin. Ils étaient en possession de l'arme la plus meurtrière de l'histoire et auraient pu faire preuve de pitié. Leur gouvernement préféra plutôt, contre l'avis de plusieurs de ses conseillers, faire un geste politique conçu pour lui conférer l'avantage sur l'Union soviétique et calmer une population qui cherchait volontiers vengeance contre l'ennemi, mais acceptait mal des projets militaires coûteux qui semblaient n'aboutir à rien. On a estimé à trois cent cinquante mille le nombre de personnes qui, en 1950, avaient péri des suites directes des explosions de Hiroshima et de Nagasaki. La moitié d'entre elles avaient été tuées instantanément ; les autres, lentement par cancer ou autres maladies consécutives à l'irradiation au fil des ans. Des Américains moururent aussi, à la fois au Japon et aux États-Unis, où de nouvelles études révélèrent par la suite que les retombées de l'essai de Trinity et des méthodes inadéquates employées dans des usines de fabrication d'armes nucléaires avaient provoqué des milliers de décès par cancer.

Sur le plan politique, l'utilisation de la bombe contre des civils a retiré aux États-Unis l'avantage moral dont ils auraient pu bénéficier à l'époque de la guerre froide. « Il nous était désormais impossible d'affirmer que nous voulions éliminer les bombes atomiques parce qu'il serait immoral d'en faire usage contre des populations civiles, écrirait plus tard Leo Szilard. Nous nous sommes privés de l'argument moral grâce auquel, immédiatement après la guerre, nous aurions peut-être pu nous débarrasser de la bombe[37]. »

37. Extrait d'un article intitulé « President Truman did not understand », *U.S. News and World Report*, 15 août 1960.

Pire encore, le bombardement déclencha la guerre froide. Si les États-Unis étaient prêts à utiliser une telle arme, que pouvait faire l'Union soviétique, sinon mettre au point son propre arsenal ? Sans la démonstration de la puissance de la bombe et de la nature impitoyable de l'Amérique, la course aux armements n'aurait-elle pas pris un caractère plus théorique ?

Les États-Unis paient aujourd'hui le prix de cette course. L'arsenal nucléaire de l'ex-Union soviétique est mal administré et certains de ses scientifiques, insuffisamment rémunérés, ont accepté, moyennant finances, de se mettre au service de régimes véreux. Un membre républicain du Congrès a présenté un rapport selon lequel l'URSS avait fabriqué cent trente-deux bombes nucléaires miniaturisées, d'une puissance de 10 kilotonnes chacune, alors que la Russie d'aujourd'hui reconnaît n'en détenir que quarante-huit[38]. Cela signifie que quatre-vingt-quatre de ces bombes miniatures ont disparu et sont possiblement aux mains d'ennemis de l'Amérique ; elles sont une conséquence directe de la course aux armements lancée par les États-Unis. Des indices laissent même à penser que certaines de ces bombes sont parvenues en sol américain. Dans un des messages vidéo communiqués à la presse après le 11 septembre, ben Laden évoqua, à mi-mots, Hiroshima et Nagasaki.

Mais avant tout, ces deux attaques ont constitué les premières atrocités desquelles ont découlé des interventions militaires américaines de même nature, c'est-à-dire mal conçues et réalisées pour des raisons politiques, telle l'attaque de l'usine de produits pharmaceutiques d'El Shifa. Si les Américains sont capables d'oublier un geste aussi monstrueux que deux attaques atomiques, ils ne se préoccuperont certes pas de quelques « capricieux » missiles Cruise lancés en Afrique.

Il existe aujourd'hui, à Hiroshima et à Nagasaki, des parcs consacrés à la paix et aux survivants. Aux États-Unis, des groupes de vétérans et de congressmen ont forcé, en 1995, le Smithsonian Institute à renoncer à présenter au National Air and

38. « Finding Russia's Lost Radioactive Luggage », *National Post*, 2 décembre 1999.

Space Museum une exposition consacrée à l'utilisation de la bombe atomique. Les pièces exposées illustraient les deux versions de l'événement, ce qui est une faute grave lorsqu'il s'agit de l'histoire des États-Unis.

Chapitre 4

L'armée impériale de l'Amérique

> Les Romains ne trouvaient peut-être pas étrange d'avoir leurs soldats en Gaule, ou les Britanniques d'en avoir en Afrique du Sud
>
> Chalmers Johnson,
> *Blowback : The Cost and Consequences of American Empire*

Pendant que le gouvernement des États-Unis, victorieux en 1945, passait à la course aux armes nucléaires contre l'URSS, les scientifiques qui avaient mis au point la bombe atomique se donnaient une mission différente : lutter pour le désarmement nucléaire. Peut-être mieux à même que les politiciens et les bureaucrates de comprendre le véritable danger, sur le plan humain, du monstre qu'ils avaient conçu, des ex-membres du projet Manhattan créèrent en 1945 la Federation of Atomic Scientists « afin de traiter des conséquences et des dangers de l'ère nucléaire ». Le groupe s'est rebaptisé depuis lors Federation of American Scientists (FAS) ; cinquante-trois prix Nobel américains sont membres de son comité de soutien. La FAS déploie une grande énergie dans son action pour le contrôle des armements et pour le désarmement, qui est son objectif premier, mais surveille aussi l'évolution des opérations militaires et des livraisons d'armes américaines. De cette dernière activité est née une fascinante et révélatrice page Web.

Le site Web de la FAS (www.fas.org) comporte une section intitulée « Military Analysis Network », dans laquelle les scientifiques ont recensé toutes les opérations militaires américaines de l'histoire menées outre-mer ou en territoire national. Les plus anciennes données remontent à 1689, à l'époque où un conflit entre la France et l'Angleterre donna lieu, en Amérique, à quelques escarmouches entre Britanniques, d'une part, et Français et Indiens, d'autre part. Cette liste est intéressante dans la mesure où elle révèle l'augmentation ininterrompue, au fil des années, de l'activité militaire américaine et, notamment, sa spectaculaire croissance au cours des vingt-cinq dernières années. Durant les deux siècles qui séparent la guerre d'Indépendance américaine et 1975, le nombre de ces opérations militaires est inférieur à soixante-dix, même si l'on tient compte des opérations de la guerre du Viêt-nam (qui en compta dix, affublées de noms tels que Opérations Endsweep, Linebacker I et II et Freedom Train). De 1975 au 11 septembre 2001, soit en vingt-six ans, on en relève plus de cent soixante, achevées ou en cours. D'une moyenne d'une opération militaire tous les trois ans, les États-Unis sont passés, au cours du dernier quart de siècle, à une moyenne supérieure à une opération tous les deux mois.

Un petit nombre d'entre elles furent menées en territoire américain, telle l'opération Garden Plot, en 1992, au cours de laquelle quatre mille cinq cents fantassins et marines furent envoyés dans les rues de Los Angeles pour aider les autorités locales à réprimer les émeutes raciales consécutives à l'incident Rodney King. (L'opération ne fut pas un succès absolu. À un moment, un policier qui était la cible d'un tireur embusqué dans une maison, cria aux soldats : « Couvrez-moi ! » Dans le jargon policier, cela revient à dire : « Préparez-vous à utiliser votre arme si nécessaire » ; dans le jargon militaire, en revanche, cette expression signifie qu'il faut couvrir la progression d'un feu nourri. Obéissants, les soldats tirèrent plus de deux cents balles sur la maison qui abritait aussi des enfants. Personne ne fut blessé[1].)

1. James D. Delk, *Fires & Furies: The L.A. Riots*, Palm Springs, Californie, ETC Publications, 1995, p. 221-222. Cette anecdote est citée dans « Lessons in Command and Control from the Los Angeles Riot », article de Christopher M. Schnaubelt dans le numéro de l'été 1997 du *Parameters, the U.S. Army War College Quarterly*. Il fut retrouvé grâce à un lien sur le site Web de la FAS.

Quelques rares opérations furent menées dans un but strictement humanitaire, comme Fundamental Response (en 1999), par laquelle le département de la Défense expédia par avion des kits de purification d'eau et divers équipements à des régions du Venezuela ravagées par des inondations. Les États-Unis fournirent aussi machinerie et personnel afin de dégager et de reconstruire des routes, et l'on envoya des militaires afin d'aider les quelque quatre cent mille personnes sans abri après les crues subites.

Environ vingt opérations furent des missions antidrogues menées de concert avec d'autres agences gouvernementales en Amérique du Sud, en Amérique centrale, au Mexique et aux États-Unis.

Mais le plus grand nombre de ces opérations furent menées outre-mer et mettaient en cause un appareil militaire américain agissant directement ou indirectement pour soutenir, partout dans le monde, des régimes douteux et des rébellions de même nature. Le prétexte en était habituellement la nécessité de stopper l'expansion du communisme et, parfois, de répliquer aux actes de pays « hors-la-loi », comme l'Irak et la Libye. On baptisa ces opérations de noms que ne peuvent apprécier que les admirateurs inconditionnels de la propagande militaire :

- *Red Bean* (1978). Des appareils de l'U.S. Air Force transportèrent au Zaïre troupes et matériel afin d'aider Mobutu Sese Seko, impitoyable dictateur, à repousser une invasion des forces rebelles. Tristement célèbre pour son mépris des droits de la personne, pour avoir détourné dans des comptes bancaires en Suisse des centaines de millions de dollars d'aide militaire et économique américaines, et pour avoir utilisé des sommes de provenance analogue pour acheter des châteaux en Europe, Mobutu avait persuadé les Américains d'intervenir en affirmant, sans preuves, que les rebelles étaient soutenus par des communistes cubains et soviétiques.

- *Elf One* (1979-1989). Pendant cette opération, qui dura dix ans, des avions américains assurèrent, entre autres, un soutien radar à l'aviation de l'Arabie Saoudite durant son conflit avec le Yemen et, plus tard, durant la guerre Iran-Irak (alors que les Saoudiens augmentaient leurs mesures de défense aérienne). Au total, les appareils américains effectuèrent ainsi, pendant la guerre Iran-Irak, plus de six mille sorties pour protéger l'espace aérien de pays neutres.
- *Arid Farmer* (1983). Les États-Unis fournirent des missiles antiaériens et des lanceurs au Tchad alors aux prises avec des rebelles appuyés par la Libye. L'aviation américaine fournit aussi des appareils de surveillance radar pour patrouiller le long de la frontière Soudan-Libye, mais ces AWACS ne furent jamais déployés. Tout au long de 1988, les Américains continuèrent de fournir à l'armée tchadienne des armes légères, des munitions, des camions, des jeeps et divers équipements, et d'aider la France à acheminer par bateau des batteries de missiles.
- *Urgent Fury* (1983). Les Américains dirigent l'invasion de l'île de Grenade afin de protéger des étudiants en médecine et d'autres citoyens américains présents sur l'île, et de rétablir un gouvernement représentatif à la suite d'un coup d'État monté par une faction rebelle du gouvernement marxiste-léniniste. Au total, cinq mille marines et Navy Seals accomplirent la tâche, en dépit de la résistance de « mille deux cents citoyens de Grenade, sept cent quatre-vingts Cubains, quarante-neuf Soviétiques, vingt-neuf Nord-Coréens, seize Allemands de l'Est, quatorze Bulgares et trois ou quatre Libyens [2] ». Un piètre service de renseignements gêna l'invasion, et les journalistes américains étaient furieux d'être empêchés par les militaires d'assister de visu à l'opération. Les communications militaires furent aussi défectueuses :

2. www.fas.org./man/dod-101/ops/urgent_fury.htm.

l'épisode le plus hilarant se produisit lorsque le commandant d'un groupe d'assaut dut passer, sur une ligne téléphonique commerciale, un coup de téléphone à Fort Bragg, en Caroline du Nord, pour demander un appui aérien à ses troupes immobilisées sous le feu ennemi. Les hélicoptères de combat arrivèrent juste à temps.

- *Intense Look* (1984). Des dragueurs de mines américains furent déployés dans la mer Rouge afin d'y retirer des mines disséminées par la Libye.
- *Golden Python* (1990). Également connue sous le vocable de *Steel Box*. L'armée et la marine américaines transportèrent cent mille obus porteurs d'une charge chimique depuis l'Allemagne de l'Ouest jusqu'à l'atoll Johnston. Les navires durent passer par les eaux toujours dangereuses du cap Horn.
- *Shining Presence.* Entreprise en 1998, l'opération comprend le déploiement de forces américaines et de missiles Patriot en Israël.
- *Provide Comfort, Provide Comfort II* et *Northern Watch.* Mise en vigueur, par les Américains, de l'interdiction de vol au nord du 36e parallèle, en Irak. À cette opération conjointe participent onze cents militaires américains et mille quatre cents militaires d'autres pays ; elle vise à empêcher les forces de Saddam Hussein de s'en prendre aux Kurdes bloqués au nord de l'Irak. Amorcée en 1991, elle se poursuivait toujours en 2002. Les États-Unis devaient bien cela aux Kurdes, que la CIA avait encouragés durant les années 1970 à se soulever contre le gouvernement irakien et qui les avait ensuite abandonnés à leur sort lorsque fut déclenchée la guerre Iran-Irak (1980-1988). Désireux de paraître neutres dans ce conflit, les États-Unis protestèrent à peine lorsque Saddam Hussein extermina, à l'aide de gaz asphyxiants, des dizaines de milliers de Kurdes en 1988. Craignant la colère de Hussein, les Américains refusèrent, dans la foulée de ces attaques, de rencontrer les

dirigeants kurdes[3]. Ce génocide ne se transforma en cause célèbre pour l'administration de George Bush (père) qu'en 1990, au moment de l'invasion du Koweït par l'Irak, prélude à la guerre du Golfe. Peu couverte par les médias, l'opération Northern Watch se traduit aussi par des sorties quasi quotidiennes contre la défense antiaérienne irakienne, sorties généralement provoquées par des agressions irakiennes menées sous la forme de missiles antiaériens.

- *Desert Falcon.* Les Américains fournissent à l'Arabie Saoudite des missiles Patriot, ainsi que des opérateurs et des équipes de protection.

Il existe d'autres listes des opérations militaires américaines menées depuis deux cent vingt-cinq ans ; elles ne sont pas toutes aussi riches de renseignements, mais elles révèlent toutes une extraordinaire augmentation d'activité depuis 1975. Il en ressort un fait dont on mesure mal l'ampleur (tout au moins aux États-Unis) : les Américains maintiennent partout dans le monde une présence militaire incessante et qui ne fait que s'accroître depuis la guerre du Viêt-nam. Selon Chalmers Johnson, auteur d'un ouvrage prophétique publié en 2000 et intitulé *Blowback : The Cost and Consequences of American Empire*, « des centaines de milliers de soldats américains, équipés des armes les plus perfectionnées et parfois même d'armes nucléaires, sont stationnés dans soixante et une bases réparties dans dix-neuf pays – pour autant que l'on accepte la définition la plus étroite de ce que le département de la Défense appelle une "installation importante" ; si l'on tient compte, en revanche, de toutes les installations qui abritent des représentants des forces américaines, le nombre de "bases" s'élèverait à plus de huit cents[4] ».

3. Jeffrey Goldberg, « A Great Terror », *The New Yorker*, 25 mars 2002, p. 55-56.
4. Chalmers Johnson, *Blowback : The Cost and Consequences of American Empire*, New York, Henry Holt and Co., 2000, p. 4.

Rares sont les pays, s'il en existe, qui vivent sans présence militaire américaine. Et aucune région du monde n'est épargnée. Une des régions les plus surveillées est formée des deux douzaines de pays regroupés sous la direction du CENTCOM, le Q.G. du commandement central américain à Tampa, en Floride. Le CENTCOM supervise toutes les activités militaires américaines au Bahreïn, en Irak, au Koweït, à Oman, au Qatar, en Arabie Saoudite, dans les Émirats arabes unis, au Yémen, à Djibouti, en Érythrée, en Éthiopie, au Kenya, aux Seychelles, en Somalie, au Soudan, en Égypte, en Jordanie, en Afghanistan, en Iran et dans les ex-républiques soviétiques du Kazakhstan, du Kirghizstan, du Pakistan, du Tadjikistan, du Turkménistan et de l'Ouzbékistan. En d'autres termes, l'organisme est responsable de cette partie du monde qui fut au cœur de l'attentat du 11 septembre et de ses conséquences. Sa mission est également d'assurer la protection de 70 % des réserves de pétrole du monde. (Curieusement, il n'assume aucune responsabilité quant à Israël.) Selon les données présentées sur son site Web (www.centcom.mil), on compte entre dix-sept mille et vingt-cinq mille militaires américains en service dans ces pays en temps de paix et davantage en temps de conflit (plus de cinq cent mille durant la guerre du Golfe). Dans l'ensemble, il y avait, en 1999, deux cent soixante mille membres des forces armées américaines en service à l'étranger (exclusion faite des forces combattantes), soit environ deux fois moins que durant la guerre froide. La plupart étaient stationnés en Allemagne et dans d'autres pays européens ; on en comptait aussi un grand nombre en Corée du Sud et au Japon [5].

Johnson, dans son livre, s'intéresse à ce que coûte ce qu'il appelle « l'impérialisme militaire américain ». Il évoque un incident survenu en 1998 : un avion de combat américain, qui volait à trop grande vitesse et à trop basse altitude au-dessus d'une zone habitée, sectionna le câble du téléphérique d'une station de ski, tuant vingt personnes. Les membres de l'équipage furent

5. www.fas.org.

ramenés aux États-Unis où un tribunal militaire les dégagea de toute responsabilité. Le président Clinton présenta ses excuses à l'Italie et promit une indemnisation financière, mais le Congrès saborda [6] plus tard le projet de loi visant à indemniser les familles des victimes. C'est là, remarque Johnson, le comportement habituel du gouvernement et des militaires américains ; et c'est un comportement que seul un pays impérialiste peut adopter.

> Il n'existe, bien entendu, aucune base d'aviation italienne en sol américain. Une telle idée serait ridicule. De même, aucun soldat allemand, indonésien, russe, grec ou japonais n'est stationné en sol italien. En outre, l'Italie est une alliée fidèle des États-Unis et ses rives ne sont menacées par aucun ennemi.
> Tout cela est trop évident pour que l'on en fasse même mention – de sorte que l'on n'en parle presque jamais. C'est un sujet qui ne mérite pas d'être discuté et encore moins débattu au pays de la puissance impériale. Une telle manière de penser est peut-être naturelle à tout empire. Les Romains ne trouvaient peut-être pas étrange d'avoir leurs soldats en Gaule, ou les Britanniques d'en avoir en Afrique du Sud. Mais ce qui n'est pas dit n'est pas moins réel et pas moins dénué de conséquences parce que l'on n'en discute pas chez soi [7].

Johnson note que l'explosion de l'appareil de la Pan Am (le vol 103), survenue au-dessus de Lockerbie en 1988, avait été organisée en représailles à une attaque de missiles que les Américains avaient lancée contre la Libye deux ans auparavant ; que l'embargo et le blocus de l'Irak, décrétés par les États-Unis dans la foulée de la guerre du Golfe, ont entraîné la mort de cinq cent mille Irakiens innocents sans véritablement affecter leur leader, mais ont fait en sorte que les Irakiens gardent rancune aux Américains et à leur gouvernement ; et qu'Oussama ben Laden fut entraîné et financé par les États-Unis lorsque ses services furent requis en Afghanistan contre les Russes, ce qui le rendit encore plus dangereux lorsqu'il se retourna contre les Américains parce qu'il s'opposait à leur présence en Arabie Saoudite.

---

6. Chalmers Johnson, *op. cit.*, p. 3-4.
7. *Ibid.*, p. 4-5.

L'auteur revient aussi sur le sort des Kurdes, dont nous notions qu'ils profitaient de l'opération Northern Watch. Or, pendant que des pilotes américains patrouillent dans l'espace aérien du nord de l'Irak afin d'empêcher Saddam Hussein de gazer de nouveau les Kurdes, les États-Unis entraînent et financent des agents turcs qui s'occupent sans répit d'éliminer les cinq millions de Kurdes bloqués au nord de ce pays et qui « ont détruit quelque trois mille villages et hameaux kurdes[8] ». La Turquie étant limitrophe de l'ex-Union soviétique, les États-Unis tiennent à la conserver comme alliée (tel fut, tout au moins, leur position durant la guerre froide). De 1991 à 1995, Washington a fourni les quatre cinquièmes des importations d'armes de l'armée turque. En 1999, la CIA a traqué le chef de la rébellion kurde, Abdullah Ocalan, afin de permettre aux autorités turques de procéder à son arrestation. Selon la FAS, un rapport du département d'État, daté de 1995, prouvait que des armes ainsi fournies par les États-Unis étaient utilisées pour commettre des violations des droits de la personne[9]. Ainsi, alors que, d'un côté, les États-Unis protègent vertueusement les Kurdes contre le maléfique Saddam Hussein, de l'autre, ils aident, avec leur argent et leur technologie, l'armée turque à exterminer un grand nombre de Kurdes. C'est là la preuve d'un impérialisme insensible et hypocrite, semblable à celui que combattit jadis Gandhi aux Indes. Et ce n'est pas le seul exemple que nous en donne l'Amérique.

Tout aussi triste est le cas de Diego Garcia, fragment de terre en forme de fer à cheval situé au milieu de l'océan Indien. C'est de cette petite île, longue de 22 kilomètres et large au maximum de 46 kilomètres, que les Américains partent pour patrouiller dans la région et, tout spécialement, au Moyen-Orient. Les analystes militaires la considèrent comme une des trois plus importantes bases américaines du monde. Elle abrite des bombardiers Stratofortress B-52, dont l'autonomie de vol dépasse 22 400 kilomètres. Elle dispose aussi de bombardiers

8. *Ibid.*, p. 15.
9. www.fas.org/asmp/profiles/turkey.htm.

Stealth et de B-2, dont l'autonomie est telle que l'aviation américaine est en mesure de mener des missions de bombardement n'importe où dans le monde sans qu'il soit nécessaire de refaire le plein. Durant la guerre du Golfe et, plus tard, lors des bombardements sur l'Afghanistan consécutifs au 11 septembre, des milliers de missions décollèrent ainsi de la piste d'envol de Diego Garcia, la plus longue de la région de l'océan Indien. Profond et bien abrité, le port de l'île est aussi le port d'attache de navires américains de toutes sortes. Quelque quatre mille militaires vivent dans l'île, de même que des employés des sociétés chargées de l'entretien des lieux. L'establishment militaire se fait plutôt discret sur ces installations, préférant l'entourer d'un halo de mystère aux yeux des observateurs internationaux et américains ; entre autres règlements, il est interdit aux militaires d'y amener leur femme et il leur est recommandé de ne pas porter, lorsqu'ils sont en permission, d'uniforme ou d'insigne qui permette de les identifier.

Les Américains sont à Diego Garcia en vertu d'un bail d'une durée de cinquante ans conclu il y a trente ans avec le propriétaire ; le loyer, apprit-on plus tard, consista en une remise sur l'achat de missiles Polaris fabriqués aux États-Unis [10]. Ce propriétaire est la Grande-Bretagne, alliée indéfectible des États-Unis, qui céda Diego Garcia en prétendant, ce qui était absolument faux, que l'île, tout comme la demi-douzaine d'autres qui forment ce que l'on appelle les îles Chagos, était inhabitée. Le gouvernement américain de l'époque avait fait savoir aux Britanniques qu'il n'entendait pas avoir de « problème de population » à Diego Garcia, pas plus qu'il n'entendait devoir en partager les eaux avec des bateaux des environs ou s'inquiéter de ce que les îles avoisinantes servent de repaire à des espions.

La Grande-Bretagne se plia à ces exigences. Par menaces et duplicité, elle expulsa quelque deux mille habitants des îles entre 1966 et 1973, les condamnant à l'exil, à une vie de pau-

10. Marjorie Miller, « Britain Illegally Expelled Chagos Islanders for U.S. Base, Court Rules », *Los Angeles, Times*, 4 novembre 2000.

vreté et à un statut de paria à l'île Maurice et aux Seychelles. Ce déplacement des indigènes est intervenu alors que la Grande-Bretagne accordait l'indépendance à ses territoires de l'océan Indien, dont l'île Maurice ; au dernier moment, à la demande des Américains, elle obligea l'île Maurice à lui laisser les îles de Chagos contre le versement de 650 000 livres sterling destinées à couvrir les frais de l'intégration de leur population. Elle entreprit ensuite de racheter et de fermer les plantations de copra dans les îles et d'en expulser les habitants, lesquels durent signer un « acte d'acceptation » par lequel ils s'engageaient, entre autres, à ne « jamais retourner » chez eux et renonçaient à toute future réclamation contre le gouvernement britannique. Certains, à qui l'on avait fait miroiter la perspective d'un voyage aller-retour à l'île Maurice, s'y rendirent et furent abandonnés sur le quai, sans possibilité de retour. Les insulaires ne reçurent qu'une infime indemnisation, et le gouvernement de l'île Maurice conserva les sommes reçues pour faciliter l'intégration des nouveaux arrivants. On expliqua au parlement britannique que les îles étaient inhabitées, ce qui était un mensonge grossier. Un haut fonctionnaire du Foreign Office écrivit, en 1966 : « Nous devons nous montrer extrêmement durs dans cette affaire. Le but de l'opération est d'obtenir quelques rochers qui nous resteront. [...] Il n'y aura pas d'autre population indigène, à part les mouettes [11]. »

En 1975, la moitié des indigènes déplacés étaient sans emploi et presque tous vivaient dans des conditions épouvantables dans des camps devenus des taudis permanents. Selon certains dossiers, au moins neuf d'entre eux se suicidèrent et plusieurs filles de ces immigrants durent se prostituer pour assurer leur subsistance [12]. En 1975, lorsque furent connues les

11. *Ibid.*

12. La situation de ces indigènes est bien exposée dans « Diego Garcia : a contrast to the Falklands », écrit par John Madeley. Ce dernier rédigea ce rapport pour le compte du Minority Rights Group, organisme de défense des droits de la personne dont le siège se trouvait alors à Londres. Nous en avons découvert le texte sur Internet.

circonstances de ce déplacement forcé, le *Washington Post* le qualifia d'« enlèvement de masse [13] ».

Les journalistes britanniques estiment qu'il s'agit là d'un des épisodes les plus sordides de la longue histoire de l'impérialisme de leur pays ; tel fut aussi l'avis d'un juge qui, en novembre 2000, qualifia l'événement de « lamentable défaillance juridique » et ordonna à la Grande-Bretagne d'autoriser les autochtones à retourner chez eux. Penaud, le gouvernement britannique déclara qu'il ne porterait pas ce jugement en appel et entreprit de trouver le moyen de rapatrier les insulaires ou, tout au moins, de leur permettre de visiter les îles et, expliqua un des exilés, de « déposer des fleurs sur la tombe de [s]es grands-parents [14] ».

Le gouvernement américain ne fut pas partie au procès, intenté par des indigènes exilés, mais déposa une déclaration par laquelle il s'opposait à leur retour dans les îles, sous prétexte que cela menacerait la sécurité nationale, même si l'île la plus proche de Diego Garcia se trouve à plus de 200 kilomètres et que la base, abritant l'appareil militaire le plus perfectionné du monde, serait sans doute en mesure de détecter et de repousser une invasion de bateaux de pêche. Washington, cependant, ne pouvait faire grand-chose – jusqu'au 11 septembre ; car alors le monde entier se préoccupa de la sécurité américaine. C'est ainsi qu'en novembre 2001, le gouvernement britannique céda à l'opposition véhémente des États-Unis et annula la visite de vingt-quatre heures que devaient effectuer dans les îles les familles des exilés. Au printemps de 2002, les exilés n'avaient pas encore été autorisés à revoir les lieux de leur naissance.

Chalmers Johnson, reconnu comme un expert en matière d'affaires japonaises et asiatiques, évoque un autre exemple d'impérialisme militaire, cette fois à Okinawa, à l'extrémité sud des îles japonaises. Okinawa avait été une colonie militaire

13. *Ibid.*
14. Marjorie Miller, *op. cit.*

américaine depuis la fin de la Seconde Guerre mondiale. En 1995, écrit Johnson, l'île comptait quarante-deux bases américaines qui occupaient 20 % des meilleures terres agricoles. La plupart de ces terres furent arrachées de force aux habitants de l'île après la guerre, à une époque où ceux-ci n'étaient considérés ni comme des Américains ni comme des Japonais et, par conséquent, étaient privés de droits. Depuis lors, leur île a été rendue au gouvernement japonais mais subit encore, et de manière effrayante, les abus des militaires américains. De 1972 à 1995, selon un journal japonais, ces militaires, hommes et femmes, ont été impliqués dans un acte criminel par jour. Un nombre disproportionné de ces actes (deux fois plus fréquents, en moyenne, que dans les autres bases américaines) consistaient en agressions sexuelles, tel le cas – qui fit scandale en 1995 – de ces trois soldats américains qui violèrent et battirent, «*just for fun*», une fillette de douze ans qui habitait à Okinawa [15]. Les militaires furent également responsables de nombreux accidents de la route qui firent des victimes chez les habitants de l'île (jusqu'en 1995, l'armée n'était même pas tenue de faire immatriculer ses véhicules). Par ailleurs, avions et exercices de tir d'artillerie font un bruit insupportable et nuisent à l'environnement. Dans de nombreux cas, les militaires américains qui ont commis des crimes échappent aux tribunaux locaux, car les règlements militaires empêchent leur arrestation. Même s'ils sont accusés, on les renvoie aux États-Unis avant la tenue d'un procès. C'est le gouvernement local d'Okinawa qui doit s'occuper des quelque dix mille orphelins nés de parents américains et japonais. Et, comme si tout cela n'était pas suffisant, le Japon doit payer, en vertu d'un accord conclu en 1978, 78 % de ce que coûte à l'Amérique le maintien des quelque cinquante mille militaires en sol japonais (outre celle d'Okinawa, les Américains possèdent huit bases dans ce pays). Ce fardeau financier, selon Johnson, «est 2,2 fois plus important que les subventions accordées par le Japon à ses

15. Chalmers Johnson, *op. cit.*, p. 35.

universités et plus du double de ce qu'il consacre aux soins à la petite enfance [16] ». De plus, cette somme ne comprend pas le milliard de dollars que dépense annuellement le Japon, depuis dix ans, pour acheter des armes et autre matériel militaire fabriqués aux États-Unis [17].

Les Japonais (et, bien entendu, les habitants d'Okinawa) sont profondément indignés par cette ingérence brutale des Américains dans leur vie, particulièrement depuis que la guerre froide a pris fin et qu'il n'est plus nécessaire aux États-Unis de gérer des installations dans le but de protéger le reste du monde du communisme. De même, la guerre du Viêt-nam, finalement conclue à l'avantage du Nord-Viêt-nam, a-t-elle montré que le risque n'a jamais vraiment existé d'une dissémination graduelle du communisme, comme le prétendait la « théorie des dominos ». Johnson ajoute que les prétentions des Américains, pour qui cette présence militaire assure la « stabilité » dans cette région du monde, se sont révélées sans fondement lorsque l'économie de la zone Pacifique s'est effondrée en 1997 et a, contingent américain ou non, largement déstabilisé la région. Les Américains ne sont à Okinawa, estime Johnson, que pour une seule raison : c'est là un merveilleux poste de garnison (les militaires y ont droit à des primes généreuses et ont accès à des plages admirables) et les Américains entendent « perpétuer ou accroître [leur] hégémonie dans cette région critique [18] ».

Un examen plus approfondi de la liste des opérations militaires dressée par la FAS révèle des données encore plus fascinantes : si l'on ne tient compte que des opérations menées entre la chute du mur de Berlin (1989) et le 11 septembre 2001, on obtient le nombre cent – c'est-à-dire un rythme de presque une opération par mois, six fois plus que durant la période

16. *Ibid.*, p. 55.
17. Ce chiffre provient de la base de données du Arms Sales Monitoring Project, sur le site www.fas.org.
18. Chalmers Johnson, *op. cit.*, p. 64.

1975-1989. Depuis la fin de la guerre froide, alors que ces opérations auraient dû décroître en nombre dans le monde, les activités militaires des États-Unis ont connu une augmentation exponentielle. Dans ce contexte, l'impérialisme décrit dans *Blowback* prend une coloration nouvelle : celle de la seule superpuissance de la planète qui entend se renforcer militairement afin d'asseoir sa domination sur toutes les régions de la planète. Après la guerre froide, l'appareil militaire américain est devenu, parfois avec l'aide des Nations Unies et de l'OTAN mais souvent de son propre chef, une force de police mondiale qui emploie sa puissance à régler les conflits à son propre avantage et à empêcher les autres pays de se donner les moyens de nuire aux intérêts de ce maître. (Il est parfois difficile de déterminer qui est le maître – l'appareil militaire ou le gouvernement.) À l'époque inaugurée par le 11 septembre, les États-Unis solidifient leur position dominante en ouvrant d'autres bases militaires, dont trois bases permanentes en Afghanistan et une au Tadjikistan. Ils ont aussi intensifié leurs opérations dans les bases situées au Pakistan, en Arabie Saoudite, au Bahreïn et au Koweït, ce qui ne peut que décupler la colère des populations parmi lesquelles recrute ben Laden.

Les États-Unis, souligne Johnson, considèrent des incidents tels le sectionnement du câble du téléphérique italien ou les problèmes d'Okinawa comme des « coûts » de la défense du monde libre contre le communisme. C'est là une thèse que la plupart des Américains accepteront volontiers et, désormais, treize ans après la fin de la guerre froide, ils peuvent faire état d'un nouveau monstre qui menace la liberté, ce qui leur permettra de définir de nouveau en matière de « coûts » leurs méfaits et leurs crimes. Mais comment expliquer l'augmentation énorme des déploiements militaires outre-mer survenus de 1989 à 2001, alors que n'existaient ni communiste ni ben Laden pour nous menacer ? Johnson explique :

> Avec la disparition de toute menace militaire qui puisse, fût-ce de loin, se comparer avec celle que posait l'Union soviétique, il eût été facile d'éviter de tels « coûts ». Les forces américaines auraient pu

> se retirer depuis longtemps de l'Italie et d'autres bases à l'étranger. Qu'elles ne l'aient pas fait et que Washington fasse plutôt tout ce qui est en son pouvoir pour perpétuer les structures de la guerre froide, même sans guerre froide pour en justifier l'existence, place les déploiements outre-mer sous un nouvel éclairage. Pour quiconque se donne la peine de bien voir, ils sont devenus la preuve éclatante d'une volonté impérialiste que la guerre froide avait dissimulée. Cette volonté aura pour effet d'accumuler contre les Américains – touristes, étudiants et gens d'affaires, ainsi que membres des forces armées – des rancunes profondes, susceptibles d'avoir des conséquences mortelles [19].

Johnson écrivit ces mots dans un livre publié un an avant le 11 septembre. C'était là un argument puissant, que les commentateurs libéraux et conservateurs accueillirent alors favorablement. C'était aussi l'argument exposé par Susan Sontag au lendemain du 11 septembre et qui valut, cette fois, à son auteur d'être frappé d'ostracisme.

Le climat de patriotisme inconditionnel de l'après-11 septembre a été créé par des politiciens américains, dont le président, qui virent dans les attentats l'occasion de « ranimer » chez les Américains le consentement à l'accroissement des dépenses militaires et aux opérations qui en résultent – consentement beaucoup plus réservé depuis la fin de la guerre froide. Personne ne devrait oublier que, durant les années Clinton, l'armée américaine s'est essentiellement souciée d'éviter à ses soldats de se trouver en situation de combat, même lorsqu'ils étaient dans des milieux hostiles tels que le Soudan, l'Afghanistan, le Kosovo et la Somalie. L'Amérique n'avait plus envie d'enterrer ses jeunes, particulièrement dans des causes perdues comme l'avait été la guerre du Viêt-nam. Cette attitude des militaires, a noté un collaborateur de la *New York Review of Books*, passait mal la rampe à l'étranger :

> [Ben Laden] fait grand cas [...] de la « faiblesse et de la lâcheté du soldat américain ». Les Américains « ne sont pas de vrais hommes » et il en va de même, par conséquent, de ceux (notamment

19. *Ibid.*, p. 5-6.

> la famille régnante d'Arabie Saoudite) qui les suivent ou acceptent leur protection. Cette allusion à la réticence des États-Unis à accepter de perdre des soldats et au soin qu'ils prennent de combattre depuis une altitude de 4500 mètres trouve une vaste et sympathique audience, et pas seulement chez les Arabes ; car elle combine adroitement les thèmes de l'arrogance, de l'hypocrisie et de la pusillanimité tout en rappelant que les terroristes sont, quant à eux, prêts à mourir pour leur cause. Je ne crois pas que Washington ou de nombreux Américains aient précisément mesuré ce qu'il en coûte à l'Amérique de mener une guerre aussi dénuée de risques [20].

Presque immédiatement après les attentats du 11 septembre, le président Bush entreprit de dire aux Américains qu'ils devraient de nouveau accepter la possibilité de perdre des soldats et que la guerre contre le terrorisme serait longue et difficile [21]. Dans son discours sur l'Union, prononcé le 29 janvier 2002, il affirma que « des milliers de terroristes bien entraînés [étaient] toujours au large » et que les forces armées américaines s'activaient à rafler des suspects et des terroristes potentiels aux Philippines, en Bosnie et en Somalie. Il fit surgir le spectre d'un « axe du mal » composé de trois pays – Iran, Irak et Corée du Nord – occupés à mettre au point des armes de destruction massive, à « s'armer pour menacer la paix du monde ». Il promit de « mettre au point et de déployer, contre les missiles, des défenses efficaces afin de protéger l'Amérique et [ses] alliés de toute attaque soudaine », ressuscitant, du coup, le système *Star Wars* si précieux aux industries de défense. Il annonça « la plus importante augmentation en deux décennies » du budget de la Défense – une somme de 48 milliards de dollars. Et il assura aux Américains : « Nous allons gagner cette guerre. »

---

20. Robert B. Silvers et Barbara Epstein (dir.), *Striking Terror : America's New War*, New York, The New York Review of Books, 2002, p. 22.
21. Bush déclara, dans une allocution radiodiffusée le 15 septembre : « Notre réplique sera considérable et efficace. Nous avons beaucoup à faire et beaucoup à demander au peuple américain. Votre patience sera sollicitée, car le conflit sera long. Votre détermination sera nécessaire, car le conflit ne sera pas facile. »

Le 16 février, Bush réaffirma, dans un discours à Tokyo, l'engagement militaire des États-Unis en Asie. « L'Amérique, tout comme le Japon, est un pays du Pacifique, amené par le commerce, les valeurs et l'histoire à appartenir à l'avenir de l'Asie, déclara-t-il. Nous sommes plus déterminés que jamais à maintenir une présence dans cette région du monde. » En même temps, des négociateurs américains étaient en pourparlers avec les Philippins afin de rétablir dans ce pays une présence militaire américaine. (Au début des années 1990, en effet, le gouvernement philippin, furieux de l'appui des États-Unis au régime répressif de Ferdinand Marcos, avait expulsé les militaires des deux bases qu'ils occupaient.) En conséquence, Washington a recommencé à expédier aux Philippines une aide militaire et matérielle, en dépit du fait que la police et l'armée de ce pays ont commis des exactions avérées envers les musulmans et les communistes, dont des exécutions et des assassinats.

Dans les mois qui suivirent les attentats du 11 septembre 2001 et pour la première fois depuis la guerre froide, le gouvernement américain se positionna comme l'unique rempart entre le monde libre et sa ruine aux mains de « personnages infâmes » (jadis les communistes, plus tard les terroristes). Il se donna grand mal pour justifier, par les attaques terroristes, une plus forte présence militaire à l'étranger, même si les revendications de ben Laden portaient notamment sur cette présence. De plus, ses citoyens avaient été préparés à mourir, ou du moins à voir leurs voisins mourir, en accomplissant ce nouveau devoir mondial. En toute justice, de tels propos redonnèrent à juste titre confiance aux Américains dans les mois qui suivirent le 11 septembre, alors que les alertes à l'anthrax survenaient avec régularité, que les compagnies aériennes étaient menacées de faillite, que l'économie chancelait et que neuf cent mille personnes avaient perdu leur emploi. Comme le déclara Christopher Patten, commissaire de l'Union européenne à la politique étrangère, dans une interview accordée au *New York Times* le 23 février 2002, il est difficile pour quiconque n'est pas

Américain de « comprendre vraiment quel énorme impact a eu l'éclatement, d'une manière aussi épouvantable, d'un sentiment d'innocence si profond et d'une telle confiance en soi et en son invulnérabilité ».

Mais, note Johnson, si la guerre froide « a masqué le projet impérialiste de l'Amérique », il en est de même du 11 septembre. Depuis les attentats, les États-Unis se sont donné un nouvel objectif, demeurer la seule superpuissance, qui se dissimulera derrière un but plus noble, la guerre contre le terrorisme. Les États-Unis n'ont eu aucun mal, dans la foulée de septembre, à convaincre les autres pays de s'allier avec eux, ou du moins à ne pas intervenir, pendant qu'ils renforçaient leur présence militaire dans le monde. Grâce à ces attaques terroristes, en outre, la population américaine, encore échaudée par la mésaventure du Viêt-nam qui avait fait cinquante-huit mille morts, se trouvait soudain disposée à accepter des pertes américaines outre-mer. Un article du *New Yorker Magazine*, paru en avril 2002, citait plusieurs personnes proches de l'administration Bush et divers responsables qui considèrent le 11 septembre comme « l'instant d'une métamorphose » qui « a radicalement diminué la résistance habituelle de la population américaine à l'engagement militaire des États-Unis à l'étranger[22] ». L'auteur de l'article citait aussi deux membres éminents du gouvernement Bush, Condoleezza Rice, conseillère à la Sécurité nationale (NSA), et Richard Haass, directeur de la planification au département d'État, qui ne cachèrent pas que les États-Unis entendaient utiliser les attaques terroristes dont ils avaient été la cible pour renforcer leur capacité d'agir, en tant que superpuissance, comme policiers de la planète.

> Rice : « Théoriquement, vous diront les réalistes, il ne s'écoulera pas grand temps avant que d'autres grandes puissances relèvent le défi ou tentent de faire contrepoids aux États-Unis. Et ce qui se passe maintenant, à mon avis, c'est que [les autres pays] préfèrent

22. Nicholas Lemann, « The Next World Order », *The New Yorker*, 1er avril 2002, p. 42-48.

coopérer et lier des relations fructueuses avec les États-Unis plutôt que de tenter de lui faire contrepoids. »
Haass : « Cette administration [Bush] est en voie d'élaborer un nouveau principe ou corpus d'idées [...] à propos de ce qu'on pourrait appeler les limites de la souveraineté. La souveraineté s'accompagne d'obligations. Personne ne doit massacrer sa propre population. On ne doit pas davantage soutenir le terrorisme de quelque manière que ce soit. Si un gouvernement néglige de se plier à ces obligations, alors il renonce à certains des privilèges normaux de la souveraineté, dont le droit d'agir à son gré à l'intérieur de ses frontières. D'autres gouvernements, dont celui des États-Unis, pourraient en obtenir un droit d'intervention. Dans le cas du terrorisme, cela pourrait même mener à un droit d'autodéfense préventive[23]. »

Telle fut la position de l'administration Bush à l'égard des opérations militaires menées ouvertement, tels les bombardements en Afghanistan. À quoi s'ajoutent les opérations secrètes : depuis 1947, année de la création de la CIA, les agents américains sont activement intervenus dans le processus électoral et dans la politique intérieure de pays étrangers afin d'en infléchir les résultats, et ils ont entraîné des militaires étrangers en matière de torture, d'enlèvement et autres violations des droits de la personne. Témoignant devant le Sénat au cours des audiences qui devaient le confirmer dans son poste, James Baker, secrétaire d'État sous George Bush (père), déclara en 1989 que des opérations secrètes « ne seraient pas inopportunes », y compris « l'apport d'un soutien secret à un parti politique ou à un candidat, de manière à influer sur l'élection d'un autre parti ou d'un autre candidat[24] ».

Tout cela compose un tableau effrayant : la plus grande puissance militaire et économique du monde a décidé d'empêcher tout pays de contester sa supériorité, et cette puissance est

23. *Ibid.*, 44-45.
24. La citation de James Baker provient d'extraits d'articles de journaux relevés sur le site www.brianwilson.com, dirigé par Brian Wilson, vétéran de la guerre du Viêt-nam. Déçu de la politique étrangère de son gouvernement, il est devenu partisan déclaré de la paix.

armée d'une doctrine qui l'autorise à envahir le territoire souverain de n'importe quel pays dont elle estime qu'il a manqué à ses obligations – obligations qu'elle a elle-même définies. Lorsque prit fin la guerre froide, les États-Unis perdirent leur « droit d'agir à leur gré à titre préventif[25] » ; ben Laden leur a redonné ce droit. Cet orgueil retrouvé se traduisit par une attitude envers leurs alliés qui eut bientôt pour effet de les éloigner. Moins d'un mois après le discours de Bush sur l'état de l'Union, les dirigeants européens se disaient de plus en plus exaspérés par « la tendance des Américains, une fois de plus, à les ignorer et à agir seuls[26] ». Ils avaient entendu le président parler de former une coalition contre le terrorisme, pour ensuite l'entendre qualifier d'« axe du mal » l'Iran, l'Irak et la Corée du Nord, alors que ces pays ne forment aucunement un axe. Peut-être avaient-ils aussi remarqué que ce discours ne contenait aucun des mots « diplomatie », « pourparlers » ou « négocier » et ne comptait qu'une fois le mot « écouter » (à propos du Congrès « à l'écoute » de la population). Pour l'essentiel, cependant, ils constatèrent que ce qui avait été considéré par les médias et par le gouvernement comme un moment historique et comme un tournant décisif n'avait absolument rien changé.

> Avant le 11 septembre, les États-Unis étaient perçus comme arrogants et peu coopératifs sur le plan international, prêts à se retirer dans un unilatéralisme suffisant et se refusant à toute responsabilité dans les crises à l'étranger et en matière de préoccupations communes. Dans la foulée des attaques sur New York et Washington, une authentique sympathie internationale se manifesta envers ce pays. L'administration Bush entreprit de mobiliser ces bons sentiments au service de sa guerre contre le terrorisme et, pour l'essentiel, y parvint. Mais la « coalition » tenait à un fil et n'était, dans une grande mesure, qu'une création de l'imagination, de l'énergie et de l'argent des Américains. Pire encore, on n'exigea de ses mem-

25. Robert B. Silvers et Barbara Epstein (dir.), *op. cit.*, p. 20.
26. Steven Erlanger, « Europe Seethes as the U.S. Flies Solo in World Affairs », *The New York Times*, 23 février 2002, toutes éditions, section Foreign.

> bres rien d'autre, ou presque, que de s'aligner derrière les opérations militaires américaines. En bref, on attendait du monde qu'il fasse confiance à ce qui équivalait, bien que sous un mode différent, à l'unilatéralisme américain [27].

Le Canada commença à entretenir des doutes sur la gratitude des États-Unis envers leurs partenaires lorsque un avion américain largua une bombe de 230 kilos sur des soldats canadiens à l'entraînement ; l'incident, survenu en Afghanistan à la mi-avril 2002, tua quatre hommes et en blessa huit. D'abord silencieux, le président Bush n'exprima ses condoléances au Canada que le lendemain ou le surlendemain, au moment où l'incident devenait un problème de relations publiques. La lenteur de cette réaction rendit plus difficile pour le gouvernement canadien la tâche de justifier auprès de ses citoyens sa participation à l'invasion de l'Afghanistan.

En Europe, Christopher Patten se méfiait de cette invention appelée l'« axe du mal ». Il remarqua, entre autres incohérences, que l'Iran, l'Irak et la Corée du Nord n'étaient pas les seuls pays à se doter d'armes nucléaires ; la Chine et la Russie disposent aussi d'un tel arsenal, mais l'Amérique préfère, dans ce cas, parler d'« engagement constructif ».

> Pourquoi ne pas s'efforcer davantage, de concert avec les Russes, de ramener en Irak des équipes d'inspection des armements ? Pourquoi ne pas admettre que l'aide internationale et le *nation-building* sont des outils importants dans la guerre contre le terrorisme ? Les États-Unis, cela est important, ont des alliés et des amis de toujours qui doivent être entendus [28].

Les membres de la coalition, si prompts à soutenir l'Amérique en cas de besoin, commencèrent à se demander pourquoi les États-Unis tenaient à une réplique purement militaire et de plus en plus élargie. Pourquoi l'Amérique, qui insistait tant sur le soutien du reste du monde dans cette lutte contre le terrorisme, ne recourait-elle pas à l'expérience diplomatique européenne

27. Robert B. Silvers et Barbara Epstein (dir.), *op. cit.*, p. 27-28.
28. Steven Erlanger, *op. cit.*

pour faire pression sur les gouvernements réticents ? Pourquoi ne consultait-elle pas l'Europe ? Dans un texte écrit avant le 11 septembre, Chalmers Johnson explique les raisons de l'attitude américaine et l'on comprend mieux pourquoi Bush omit, dans son discours sur l'état de l'Union, d'inclure la diplomatie dans son plan de lutte contre le terrorisme.

> Les États-Unis en sont réduits, de plus en plus, à n'employer qu'une seule manière – généralement inepte – d'atteindre leurs objectifs à l'étranger : la force militaire. Ils ne disposent plus d'un ensemble complet de savoir-faire, y compris d'un corps diplomatique expérimenté et compétent en matière de langues et de cultures étrangères, d'institutions internationales vraiment viables soutenues financièrement et politiquement par le public américain et susceptibles de conférer légitimité aux actions américaines à l'étranger, de politiques économiques qui amènent efficacement les étrangers à réagir positivement à l'énorme puissance du marché américain, ou même de l'aptitude à exprimer les valeurs de l'Amérique sans être accusés, avec raison, d'une incurable hypocrisie [29].

Menacés, les États-Unis recourent à la puissance militaire plutôt qu'à la diplomatie, car c'est tout ce qu'ils connaissent. (On se souviendra que le gouvernement américain s'est plaint, dans la foulée du 11 septembre, de ne disposer d'aucun agent qui sache parler les langues moyen-orientales et asiatiques et circuler dans ces régions sans être reconnu.) Ils tiennent à une réplique internationale, mais ont affaibli les Nations Unies en omettant, des années durant, d'y contribuer financièrement, au point que, furieux de cet « oubli », un magnat de la télévision (Ted Turner) y fit parvenir en 1997 un milliard de dollars au nom de son pays [30]. Quant à leurs immenses marchés, les États-Unis préfèrent généralement les utiliser à des fins de politique intérieure plutôt qu'à des fins diplomatiques. C'est

29. Chalmers Johnson, *op. cit.*, p. 93.
30. Comme il était interdit de verser directement cette somme à l'ONU, Turner promit de verser 100 millions par an, durant dix ans, à des programmes approuvés par l'organisation.

ainsi qu'ils ont imposé, après le 11 septembre, des quotas à l'importation d'acier russe et des tarifs douaniers au bois d'œuvre canadien, afin d'aider certains de leurs politiciens à remporter, dans leurs États respectifs, les élections prévues en novembre 2002. Ces mesures plongeaient l'économie de pays alliés dans l'incertitude au moment même où les États-Unis faisaient pression pour que ces pays les soutiennent dans leur lutte contre le terrorisme.

Quant à l'expression des valeurs américaines, l'empressement historique des États-Unis à soutenir des régimes violents et répressifs et à s'ingérer clandestinement dans les affaires de pays souverains semble traduire ces valeurs avec plus d'exactitude que toute prétention au titre de défenseurs de la liberté. Les États-Unis se considèrent comme un pays de paix, mais ils sont les plus grands exportateurs d'armes et de munitions, qu'ils fournissent régulièrement aux deux belligérants d'un conflit – par exemple l'Iran et l'Irak, la Chine et Taiwan. En 1995, ils ont réalisé 49 % des exportations mondiales d'armes, qu'ils ont vendues à cent quarante pays dont, selon Johnson, 90 % n'étaient pas des démocraties et présentaient un dossier douteux en matière de droits de la personne [31]. « La production de nature militaire représente environ un quart du produit national brut américain [32] », écrit l'auteur.

La FAS rapporte que l'administration Bush a « écarté », en 2002, les restrictions juridiques qui empêchaient la vente d'armes à des régimes répressifs, de manière à « acheter » leur loyauté dans la guerre contre le terrorisme [33]. Des pays tels que l'Azerbaïdjan, le Tadjikistan et la Géorgie, qui n'avaient pas le droit d'importer des armes américaines avant le 11 septembre, autorisèrent les États-Unis à utiliser leur espace aérien ou à

31. Chalmers Johnson, *op. cit.*, p. 88.
32. *Ibid.*, p. 87.
33. Tamar Gabelnick, « Security Assistance After September 11 », mai 2002. On peut se procurer un résumé de ce rapport, dont sont extraites cette citation et quelques autres, sur le site suivant : www.fas.org/asmp/library/articles/fpif-911.htm.

construire des bases militaires à l'intérieur de leurs frontières, moyennant le droit de faire leurs emplettes au supermarché des armements.

> Au nombre des innombrables répercussions du 11 septembre, on relève une nouvelle raison de distribuer des subventions au titre de la sécurité : la guerre contre le terrorisme. Jamais, depuis que l'anticommunisme servait d'excuse à l'armement et à l'entraînement de régimes répressifs durant la guerre froide, on avait entendu formuler une telle justification, globale et incontestable, pour fournir une aide militaire et des armes à des militaires étrangers peu recommandables. Étant déjà les plus importants fournisseurs d'armes du monde, les États-Unis fournissent maintenant armes et entraînement militaire à des États encore plus nombreux[34].

Selon la FAS, le désir des États-Unis d'accroître leur présence en Géorgie tenait à des intérêts pétroliers et non au terrorisme : « Le gouvernement américain souhaitait la construction d'un nouvel oléoduc qui achemine le pétrole de la mer Caspienne par la Géorgie et la Turquie ; soutenir le régime Chevernadze par une aide et un entraînement militaires est une manière d'améliorer la sécurité entourant cet oléoduc[35]. » Le pétrole est aussi la raison cachée de l'accroissement de l'aide à la Colombie, où les États-Unis doivent protéger un oléoduc contre les rebelles marxistes toujours en guerre dans ce pays, et en Azerbaïdjan, « pour

---

34. *Ibid.* On peut lire dans ce rapport : « Dans l'ensemble, l'administration Bush a augmenté de façon importante l'aide militaire et l'entraînement à l'étranger [depuis le 11 septembre]. Foreign Military Financing (FMF), ce programme qui accorde aux pays des subventions qui leur permettent d'acheter des services et du matériel américains, est passé de 3,57 milliards de dollars pour l'année fiscale 2001 à 4,12 milliards pour 2003. L'administration a aussi sollicité, pour 2002, des sommes supplémentaires de 372,5 millions pour la lutte contre le terrorisme, sommes accordées, en vertu de ce programme, à de nombreux pays dont l'Oman, le Népal, l'Éthiopie et Djibouti. Le financement du International Military Education and Training (IMET), un des nombreux programmes d'aide militaire à l'étranger, est passé de 58 millions de dollars pour l'année fiscale 2001 aux 80 millions de dollars que demandait l'administration pour 2003, et a augmenté de 38 %. »
35. *Ibid.*

mettre l'accès américain au pétrole de la mer Caspienne à l'abri de possibles menaces iraniennes [36] ».

> Ces nouvelles politiques révèlent l'intention de l'administration Bush de poursuivre des objectifs variés dans différents endroits du monde à une époque de surveillance relativement faible de la politique étrangère. Employer les soldats et les impôts américains pour protéger l'accès au pétrole ne permet pas d'obtenir le même soutien populaire que la lutte contre le terrorisme. Plusieurs Américains, en outre, regimberaient à la perspective d'aider des militaires étrangers à réprimer les insurrections, compte tenu du piètre dossier du Pentagone en cette matière. Mais en brouillant les objectifs de sa politique étrangère aux yeux d'un corps politique américain encore ébranlé par le 11 septembre, l'administration peut remporter de faciles victoires [37].

S'envelopper du manteau de la vertu – en combattant, par exemple, le communisme ou le terrorisme – constitue la plus grande hypocrisie de l'Amérique. Où cela mène-t-il le monde ? Il n'est qu'à évoquer le Viêt-nam ou, plus récemment, le Nicaragua.

36. *Ibid.*
37. *Ibid.*

Chapitre 5

Un escadron de la mort *made in USA* : le Nicaragua, le Honduras et le Bataillon 316

> Tout gouvernement qui soutient les hors-la-loi et les tueurs d'innocents devient lui-même un hors-la-loi et un assassin.
>
> George W. Bush, le 7 octobre 2001

L'assassinat et l'emprisonnement de millions de citoyens innocents fut sans doute ce qu'accomplit de pire le gouvernement communiste de l'ex-URSS. Expédiés dans des goulags ou morts au cours de famines délibérément créées par l'État, les Soviétiques périrent en nombre quasi inimaginable. Que penser d'un régime qui se maintient en place au prix de vingt millions de morts ? Le monde ne pleure sûrement pas le système qui s'écroula avec le mur de Berlin en 1989.

Mais alors, que penser du gouvernement américain ? Afin de combattre le communisme, il largua des bombes atomiques sur deux villes japonaises pour démontrer sa puissance et pour « lancer un message » à un régime soviétique alors expansionniste. Afin de combattre le communisme, ses avions déversèrent sur la campagne cambodgienne un plus grand nombre de bombes conventionnelles qu'ils n'en lancèrent sur le Japon durant la Seconde Guerre mondiale, tuant au moins sept cent cinquante mille civils [1]. Afin de combattre le communisme, il a soutenu des dictatures sanglantes dans divers pays, dont la Corée du Sud, la Malaisie et l'Iran.

Plus récemment, et toujours au nom de l'anticommunisme, il s'est fait l'auteur ou le complice de la mort de milliers de civils, exécutés par des dictateurs de droite ou assassinés par des escadrons de la mort dans des pays d'Amérique du Sud. Ces victimes, des hommes pour la plupart mais aussi des femmes et parfois des enfants, ont été abattues par balles, déchiquetées par des mines, emprisonnées, torturées, affamées et réduites à la misère par des régimes financés par les dollars américains et entraînés par la CIA durant les années 1950, 1960, 1970 et, pour l'Amérique centrale, 1980. Contrairement à celui de l'URSS, le gouvernement américain n'est pas obligé, pour se maintenir au pouvoir, d'exécuter ses propres citoyens (bien qu'il soit prêt à les sacrifier lorsqu'ils sont surpris à l'étranger à appliquer ses propres directives) ; il massacre plutôt ceux d'autres pays. Ce qui s'est passé au Honduras et au Nicaragua durant les années 1980 fut une sinistre parodie de tout ce à quoi disent croire les États-Unis et qu'ils prétendent représenter. L'assassinat de milliers de leurs concitoyens frappa les Américains d'horreur le 11 septembre. Peuvent-ils désormais demeurer insensibles à ce que leur pays a imposé à des nations plus faibles ? Peuvent-ils avoir la certitude d'incarner le bien dans ce combat du bien contre le mal ?

Situé en Amérique centrale entre le Honduras (au nord) et le Costa Rica (au sud), le Nicaragua est le type même de ces pays pour lesquels fut inventée l'expression « république bananière ». Au début du siècle dernier, les compagnies fruitières américaines contrôlaient une grande partie de son agriculture, de sorte que des troupes américaines y furent presque toujours présentes

1. Chalmers Johnson, *Blowback : The Costs and Consequences of American Empire*, New York, Henry Holt and Co., 2000, p. 12.

pour veiller à leurs intérêts ; de 1913 à 1933, les États-Unis y maintinrent des troupes et engagèrent des rebelles, hostiles au gouvernement en place. En 1936, un « homme fort », proaméricain, nommé Anastasio Somoza Garcia prit la tête du pays à la suite d'un coup d'État sanglant. La famille Somoza, père et fils, allait conserver le pouvoir jusqu'en 1979, quand le Front national de libération sandiniste (FNLS) la remplaça après un autre coup d'État sanglant. Des officiers de la brutale Garde nationale de Somosa furent alors évacués hors du pays à bord d'hélicoptères américains camouflés en transports de la Croix-Rouge[2]. Le FNLS, mieux connu sous le vocable de « sandinistas », institua immédiatement un régime populiste d'accent socialiste. Les sandinistes débarrassèrent le pays de la plupart des vestiges de la corruption somoziste qui avait atteint les gouvernements municipaux, les tribunaux et le Congrès[3]. Lorsque Ronald Reagan, le nouveau président républicain américain, prit ses fonctions en 1981, il institua immédiatement des mesures destinées à ébranler ce qu'il appelait le gouvernement « communiste » sandiniste ; il suspendit l'aide à ce pays et donna ordre à la CIA d'apporter un soutien logistique à une faction rebelle de droite – les contras – dont les États-Unis financèrent aussi les activités. S'ensuivit une guerre civile qui bouleversa l'économie du Nicaragua et fit des victimes par milliers. En 1990, lors d'une élection déclarée libre et démocratique par des observateurs internationaux, les électeurs répudièrent le gouvernement sandiniste et confièrent le pouvoir à Violeta Barrios de Chamorro, qui dirigeait l'opposition. Des élections tenues en 1996 et en 2001 furent également reconnues justes et démocratiques. Les compagnies nationalisées retournèrent au secteur privé et, après le 11 septembre, le président en exercice, Enrique Bolaños engagea son pays dans la guerre américaine contre le terrorisme.

2. Andrew A. Reding, « The Evolution of Governmental Institutions... », dans Thomas Walker (dir,), *Revolution and Counterrevolution in Nicaragua*, Boulder, Westview, 1991, p. 15-47. Retrouvé sur le site www.worldpolicy.org/americas/nicaragua/walker.html.

3. *Ibid.*

Le rappel historique qui précède provient du site Web du département d'État américain (www.state.gov). C'est là le type même d'histoire qu'aiment croire les Américains quant à leur politique étrangère : une utilisation stratégique des fonds et des services de renseignements afin d'empêcher les communistes de s'implanter en Amérique centrale. Mais cette histoire ne résiste pas à l'analyse.

C'est ainsi que le département d'État omet de rappeler, entre autres événements importants, que le Nicaragua a connu une autre élection libre et démocratique, cette fois en 1984. À cette occasion, la population porta les sandinistes au pouvoir, situation que les États-Unis tentèrent d'abord d'empêcher et s'évertuèrent ensuite à miner. Le gouvernement américain, ce grand défenseur du droit de vote, ce glorieux champion de la liberté individuelle, détruisit systématiquement ce qui avait été la volonté démocratique du peuple du Nicaragua. Tout le monde sait cela, semble-t-il, à l'exception de la population américaine.

Alors que l'administration Reagan s'occupait à dépeindre les sandinistes comme des dictateurs marxistes-léninistes liés aux terroristes internationaux, des études universitaires plus pondérées, menées sur leur parcours politique et sur leur comportement au pouvoir, décrivaient un modèle d'altruisme démocratique et humanitaire, teinté d'une ferveur révolutionnaire parfaitement compréhensible. La succession des dictatures somozistes, qui ne tenaient leur pouvoir que des relations de la famille Somoza avec le gouvernement américain et avec les compagnies américaines, avait été brutale et corrompue ; les Somoza s'étaient enrichis et avaient enrichi leurs amis au détriment de la population, et ils avaient imposé leur loi grâce à la très détestée Garde nationale. Parvenus au pouvoir en 1979, les sandinistes, qui avaient mené durant des décennies une guérilla contre les somozistes, jouissaient d'un immense appui populaire et contrôlaient bien l'armée. Ils auraient pu se montrer impitoyables. Ils firent plutôt de la clémence et de la démocratie leurs principes directeurs.

Moins d'un mois après son accession au pouvoir, le FNLS avait institué une cour suprême formée de trois juges issus du parti sandiniste, trois des partis d'opposition et d'un juge sans affiliation politique. Le nouveau gouvernement créa aussi la Charte fondamentale des droits et des garanties du peuple du Nicaragua[4].

> Ce remarquable document, comparable au préambule de la Déclaration d'indépendance des États-Unis et à la Charte des droits, reprenait, souvent textuellement, des dispositions essentielles des Conventions des Nations Unies sur les droits civils et politiques et sur les droits sociaux et culturels, et les rendait exécutoires en droit. Mais il alla même au-delà, en mettant l'accent, à l'article 5, sur le « droit à la vie », décrit comme « inviolable et inhérent à la personne humaine ». La peine de mort, instituée à l'article 38 de la constitution somoziste de 1974, fut abolie quel que soit le crime, fût-ce en période d'état d'urgence nationale[5].

Alors que d'autres régimes ont l'habitude, une fois au pouvoir, d'exécuter les leaders défaits et d'en fusiller les partisans demeurés fidèles, les sandinistes renoncèrent à de telles atrocités, estimant qu'elles les abaisseraient au niveau des somozistes. Ils déclarèrent illégal tout « traitement inhumain, cruel ou dégradant » et limitèrent à trente ans la peine d'emprisonnement maximale[6].

Ils considéraient que le « droit à la vie », qu'ils s'étaient engagés à respecter, leur commandait d'assurer le bien-être de leurs citoyens. Ils lancèrent en 1980 une campagne d'alphabétisation, nationalisèrent les banques, les ressources naturelles et les compagnies étrangères, et instituèrent des réformes agraires. Ces nationalisations – regrettable réaction aux années Somoza et qui ont provoqué des milliers de réclamations qui encombrent encore les tribunaux du Nicaragua – furent menées au profit des citoyens réduits à la misère par les années de corruption du clan Somoza et de ses amis. Ce furent ces réformes qui

4. *Ibid.*
5. *Ibid.*
6. *Ibid.*

provoquèrent la fuite des élites économiques du pays, la plupart vers les États-Unis, et qui attirèrent l'attention du gouvernement Reagan[7].

Les sandinistes firent aussi quelque chose de remarquable : ayant annoncé, dès leur arrivée au pouvoir, qu'ils tiendraient des élections dès que possible et au plus tard en 1985, ils entreprirent de tenir parole. De nombreux régimes en promettent autant et n'en font rien. Ayant abrogé une loi somoziste qui réservait au parti conservateur, alors au pouvoir, le tiers des sièges du Congrès, ils garantirent le droit de former des partis politiques et en rendirent ridiculement facile l'enregistrement auprès du gouvernement : on n'exigeait que le dépôt « d'un nom, d'un symbole graphique, d'un programme politique et des noms de quelques douzaines de responsables[8] ». Le FNLS créa une assemblée constituante de quatre-vingt-dix membres, élus à la proportionnelle, et un pouvoir exécutif – président et vice-président – élu au vote populaire. C'est ainsi que chaque parti avait droit, à l'Assemblée, au nombre de sièges correspondant au pourcentage du vote populaire accordé. Cette mesure garantissait l'obtention d'au moins un siège pour chaque parti d'opposition. De la même manière, « tous les partis politiques allaient bénéficier d'un financement égal, du même temps de parole à la radio et à la télévision, et auraient leurs propres observateurs lors de l'enregistrement, du scrutin et du comptage des bulletins de vote[9] ».

Cet élan de démocratie était gênant pour l'administration Reagan qui s'efforçait de faire passer les sandinistes pour des communistes de la pire espèce. Heureusement pour les Américains, l'ouverture manifestée par les sandinistes leur fournit l'occasion de ternir les élections : les règles d'enregistrement étant peu contraignantes, il était facile pour les États-Unis de présenter leur propre candidat à titre de chef d'un parti d'op-

7. *Ibid.*
8. *Ibid.*
9. *Ibid.*

position – candidat qui aurait reçu l'ordre de se retirer au dernier moment en prétextant que l'élection était injuste et truquée en faveur des sandinistes. C'est exactement ce que firent les États-Unis en imposant Arturo Cruz, homme de bonne famille et parfait bilingue, à la tête d'un parti marginal appelé Nicaraguan Democratic Coordinator. Selon un cadre supérieur de la CIA dont les propos furent rapportés dans le *New York Times*, « l'administration n'envisagea jamais de laisser Cruz demeurer dans la course, car les sandinistes eussent alors prétendu, avec raison, que l'élection était légitime [10] ». En 1988, Cruz avoua au *Times* qu'il avait reçu de la CIA 6000 dollars par mois durant la campagne électorale de 1984. Enrique Bolaños, qui fut un des leaders du COSEP, groupe pro-entreprise privée, et devint président du Nicaragua en 2001, fut une autre taupe de la CIA en 1984. Avec quelques autres membres du COSEP – la plupart étaient d'anciens amis de Somoza dont les biens avaient été saisis par les sandinistes –, il rencontra alors des agents de la CIA afin d'élaborer des plans pour détruire la crédibilité du scrutin [11]. Selon un de ces plans, on ferait croire aux médias américains, peu avant le vote, à un arrivage imminent d'avions de chasse russes (de type MIG) au Nicaragua ; il fut plus tard révélé que ce bobard avait été mis en scène par Oliver North, cet officier du Conseil national de sécurité qui fut à l'origine du scandale Iran-contras [12].

Le scrutin se déroula le 4 novembre 1984. Le FNLS – qui avait libéré le pays et fait montre de clémence envers les vaincus – l'emporta aisément, ce qui n'étonna personne ; son leader, Daniel Ortega, devint président. Le taux de participation au vote atteignit 75 % ; les deux partis d'opposition communistes obtinrent moins de 4 % des suffrages. Les délégués officiels des parlements irlandais et britannique, entre autres,

10. *Ibid.*
11. *Ibid.*
12. Noam Chomksy, *Necessary Illusions* (1989). On trouve les écrits de Chomsky sur le site suivant : www.zmag.org/chomsky.

déclarèrent que le scrutin avait été démocratique [13]. En un peu plus de cinq ans, un gouvernement révolutionnaire avait institué un régime électoral qui garantissait aux citoyens la maîtrise de leur propre destin. Ce fut là une des élections les plus correctes et les plus remarquables des temps modernes. Trois ans plus tard, en 1987, le gouvernement adopta, au terme de dix-huit mois de consultations, une constitution qui renforçait les droits des citoyens du Nicaragua. En tant que leaders des démocraties du monde et défenseurs des droits de la personne, les États-Unis auraient dû applaudir ces événements ; ils ont plutôt choisi, comme le montre le site Web du département d'État, de ne même pas reconnaître qu'ils avaient eu lieu.

Cette omission se comprend aisément : durant la majeure partie des années 1980, avant et après l'élection, les États-Unis consacrèrent des millions de dollars, la plupart illégalement, à soutenir activement des violations des droits de la personne au Nicaragua et au Honduras voisin, tout cela afin d'empêcher la population d'un petit pays d'Amérique centrale de se choisir un destin qui ne convenait pas à la Maison-Blanche. Pour les États-Unis, reconnaître que l'élection avait eu lieu et qu'elle avait été « propre » aurait été admettre leur ingérence dans les affaires d'un gouvernement légitime et leur tentative de sabotage quant à l'expression de la volonté d'un autre peuple. Au lieu de quoi le mot « Nicaragua » évoque moins les réalisations démocratiques du gouvernement sandiniste que le nom d'Oliver North et le scandale Iran-contras. Dans cette affaire, l'administration Reagan fut forcée d'avouer avoir illégalement vendu des armes à l'Iran pour un montant de 50 millions de dollars, afin d'obtenir la libération des otages américains que l'on croyait détenus au Liban par le Hezbollah pro-iranien [14],

13. Andrew A. Reding, *op. cit.*, p. 15-47.

14. http://pbs.org/frontline. Le site Web « Frontline » donne des informations sur les attaques terroristes menées contre des Américains de 1979 à 1988. Selon ce site, les États-Unis ont fourni à l'Iran, par l'intermédiaire d'Israël, cent missiles antichars en août 1985 et quatre cent huit le mois suivant. Ces envois amenèrent la libération de trois otages américains. De 1982 à 1992, trente étrangers

et d'avoir ensuite, par une deuxième manœuvre illégale, fait parvenir cet argent aux rebelles contras, opposés aux sandinistes. Aussi embarrassante qu'ait été cette révélation et malgré la condamnation de quatre conspirateurs et les aveux enregistrés par sept autres, l'administration s'en tira à bon compte. À cette époque, nota Chalmers Johnson, le public américain considérait généralement ces sortes de coups tordus comme inévitables ou nécessaires pour garder l'Amérique à l'abri du communisme, ou d'individus qualifiés de communistes par la Maison-Blanche. (Notons que le procureur indépendant qui enquêta sur ce scandale ne put avoir accès à tous les éléments de preuve contre l'administration Reagan ; dans un geste qui anticipe l'affaire Enron, Oliver North détruisit des dossiers importants et John Poindexter, conseiller à la Sécurité nationale, effaça des messages électroniques susceptibles d'entraîner d'autres condamnations. « Le Congrès a été trompé », nota en conclusion le procureur.)

On put également démontrer que, durant la guerre civile au Nicaragua, le département d'État américain donna à des trafiquants de drogue des fonds destinés à l'aide humanitaire, en échange de quoi ces trafiquants aidèrent à acheminer clandestinement aux contras des armes et des approvisionnements [15] ; on utilisa ce stratagème pour contourner une loi de 1984 interdisant aux États-Unis de financer les activités militaires des rebelles du Nicaragua. En 1998, la CIA admit avoir ainsi traité avec quelque vingt-cinq contras dont elle connaissait leurs activités de trafiquants de drogue ; elle reconnut aussi que la décision de traiter avec de tels individus avait été prise à Langley, en Virginie, par des cadres supérieurs de l'agence [16].

---

furent kidnappés au Liban, dont plusieurs Américains, au nombre desquels le journaliste Terry Anderson qui passa deux mille quatre cent cinquante-quatre jours en captivité.

15. Extrait du *Senate Committee Report on Drugs, Law Enforcement and Foreign Policy*, comité présidé par le sénateur John F. Kerry.

16. James Risen, « CIA Says It Used Nicaraguan Rebels Accused of Drug Ties », *The New York Times*, 17 juillet 1998, toutes éditions, section Foreign.

Certains auteurs ont soulevé l'hypothèse d'un rapport possible entre la hausse soudaine de la consommation de cocaïne et de crack aux États-Unis durant les années 1980 et cette attitude de la CIA qui ignorait délibérément les activités des trafiquants [17]. En dépit de toutes ces preuves, cependant, il semble que ces méfaits n'aient jamais troublé les Américains et tout indique qu'il en sera probablement toujours ainsi.

Mais les Américains seraient-ils si indulgents, même dans la foulée du 11 septembre, s'ils prenaient conscience que leur gouvernement a orchestré, au Nicaragua et au Honduras voisin, une campagne de terreur et d'assassinats qui dépasse les plus fols espoirs d'un ben Laden ? Une campagne qui visa des civils et qui fut placée sous la direction d'un psychopathe argentin qui avait prénommé son fils du nom du général nazi Erwin Rommel ?

On ne saurait rien de tout cela si un petit journal américain, le *Baltimore Sun*, n'avait pas publié en 1995 une suite d'articles montrant comment la CIA avait recruté, au début des années 1980, le général Gustavo Alvarez Martinez pour en faire le chef de la Sûreté nationale et des forces armées du Honduras, et comment ce général avait mis sur pied, en juillet 1983, un escadron de la mort connu sous le nom de Bataillon 316. Selon des documents découverts par le *Baltimore Sun*, les membres de ce bataillon, tous issus de l'armée, reçurent une formation de la CIA. Officiellement, ils avaient pour mission d'exercer une surveillance du territoire et d'interroger les suspects ; officieusement, ils devaient faire régner la terreur en torturant et en organisant la « disparition » de Honduriens qui refusaient de coopérer. La présence de ce bataillon fut un élément clé du succès des États-Unis dans leur guerre contre le « communisme » en Amérique centrale.

Le Honduras, qui était le plus fidèle allié des États-Unis dans cette région du monde, devait être le lieu où seraient armés et formés les contras ; au début des années 1980, soldats

17. Chalmers Johnson, *op. cit.*, p. 8.

et matériel militaire américains y étaient à ce point omniprésents que l'on avait surnommé ce pays le « USS Honduras ». Afin de ne pas mettre en péril les acheminements d'armes qui parvenaient au Nicaragua en passant par la jungle hondurienne, la CIA devait s'assurer de réduire au silence quiconque s'opposait à la présence américaine. Elle savait à qui s'adresser pour lui venir en aide. Expert en contre-insurrection, le général Alvarez avait appris son métier en Argentine durant les années 1970 ; à cette époque, des hommes comme lui avaient présidé à la mort ou à la disparition d'au moins dix mille personnes. Il avait tout à fait le profil de l'emploi et devint chef des forces armées du Honduras. Favori de la Maison-Blanche, il rencontra le président Reagan dans le Bureau ovale en 1982 ; l'année suivante, Reagan le décora de la « Legion of Merit » pour « avoir contribué au succès du processus démocratique au Honduras [18] ».

À l'époque de la visite du général Alvarez à Washington, les responsables américains étaient au fait des abus qu'il commettait au nom de leur pays. En 1981, après avoir été recruté par la CIA et s'être installé au Honduras, il avoua à Jack Binns, ambassadeur américain dans ce pays de septembre 1980 à octobre 1981, son admiration pour la manière dont les militaires argentins traitaient les éléments subversifs et « déclara qu'il entendait employer les mêmes méthodes au Honduras [19] ». Binns avertit immédiatement Washington, prévenant ses supérieurs de l'état pathologique du général Alvarez ; il réitéra sa mise en garde quatre mois plus tard, peu après l'enlèvement et la disparition définitive d'un professeur d'université âgé de trente-trois ans qui s'était publiquement interrogé sur la

18. Gary Cohn et Ginger Thompson, « Unearthed : Fatal Secrets », *The Baltimore Sun*, 11 juin 1985, édition nationale, section Front : A-1. L'histoire complète du Bataillon 316 fut révélée par le *Baltimore Sun* dans une suite de quatre articles qui provoquèrent des enquêtes et obligèrent à rendre publics des documents qui les corroborèrent. Source de référence pour ceux qui enquêtent sur le rôle des États-Unis au Nicaragua, ils n'ont jamais été réfutés.

19. *Ibid.*

présence américaine dans son pays. Chaque fois, Washington demeura silencieux. À la fin de la même année et après à peine un an en poste, Binns fut remplacé par John Negroponte, diplomate de carrière, vieil ami de la famille Bush et favorable aux activités de l'administration Reagan en Amérique centrale.

La nomination de Negroponte fut essentielle à la réussite américaine dans cette région du monde. La dernière chose que souhaitait l'administration Reagan, c'était un ambassadeur soucieux du respect des droits de la personne. La plupart des gouvernements amis des États-Unis, particulièrement ceux du Salvador et du Guatemala, pratiquaient avec enthousiasme l'assassinat et l'emprisonnement de « subversifs ». Avant l'arrivée de Reagan, l'administration de Jimmy Carter avait mis l'accent sur les droits de la personne, politique dont la poursuite n'eût servi qu'à s'aliéner les régimes qui aidaient les États-Unis à empêcher le communisme – lequel, nous le savons maintenant, était déjà fort mal en point à cette époque – d'établir une tête de pont en Amérique centrale. En ce sens, Negroponte convenait parfaitement. Mis au fait, dès son arrivée en poste, d'un dossier établi par le personnel de l'ambassade et faisant état, preuves à l'appui, d'enlèvements, de tortures et d'assassinats perpétrés par l'armée du Honduras « afin de juguler ce que l'on voyait comme une menace de subversion [20] », il sut ce qu'il devait faire.

> Rick Chidester, alors membre de la section politique de l'ambassade de Tegucigalpa, a déclaré au Sun qu'il avait accumulé en 1982 des preuves concluantes d'abus commis par les militaires, mais qu'il reçut l'ordre d'en supprimer la plus grande partie dans le rapport sur les droits de la personne soumis annuellement au Congrès par le département d'État. Ces rapports ont systématiquement induit en erreur le Congrès et le public.
>
> « Il n'y a pas de prisonniers politiques au Honduras », mentit le département d'État dans le rapport sur les droits de la personne soumis en 1983 [21].

20. Ginger Thompson et Gary Cohn, « A Carefully Crafted Deception », *The Baltimore Sun*, 18 juin 1995, toutes éditions, section National.
21. *Ibid.*

Ainsi que le fit remarquer le *Baltimore Sun*, « la vérité aurait pu amener le Congrès à agir en vertu de la loi sur l'aide à l'étranger qui, en règle générale, interdit d'acheminer une aide militaire à tout gouvernement qui "se livre régulièrement à des violations importantes de droits de la personne reconnus"[22] ». Negroponte devait donc faire en sorte que le Congrès et le public américain continuent d'ignorer que le gouvernement soutenait et formait un mini-Taliban afin d'étendre sa guerre sainte contre le Nicaragua et sa population. Le journal apporta preuves sur preuves de rapports mensongers rédigés par l'ambassade que dirigeait Negroponte. Alors que l'ambassade soutenait, en 1982, que les étudiants, les paysans, les travailleurs et les syndicats pouvaient manifester librement, elle connaissait parfaitement l'existence de trois cas de disparition « définitive » de leaders étudiants et syndicaux enlevés par des agents du Bataillon 316 et de l'ELACH (Armée de libération anticommuniste du Honduras, groupe mystérieux au service du Bataillon 316 et que l'on pense responsable de nombreuses disparitions). Même si elle savait qu'ils étaient souvent transportés dans des lieux secrets et inaccessibles pour leur famille[23], l'ambassade soutenait que les Honduriens arrêtés par la police étaient traduits en justice en moins de vingt-quatre heures. Le personnel de Negroponte feignait l'ignorance, même si les journaux du Honduras firent état de plus de trois cents disparitions de leaders étudiants et syndicaux dont les cadavres furent découverts dans des tombes anonymes. Les Américains installés au Honduras n'avaient pas connaissance, semble-t-il, des manifestations quasi quotidiennes, dans les rues de la capitale, de parents et d'amis des personnes disparues. Dans au moins un cas survenu en 1982 et parfaitement documenté, Negroponte s'occupa de faire relâcher un couple détenu par les paramilitaires honduriens ; il s'agissait d'Oscar Reyes, journaliste

22. *Ibid.*
23. *Ibid.*

ouvertement partisan des sandinistes, et de sa femme, Gloria. Leur arrestation provoqua un tel tollé et la publication d'un si grand nombre d'articles dans les journaux que la nouvelle risquait de parvenir aux États-Unis et d'éveiller l'intérêt du Congrès. Cresencio S. Arcos, porte-parole de l'ambassade à cette époque, expliqua au Sun qu'il avait prévenu Negroponte : « Si Reyes et sa femme ont des problèmes, avait-il dit à l'ambassadeur, ce sera un désastre pour notre politique [24]. » Il ajouta que Negroponte avait alors contacté le général Alvarez pour lui faire part de ses inquiétudes. Le couple fut relâché une semaine plus tard, passa en jugement devant un tribunal et fut condamné à six mois d'emprisonnement.

> Deux semaines avant la fin de leur emprisonnement, on les autorisa à partir à destination des États-Unis, à la condition de ne rien dire des tortures qu'ils avaient subies. Cette condition leur fut communiquée par Alvarez lui-même, selon les Reyes qui habitent maintenant à Vienna, en Virginie. L'ambassade américaine, de la même manière, ne fit jamais publiquement état de l'affaire Reyes [25].

En 1989, lorsque le Comité sénatorial des relations étrangères tint audience pour confirmer la nomination de Negroponte au poste d'ambassadeur au Mexique, on l'interrogea sur le Bataillon 316 et sur d'autres violations des droits au Honduras. « Je n'ai jamais vu une preuve convaincante de ce qu'il y ait eu des activités de type "escadron de la mort" », répondit-il [26]. Il refusa d'abord de commenter l'enquête du *Baltimore Sun*, mais changea d'avis quelques mois plus tard, déclarant dans une interview qu'il maintenait les propos tenus devant le Comité sénatorial. Il affirma avoir fait pression pour que le gouvernement du Honduras se montre plus soucieux des droits de la personne, mais ajouta que, dans l'ensemble, ce pays était sur la voie de la démocratie. « Je n'ai aucun regret quant à la manière dont nous avons mis en

24. *Ibid.*
25. *Ibid.*
26. *Ibid.*

œuvre la politique des États-Unis [en Amérique centrale] », déclara-t-il au *Sun*[27].

Negroponte est devenu un membre clé de l'équipe qui a pour mission, sous le gouvernement de George W. Bush, de faire en sorte que les États-Unis dominent l'ordre mondial après le 11 septembre. Le 14 septembre 2001, trois jours après les attentats, le Sénat américain confirma sa nomination au poste de représentant permanent des États-Unis auprès des Nations Unies. À ce titre, il devint un des architectes de la coalition internationale créée pour combattre le terrorisme – coalition dirigée par un gouvernement américain blessé et épris de liberté. Dans un éditorial daté du 18 août 2001, le *New York Times* soutint que l'on devrait étudier attentivement le dossier de Negroponte au Honduras avant de le nommer à l'ONU, car ce « poste est important sur le plan symbolique, particulièrement dans le domaine des droits de la personne et de la conformité à la règle de droit ».

Si Negroponte et son personnel de l'ambassade furent incapables de découvrir des preuves convaincantes de violations des droits commises par le Bataillon 316 et par l'ELACH, il en fut autrement pour le gouvernement du Honduras. Dans un rapport rendu public en 1993, celui-ci accepta la responsabilité des violations des années 1980 et fournit une liste de cent quatre-vingt-quatre personnes toujours manquantes et présumées décédées. Les Honduriens tentèrent ensuite de traîner devant les tribunaux certains membres de leur armée ; en 1995, ils arrêtèrent et condamnèrent onze officiers (certains actifs, d'autres retraités)[28].

Les Américains n'ont jamais été aussi francs et aussi communicatifs, même si des documents « déclassifiés », c'est-à-dire devenus publics, expliquent en toutes lettres comment le

---

27. Gary Cohn et Ginger Thompson, « Former envoy to Honduras says he did what he could », *The Baltimore Sun*, 15 décembre 1995, toutes éditions, section National.
28. Ginger Thompson et Gary Cohn, « Honduras charges soldier », *The Baltimore Sun*, 26 juillet 1995, toutes éditions, section National.

Bataillon 316 fut créé, financé et entraîné par les États-Unis. Les documents, basés sur le témoignage, devant un comité sénatorial, d'un responsable de la CIA nommé Richard Stolz, montrent que la CIA transporta par avion les membres de l'escadron de la mort à un endroit tenu secret en sol américain, où ils reçurent une formation et les équipements requis ; leur entraînement se poursuivit dans des bases américaines au Honduras ; et au moins un agent avait coutume de se rendre à la prison secrète où l'on détenait et torturait plusieurs des victimes d'enlèvement, afin d'aider les membres des escadrons en analysant les réponses obtenues sous la torture[29]. Aujourd'hui encore, la CIA affirme qu'aucune preuve n'existe de telles allégations.

Le Sun parvint aussi à se procurer un manuel de la CIA, daté de 1983, qui expose brièvement des méthodes d'interrogation et de torture semblables à celles qu'employait le Bataillon 316. On y recommande de « dénuder les suspects et [de] les garder, les yeux bandés » dans des salles d'interrogatoire « sans fenêtres, sombres et à l'épreuve du son, sans cabinet d'aisance[30] ». On conseillait aux interrogateurs de forcer les prisonniers à maintenir une posture rigide durant de longues périodes et de les priver de sommeil. Il était aussi recommandé de procéder aux arrestations par surprise et au petit matin, « afin de provoquer le plus grand malaise mental possible », tactique habituelle du Bataillon 316.

Autre document découvert par le *Sun* : le manuel KUBARK, suite d'instructions sur la torture qui datait de la guerre du Viêt-nam et dans lequel on conseillait aux agents, lors de la préparation d'une salle d'interrogatoire, de vérifier la présence de courant électrique, « de sorte que l'on puisse disposer, si nécessaire, de transformateurs ou d'autres instruments de

29. Gary Cohn et Ginger Thompson, « Unearthed : Fatal Secrets », *The Baltimore Sun*, 11 juin 1995, édition nationale, première page, A-1.
30. Gary Cohn, Ginger Thompson et Mark Matthews, « Torture was taught by CIA », *The Baltimore Sun*, 27 janvier 1997, toutes éditions, section National.

même nature » – allusion aux tortures par chocs électriques dont le Bataillon 316 faisait aussi grand usage[31].

> Le manuel KUBARK est mentionné dans une note préparée par le personnel du Senate Intelligence Committee [Comité sénatorial sur les services de renseignements] qui se penchait sur le rôle de la CIA au Honduras, et certains membres des services de renseignements pensent qu'il fut utilisé durant l'entraînement des Honduriens. L'un d'eux affirma même que certains passages du manuel furent copiés mot pour mot par des agents de la CIA qui assistaient aux cours[32].

À dire vrai, le Bataillon 316 n'avait guère besoin de conseils en matière de tortures. Arrivé d'Argentine, le général Alvarez donna à ces pratiques une coloration typiquement sud-américaine. Les victimes qui survécurent, de même que certains des tortionnaires retrouvés à Toronto par le *Baltimore Sun*, firent état de méthodes consistant à maintenir la tête d'un prisonnier sous l'eau jusqu'à ce qu'il soit à un cheveu de la noyade, à attacher au scrotum un panier que l'on remplissait peu à peu de pierres, à violer les femmes et à recouvrir le visage du prisonnier d'une *capucha* – masque de caoutchouc – de manière à provoquer une lente suffocation[33].

La CIA promit de faire une enquête sur les faits mis au jour par le *Baltimore Sun*, mais ne le fit jamais. Pas plus qu'elle ne livra au gouvernement du Honduras les nombreux documents qu'il demandait lors de son enquête sur sa propre responsabilité dans les agissements du Bataillon 316, enquête qu'il menait dans l'espoir d'exorciser son propre passé. En outre, les sénateurs républicains firent échouer, en 1998, un projet de loi qui

31. Le manuel KUBARK est disponible dans divers sites Web, dont : http://heart7.net/mcf/kubark.htm. Des responsables du gouvernement en ont effacé certains chapitres. Il ressort clairement, de ce qui en reste, que les agents américains peuvent infliger des tortures physiques et psychologiques, y compris par des « méthodes chimiques, médicales ou électriques », si « les quartiers généraux » en ont préalablement donné l'autorisation.
32. *Ibid.*
33. Ginger Thompson et Gary Cohn, « Torturers' confessions », *The Baltimore Sun*, 13 juin 1995, toutes éditions, section National.

eût obligé l'administration à déclassifier les mêmes documents[34].

Un rapport de deux cent onze pages, produit par l'inspecteur général de la CIA et rendu public après avoir été largement censuré (des pages entières sont masquées de noir), confirme le fait que la CIA a omis de donner suite à l'engagement de William Casey, qui en était alors le directeur, de faire un rapport au Congrès sur les agissements du Bataillon 316 et de l'ELACH. Selon le New York Times, « les officiers de la CIA alors en poste au Honduras savaient que l'armée de ce pays comptait un escadron de la mort, [mais] leurs rapports sur les problèmes de droits de la personne étaient si tronqués que les autorités de la CIA en ignorèrent l'importance ou la portée[35] ».

> Selon le rapport, en outre, la CIA transmit parfois au Congrès des informations trompeuses en minimisant en partie la participation du Honduras aux violations des droits afin de ne pas compromettre le soutien crucial de ce pays aux rebelles en lutte contre le gouvernement sandiniste du Nicaragua[36].

Il ressort également du rapport que, malgré la dissolution du Bataillon 316 en 1987, plusieurs de ses membres furent ultérieurement affectés à d'autres unités de contre-espionnage et de renseignements au sein de l'armée hondurienne.

Quant au général Alvarez, soudainement tombé en disgrâce auprès de l'armée, il fut déporté au Costa Rica, sans autres formalités, en 1984. Accompagné de sa famille, il déménagea en cours d'année à Miami, où il adhéra à l'Église évangélique et trouva Dieu. Mal inspiré, il retourna au Honduras en 1988 et se fit prêcheur de l'évangile dans les rues. Le 25 janvier 1989, il fut abattu par cinq hommes armés de mitraillettes et

34. Mark Matthews, « Republicans kill bill the open files on rights abuses », *The Baltimore Sun*, 3 septembre 1998, toutes éditions, section Foreign.
35. Tim Golden, « Honduran Army's Abuses Were Known to CIA », *The New York Times*, 24 octobre 1998, section Foreign.
36. *Ibid.*

coiffés de casques de travail. Ses derniers mots furent : « Pourquoi me font-ils cela[37] ? »

Épilogue

De tous les personnages directement impliqués dans les coups tordus de l'administration Reagan en Amérique centrale, John Negroponte, devenu ambassadeur aux Nations Unies en septembre 2001, n'est pas le seul à avoir accédé à un poste important dans l'administration de George W. Bush. Ainsi, rapportait *The Economist* du 27 avril 2002[38], Elliott Abrams, qui avait reconnu avoir menti au Congrès à propos du rôle des États-Unis au Nicaragua, « est revenu à l'avant-scène à titre de directeur du Office for democracy and human rights [du National Security Council] ».

> Mais le personnage le plus controversé est l'homme qui sera le principal responsable des politiques dans la région [Amérique centrale]. Il s'agit de M. [Otto] Reich, Américain d'origine cubaine qui dirigea la section de public diplomacy au département d'État durant les années 1980 et qui, selon le Congrès, avait aidé Oliver North à ramasser des fonds pour les contras[39].

Ces rappels du passé survinrent après le coup d'État raté qui secoua le Venezuela en avril 2002. Momentanément renversé par l'opposition, le président Chavez fut ensuite remis en selle après de gigantesques manifestations organisées par des centaines de milliers de ses partisans. Le coup d'État avait été provoqué par la tentative de Chavez de prendre le contrôle des sociétés pétrolières de l'État et d'en augmenter la production contre la volonté de l'OPEP, ce cartel soutenu par les États-Unis et qui règle le prix du pétrole en imposant des quotas de

---

37. Gary Cohn et Ginger Thompson, « Unearthed : Fatal Secrets », *The Baltimore Sun*, 11 juin 1995, section National, première page, A-1
38. « Tales from a failed coup », *The Economist*, 27 avril 2002, p. 31.
39. *Ibid.*

production. Quelques jours à peine après ces événements, se répandit la rumeur selon laquelle l'administration Bush était impliquée dans la planification du renversement de Chavez, d'autant que les conspirateurs avaient été vus à Washington quelque temps auparavant et avaient tenu des réunions avec des responsables du gouvernement. Interprété comme une approbation, le silence de l'administration Bush, après le coup d'État, n'aida guère à étouffer la rumeur ; les États-Unis ne protestèrent contre le renversement d'un autre gouvernement par la violence qu'après que des dirigeants sud-américains eurent condamné leur silence.

L'administration Bush jura n'avoir rien su de ce qui se préparait et n'avoir participé ni à sa préparation ni à son financement. Nous ne connaîtrons la vérité que dans vingt ou trente ans, lorsque seront déclassifiés les documents pertinents provenant de la CIA ou d'autres organismes. Cela dit, les interventions américaines en Amérique centrale et en Amérique du Sud composent un tel « livre noir » que plusieurs se demandent spontanément, dès que survient un coup d'État dans cette partie du monde, si les États-Unis ne font pas partie de ceux qui l'ont fomenté.

Chapitre 6

Du Guatemala au Nicaragua, en passant par le Chili

> Nous avons raison et ils ont tort. C'est aussi simple que cela.
>
> Rudolph Giuliani, le 1er octobre 2001

Lorsque la CIA et le gouvernement des États-Unis entreprirent de former des tortionnaires au Honduras et de contrecarrer la volonté de la population du Nicaragua au nom de la lutte contre le communisme, ils avaient tous deux une longue expérience en matière d'atrocités, commises en Amérique du Sud. La première victime fut le Guatemala, où Jacobo Arbenz, président élu, reconnut en 1952 la légalité du parti travailliste d'allégeance communiste et accorda à des communistes des positions clés dans son gouvernement. Il institua aussi de modestes réformes agraires qui rendirent furieuses les sociétés américaines en place dans ce pays [1]. C'est Anastasio Somoza Debayle, premier président *made in USA* du Nicaragua, qui proposa à Harry S. Truman, président des États-Unis, une action commune visant à renverser Arbenz et à le remplacer

---

1. Chalmers Johnson, *Blowback : The Costs and Consequences of American Empire*, New York, Henry Holt and Co., 2000, p. 13-14.

par une de ces dictatures de droite qui avaient si bien servi les intérêts américains dans son pays[2]. Truman invita la CIA à passer à l'action.

On tenta d'abord, durant cinq semaines, d'acheminer clandestinement des armes et des fonds aux exilés guatémaltèques, mais le gouvernement Arbenz eut vent de la manœuvre et les Américains y renoncèrent. C'est alors que la CIA imagina une de ses plus tristes conspirations : l'assassinat de cinquante-huit partisans d'Arbenz soupçonnés d'être communistes. Selon des dossiers de la CIA, déclassifiés mais considérablement censurés, l'agence dressa en 1953, sous l'administration Eisenhower, une « liste [d'individus] à éliminer » et procéda à l'entraînement d'assassins. Ces plans firent l'objet de discussions au plus haut niveau du département d'État et devinrent un élément clé de l'opération Success, qui visait à renverser le gouvernement guatémaltèque. Le National Security Council donna à la CIA le feu vert pour déclencher cette opération.

> Aucun dossier relatif à l'approbation ou à la désapprobation des plans par le président Eisenhower [...] n'a été rendu public. Il n'en existe probablement aucun. Les dossiers récemment accessibles comprennent un manuel de vingt-deux pages sur les méthodes d'assassinat, où l'on peut lire : « Aucun ordre d'assassinat ne devra jamais être écrit ou noté[3]. »

Ces assassinats ne furent jamais perpétrés, étant finalement inutiles. À la place, la CIA « acheta » des officiers de l'armée guatémaltèque pour qu'ils ne s'opposent pas au coup d'État et mena, contre les récalcitrants et contre ceux qui figuraient sur la « liste d'élimination », une guerre des nerfs qui s'étendit de 1953 à 1954. Elle employa à cette fin diverses techniques, dont « l'envoi de menaces de mort, des appels téléphoniques porteurs de messages effrayants et "effectués de préférence entre 2 heures et 5 heures", et des dénonciations auprès de leurs

2. Tim Weiner, « CIA Plotted Killing of 58 in Guatemala », *The New York Times*, 28 mai 1997, toutes éditions, section Foreign.
3. *Ibid.*

supérieurs, les prétextes allant de "trahison à évasion fiscale"[4] ». Aujourd'hui, le profil historique du Guatemala dressé par le département d'État américain se lit ainsi : « L'armée refusa de défendre le gouvernement Arbenz lorsqu'un groupe soutenu par les États-Unis et dirigé par le colonel Carlos Castillo Armas envahit le pays depuis le Honduras en 1954 et s'empara rapidement du gouvernement. » Le département d'État omet soigneusement le fait que l'armée était salariée de la CIA et continua de l'être au cours des décennies suivantes, alors qu'elle perpétrait atrocités sur atrocités contre son propre peuple.

Les injustices commises par la tyrannie de droite provoqueraient inévitablement – cela nous apparaît aujourd'hui comme une évidence – une suite d'actes de résistance qui jetteraient finalement les rebelles dans les bras de la seule autre superpuissance : l'URSS, par l'intermédiaire de Cuba. Durant les années 1960, plusieurs groupes de guérilleros de gauche « se livrèrent à du sabotage économique et ciblèrent, au cours d'attaques armées, les installations et les forces de sécurité du gouvernement[5] ». En 1968, ils assassinèrent John Gordon Mein, ambassadeur des États-Unis. En 1982, les diverses factions s'unirent pour former l'Unité nationale révolutionnaire du Guatemala. Le pays était alors tombé sous la coupe de Rios Montt, dictateur fanatique et violent qui promit d'exterminer les tribus indigènes si elles soutenaient les rebelles. Ce qu'il fit. Grâce à la formation en techniques de contre-insurrection et au financement offerts par les Américains, l'armée guatémaltèque « détruisit quelque quatre cents villages mayas au cours d'une campagne de génocide qui extermina environ deux cent mille paysans[6] ». Confrontés aux rapports publiés par deux organismes – la Commission for Historical Clarification,

4. *Ibid.*
5. Département d'État du gouvernement américain, profil historique du Guatemala, www.state.gov/r/pa/ei/bgn/2045.htm.
6. Chalmers Johnson, *op. cit.*, p. 14.

parrainée par l'ONU, et le Office for Human Rights –, les États-Unis ne purent continuer de fermer les yeux. Selon les deux rapports, le gouvernement fantoche de droite était responsable de la mort de paysans dont la plupart n'étaient pas armés. En 1999, le président Clinton se rendit au Guatemala pour présenter ses excuses à la population.

Il importe de replacer ces excuses dans le contexte de la politique étrangère américaine de l'époque. Les années 1990 venues, les États-Unis avaient pris conscience que le soutien accordé à des dictateurs de droite, afin de protéger leurs intérêts, provoquait le « contrecoup » dont parle Chalmers Johnson : une haine virulente contre les États-Unis et l'émergence de gouvernements antiaméricains qui se nourrissent de cette haine. Le plus parfait exemple est l'Iran, où les États-Unis soutinrent durant des années un fantoche détesté, le shah, pour voir ensuite le pays tomber aux mains du régime islamiste radical de l'ayatollah Khomeyni. Ce dernier, islamiste aussi fanatique que les Talibans, fut l'un des premiers à qualifier les États-Unis de « Grand Satan » et fit durant des années le malheur des Américains, à commencer par la prise de leur ambassade à Téhéran (période critique que, curieusement, le département d'État omet de mentionner dans son profil historique de l'Iran). Si, en 1999, le gouvernement américain en vint à présenter des excuses pour ses méfaits au Guatemala, c'est qu'il était devenu évident que ces transgressions lui créaient, à long terme, plus d'ennemis que d'amis. (Le chapitre suivant revient plus largement sur l'Iran.)

Du Guatemala, nous passons au Chili, où la CIA tint un rôle clé dans le renversement de Salvador Allende, sénateur de gauche devenu président en 1970. Allende entreprit des réformes agraires, nationalisa des banques et des industries, et projetait de nationaliser les intérêts américains dans d'importantes mines de cuivre. Ces mesures entraînèrent une chute soudaine de l'économie et, par conséquent, un climat propice à un renversement de gouvernement. La CIA n'eut qu'à monter à bord d'un train en marche ; un rapport sur ses activités au Chili, déclassifié en 2000, n'en fait pas mystère.

> L'objectif premier – solidement enraciné dans la politique de l'époque – était de discréditer les leaders marxistes-léninistes, et spécialement [...] Allende, et de renforcer et d'encourager leurs adversaires civils et militaires pour les empêcher d'exercer le pouvoir [7].

Selon ce rapport, la CIA s'ingéra dès 1962 dans le processus électoral, en finançant des candidats choisis, espérant empêcher Allende d'accéder au pouvoir lors de l'élection présidentielle de 1964. Entre autres influences, des compagnies américaines invitaient instamment la CIA, de même que le gouvernement américain, à contrer l'émergence d'un gouvernement de gauche.

> Dès l'élection présidentielle de 1964, des hommes d'affaires américains qui possédaient des intérêts au Chili avaient offert des fonds à la CIA afin d'empêcher l'élection d'Allende. Ces offres furent toutes rejetées. Au début de 1970, un agent en poste au Chili fut contacté par un homme d'affaires américain, employé de I.T.T. (International Telephone and Telegraph), qui pressait le gouvernement des États-Unis de contribuer financièrement à la campagne d'un adversaire d'Allende nommé Jorge Alessandrini. L'antenne de la CIA au Chili lui procura le nom d'un individu qui pourrait acheminer sans encombre à Alessandrini des fonds provenant de I.T.T [8].

Durant les mois qui précédèrent la campagne de 1964, la CIA mit régulièrement en œuvre des programmes « de propagande et d'action politique » et accorda « un soutien clandestin » à des candidats choisis. De même, « des milliers d'officiers chiliens vinrent aux États-Unis recevoir un entraînement qui

---

7. Intitulé « CIA activities in Chile », ce rapport est accessible sur Internet sur le site des National Security Archive : www.gwu.edu/~nsarchiv/news/20000919/index.html. Selon le paragraphe d'introduction, il est basé sur « des rapports approfondis du Congrès sur les activités des États-Unis au Chili à la fin des années 1960 et durant les années 1970 ; [...] les mémoires de personnalités clés, dont Richard Nixon et Henry Kissinger ; [...] [la] collection d'histoire orale de la CIA déposée au Center for the Study of Intelligence ; et [des consultations] avec des agents de renseignements retraités qui furent directement en cause dans ces activités. »
8. *Ibid.*, p. 13.

comprenait des conférences sur l'impact du communisme mondial sur leur pays[9] ». Allende perdit l'élection de 1964 au profit d'Eduardo Frei, candidat du parti chrétien-démocrate et soutenu par la CIA ; ce fut là, note le rapport, « un événement marquant de l'activité électorale de la CIA au Chili ».

Allende fit comprendre qu'il se présenterait de nouveau en 1970. En 1967, la CIA « mit sur pied un appareil de propagande afin de diffuser à la radio et dans les journaux des messages[10] » dont la plupart mettaient les Chiliens en garde contre un régime marxiste dirigé par Allende. La CIA « mena [ainsi], avant et pendant la campagne (de 1970) à la présidence, des opérations visant à empêcher une victoire d'Allende ; la manœuvre échoua en dépit de la coopération des politiciens chiliens d'autres partis ».

La population ayant refusé d'élire les candidats de la CIA, l'agence reçut l'ordre de « provoquer un coup d'État pour empêcher Allende d'entrer dans ses fonctions[11] ». Le rapport décrit une rencontre qui eut lieu le 5 septembre 1970 entre Richard Helms, directeur de la CIA, John Mitchell, procureur général, Richard Nixon et Henry Kissinger, à l'époque conseiller à la sécurité nationale.

> [...] Nixon et [...] Kissinger donnèrent l'ordre à la CIA d'empêcher Allende de prendre le pouvoir. Selon les notes prises par Helms, ils « ne se préoccupaient pas des risques encourus ». Outre l'action politique, Nixon et Kissinger – toujours selon les notes de Helms – ordonnèrent de prendre des mesures pour « faire hurler l'économie[12] ».

Nixon ordonna à la CIA d'organiser la conspiration sans en parler au département d'État et à celui de la Défense, ou à l'ambassadeur au Chili, et leur alloua 10 millions de dollars pour y parvenir[13]. La CIA entreprit immédiatement de

9. *Ibid.*, p. 6.
10. *Ibid.*, p. 2.
11. *Ibid.*, p. 4.
12. *Ibid.*, p. 7.
13. *Ibid.*, p. 10.

prendre contact avec « certains militaires et certains officiers de la police nationale (Carabineros) afin de les convaincre de réaliser un coup d'État ». Tous conclurent que « tout coup d'État exigerait de procéder à l'enlèvement du commandant Rene Schneider, lequel croyait profondément que la Constitution exigeait de l'armée qu'elle permette à Allende d'assumer le pouvoir [14] ». Schneider, qui plaçait la constitution de son pays au-dessus des intérêts des États-Unis, fut tué au cours d'une tentative d'enlèvement organisée par un des trois « groupes de conspirateurs » qui collaboraient avec la CIA et dont l'un (autre que celui qui tua Schneider) avait été équipé par l'agence de « gaz lacrymogène, [de] mitraillettes et [de] munitions ». Cette opération lamentablement ratée choqua les autres conspirateurs, et le projet de coup d'État fut mis de côté. La CIA versa plus tard 35 000 dollars à l'un des membres du groupe qui avait tué Schneider, pour « garder le silence sur les contacts antérieurs, maintenir la bonne volonté dans le groupe, et pour des raisons humanitaires [15] ».

Allende parvint à rester au pouvoir jusqu'en 1973, quand un coup d'État dirigé par le général Augusto Pinochet réussit à le renverser. L'opération, menée en une seule journée, eut lieu le 11 septembre. La CIA dément en avoir été l'instigatrice, mais le rapport admet que « parce que la CIA ne fit rien pour décourager ce renversement et avait tenté de provoquer à un tel coup d'État en 1970, [elle] l'avait probablement laissé s'accomplir ». Allende fut tué, ou se suicida, au palais présidentiel (les versions de cet événement diffèrent). En décembre 1974, Pinochet se proclama « chef suprême » du Chili.

Pinochet, nous le savons, présida à l'une des dictatures les plus répressives et les plus sanglantes de l'histoire moderne de l'Amérique du Sud. Ayant pris le contrôle d'un pays dont la classe moyenne, instruite et favorable à la gauche, représentait une menace pour son pouvoir, il y répondit durant des années

14. *Ibid.*, p. 4.
15. *Ibid.*, p. 11.

par des arrestations et des disparitions dont journalistes et écrivains ont donné de nombreuses preuves. Quelques jours à peine après sa prise de pouvoir, les corps mutilés de prisonniers qui avaient été détenus au Stade national commencèrent à faire surface dans des rivières, des canaux et des fossés. C'est ainsi, rapporte notamment la CIA, que le général Sergio Arellano Stark, bras droit de Pinochet, donna des ordres qui aboutirent à l'exécution sans jugement de vingt et un prisonniers politiques [16].

Pendant quatre années, quelque trois mille personnes furent ainsi exécutées par les hommes de main de Pinochet pendant que la CIA feignait l'ignorance ou employait même certains des tueurs, tel ce Manuel Contreras Sepulveda qui fut chef de la très redoutée police secrète de Pinochet. La CIA garda le contact avec Contreras, même s'il était « le principal obstacle, au sein de la junte, à l'instauration d'une politique raisonnable en matière de droits de la personne [17] ». En mai et en juin 1975, « des éléments, au sein de la CIA, recommandèrent l'établissement d'une relation salariale avec Contreras », proposition qui fut rejetée, mais pas avant qu'il n'eut reçu de l'agence un premier salaire [18]. Aussi le rapport conclut-il : « Il est indubitable que certains contacts de la CIA se livraient activement à de graves violations des droits de la personne [19] et à leur dissimulation. »

C'est Contreras qui contribua à mettre au point l'opération Condor, complot visant à traquer et à exécuter des sympathisants d'Allende et qui mena, le 21 septembre 1976 à Washington, à l'explosion d'une automobile dans laquelle périrent l'ambassadeur du Chili aux États-Unis et son adjoint de nationalité américaine. La même année, Kissinger lui-même dit à Pinochet que les États-Unis étaient favorables à son

16. *Ibid.*, p. 20.
17. *Ibid.*, p. 17.
18. *Ibid.*, p. 17.
19. *Ibid.*, p. 21.

régime brutal, « bien que Kissinger ait conseillé de faire quelques progrès en matière de droits de la personne afin d'améliorer l'image du Chili aux yeux du Congrès [américain] [20] ».

Il fallut attendre les années 1990 pour que les révélations sur le Chili incitent la CIA à se montrer moins proche des assassins, tortionnaires et dictateurs sud-américains. En conclusion à son rapport sur le Chili, l'agence prétend maintenant avoir adopté « de nouvelles normes [...] qui auraient vraisemblablement modifié le nombre de contacts que nous entretenions avec des individus qui violaient les droits de la personne au Chili [21] ». Le Guatemala et le Chili ont ainsi été des leçons, qui refaçonnèrent la pensée américaine dans les années 1990. Avant cela, durant les années 1980 et sous un président « élu sur la promesse d'un anticommunisme militant [22] », les expériences du Guatemala et du Chili furent des démonstrations instructives de la manière d'arriver à ses fins. Les mauvais traitements infligés au Nicaragua par les États-Unis le furent par des experts parfaitement conscients des souffrances et des destructions qu'ils allaient imposer à ce peuple. Lorsque la CIA et le gouvernement américain dirigèrent, en 1981, leurs yeux sur le régime sandiniste, ils avaient abondamment acquis les savoir-faire et l'indifférence aux souffrances nécessaires à leur réussite.

Le Honduras transformé en une solide base arrière, ses dissidents réduits au silence par le Bataillon 316 soutenu par la CIA et l'économie nicaraguéenne au bord de l'effondrement par suite du retrait, en 1981, de l'aide de 100 millions de dollars imposé par le président Reagan sous prétexte (non fondé) que les sandinistes fournissaient des armes aux rebelles de gauche au Salvador (retrait suivi d'une réduction de 90 % des quotas d'exportation sucrière aux États-Unis et d'un embargo

20. *Ibid.*, p. 7.
21. *Ibid.*, p. 21.
22. Henry Kissinger, *Diplomatie*, Paris, Fayard, 1996, traduit de l'américain par Marie-France de Palomera, p. 698.

absolu en 1985), les Américains étaient libres de lancer leur ignoble offensive militaire contre le gouvernement sandiniste.

Le but de cette campagne était simple: « voir les contras affaiblir les sandinistes en les forçant à consacrer leurs maigres ressources à la guerre, les retirant ainsi des programmes sociaux[23] ». Les sandinistes s'étaient déjà donné un gouvernement provisoire attaché au bien-être de la population du Nicaragua. Ce gouvernement avait juré de créer, pour servir cette population, des services sociaux, notamment en matière de santé et d'éducation; il avait prévu de rebâtir l'infrastructure du pays; et il s'était engagé à organiser des élections libres au plus tard en 1985. Les Américains eurent donc l'idée de ne pas s'en prendre à l'armée sandiniste, mais de mener plutôt des opérations éclair contre les cliniques, les écoles, les coopératives agricoles, le matériel de construction de routes, les lignes téléphoniques et autres services essentiels.

Témoins de première main des résultats de cette stratégie, les membres d'un groupe appelé le First Veterans Peace Action Team décrivirent en détail ce qui se passait sur le terrain dans une lettre expédiée en mars 1987 à Harry Bergold, ambassadeur américain au Nicaragua[24].

Les attaques sur des civils, combinées à l'embargo commercial qui empêchait les médecins d'obtenir le matériel nécessaire au traitement des blessés, firent des milliers de morts. Le First Veterans Peace Action Team découvrit aussi que les contras plaçaient des mines antichars sur des routes qui étaient fréquentées par de très nombreux véhicules civils et non par des chars. Résultat de la guerre civile, le Nicaragua est aujourd'hui un des pays les plus abondamment « minés » de la planète.

Témoignant à Boston dans une cause résultant d'une manifestation anti-CIA à l'Université du Massachusetts en 1986,

23. Teaching Nicaragua a Lesson, par Noam Chomsky, retrouvé sur le site suivant: www.thirdworldtraveler.com. Chomsky cite Julie Preston, alors correspondante du *Boston Globe* en Amérique centrale.

24. Accessible sur le site suivant: www.brianwillson.com/awolvpat1.html.

Edgar Chamorro, ex-leader contra devenu partisan de la paix, expliqua au monde comment la CIA entraînait les contras.

> La CIA fit appel à des soldats argentins endurcis pour apprendre aux contras à commettre des atrocités contre la population civile, déclara Chamorro. « Il fallait, en principe, combattre de manière à épouvanter la population, faute de quoi elle ne vous respectait pas. » Chamorro déclara que l'agence [la CIA] leur demanda de traduire un manuel intitulé « Opérations psychologiques dans une guerre de guérilla ». Le manuel, dont une copie fut fournie en preuve, conseille aux leaders contras d'assassiner des citoyens respectés de petites villes, comme des juges et des médecins, et de faire en sorte que l'on attribue la responsabilité de ces meurtres au gouvernement sandiniste. Le document, ajouta Chamorro, demandait aussi aux contras de « créer des martyrs chez nos propres partisans, quelqu'un de très apprécié qui se fait tuer d'une manière qui laisse à penser que l'acte a été commis par le gouvernement ». La CIA fournit aussi aux contras des mines [antipersonnel] assez puissantes pour mutiler des civils sans les tuer, afin de surcharger le système de santé sandiniste. « La CIA nous disait que, dans ce genre de guerre, aucune différence n'existe entre civils et militaires », dit Chamorro[25].

Aux États-Unis, pendant ce temps, Reagan et ses adjoints dépeignaient les sandinistes comme une armée rouge dépêchée par Moscou. On se souviendra que Reagan avait été élu en 1980 « en réaction au repli apparent de l'Amérique, afin de réaffirmer les vérités traditionnelles de l'exceptionnalisme américain[26] ». Les Américains étaient las de regarder l'URSS progresser en Afghanistan, en Angola et au Cambodge, d'autant qu'ils avaient été humiliés par une crise des otages en Iran qui avait donné de leur pays une image d'inefficacité. Reagan promit au peuple américain de repousser le communisme et d'appliquer dans le monde entier les idéaux de la démocratie. Peu après son investiture (en 1981), « il qualifia l'Union soviétique d'empire

25. Rapporté dans le *Boston Phoenix*, journal de la contre-culture de gauche de Boston, le 24 avril 1987. Cet article provient du site www.cia-on-campus.org/umass.edu/trial.html.
26. Henry Kissinger, *op. cit.*, p. 693.

hors-la-loi prêt “à commettre n’importe quel crime, à mentir, à tricher” pour atteindre ses buts[27] ». En 1983, il appela l’URSS l’« empire du mal » (précurseur de l’« axe du mal » de George W. Bush) et autorisa, pour tenir cette puissance en échec, de nouveaux et énormes budgets en matière de défense. Ainsi, lorsqu’un gouvernement révolutionnaire s’empara du pouvoir jusqu’alors détenu par un régime de droite fantoche et que les intérêts américains étaient en jeu, Reagan était parfaitement bien placé pour prétendre que l’Union soviétique ne souhaitait rien de moins que d’entreprendre la fabrication de Ladas à Detroit.

> [L’administration Reagan] souffrait d’une obsession aussi irrationnelle à l’égard des sandinistes du Nicaragua que l’avait été celle des Kennedy à l’égard de Fidel Castro. Reagan s’exprimait parfois comme s’il s’attendait à voir une marée rouge aborder les rives du Texas[28].

Dans un discours prononcé en 1985 au cours d’une soirée de collecte de fonds pour le Nicaragua Refugee Fund, Reagan affirma que les sandinistes avaient « adhéré » au communisme et « s’étaient placés dans l’orbite soviétique ». Il qualifia le gouvernement sandiniste – démocratiquement élu et appuyé sur une Charte des droits de type américain – de « dictature communiste » qui avait « fait ce que font les dictatures communistes : créer une police d’État répressive et une organisation policière secrète avec l’aide de conseillers de l’URSS, de l’Allemagne de l’Est et de Cuba ; [qui avait] harcelé, et dans bien des cas supprimé, l’opposition politique, et fait des libertés démocratiques de parole, de presse et de réunion un crime officiellement punissable de harcèlement, d’emprisonnement ou de mort[29]. » Reagan décrivit des camps de détention où des

27. *Ibid.*, p. 698.
28. Hugh Brogan, *The Penguin History of the USA*, 2e édition, Londres, New York, Penguin Books, 2001, p. 691.
29. On trouvera ce discours, sous le titre de « Remarks at a Fundraising Dinner for the Nicaragua Refugee Fund », 15 avril 1985, sur le site www.reagan.utexas.edu/resource/speeches/1985.

milliers de paysans avaient été envoyés de force ; il évoqua une « politique de la terre brûlée » qui obligea des milliers de personnes à chercher refuge hors du pays, et il prétendit que les sandinistes avaient massacré les Indiens miskitos parce qu'ils refusaient de se laisser endoctriner par la propagande marxiste[30]. Il assura aussi que le régime politique du Nicaragua menaçait le reste de l'Amérique centrale, notamment le Costa Rica, dont le président avait félicité les sandinistes pour leurs politiques humanitaires. Reagan vanta l'avènement de « mouvements démocratiques » au Salvador et au Guatemala, deux pays qui étaient alors dirigés, après de récentes élections de façade, par des dictatures de droite soutenues par les États-Unis. Il mentionna aussi le Honduras, où le gouvernement traquait et exécutait les dissidents avec l'aide de la CIA.

Ce discours de Reagan était, à quelques détails près, un tissu de mensonges. L'évocation du sort des Miskitos comportait un soupçon de vérité, plusieurs de ces Indiens ayant été recrutés par les contras, et il est vrai que Daniel Ortega, le président sandiniste, s'était rendu à Moscou et à Cuba, et que des « conseillers » soviétiques et cubains étaient présents au Nicaragua. Mais à qui d'autre Ortega pouvait-il faire appel ? Huit mois après l'investiture du gouvernement Reagan, celui-ci avait dépêché au Nicaragua un émissaire de haut rang chargé de dire aux sandinistes de « sauvegarder les intérêts américains ou [de se] préparer au pire[31] ».

En outre, le discours de Reagan fut prononcé après que des observateurs internationaux eurent déclaré démocratique l'élection de 1984 – élection qui accorda moins de 4 % aux candidats communistes. Le Nicaragua était alors une véritable

30. *Ibid.*
31. Sam Dillon, « A Decade of Obsession », *The New York Times*, 3 mars 1996, toutes éditions, section Book reviews. La citation est extraite de l'article du journaliste qui proposa un compte rendu de *A Twilight Struggle : American Power and Nicaragua, 1977-1990*, New York, The Free Press, 1996, de Robert Kagan. Ce dernier fut l'adjoint du sous-secrétaire d'État Elliott Abrams durant la présidence de Reagan.

démocratie ; le gouvernement sandiniste ne commit qu'un unique péché : celui de refuser d'épouser les intérêts de la superpuissance qui avait soutenu le régime brutal auquel il avait succédé et qui avait apporté tant de malheurs à son peuple.

On se souviendra aussi que Reagan était « un homme paresseux[32] », trop heureux de déléguer ses responsabilités après s'être fait une vision d'ensemble, laquelle consistait, en l'occurrence, à stopper une expansion imaginaire du communisme en Amérique centrale. Dans Diplomatie, publié en 1994 (et traduit en français en 1996), Kissinger écrit : « [Reagan] ne connaissait pratiquement rien de l'histoire, et il utilisait le peu qu'il savait pour étayer de solides préjugés. Pour lui, les références bibliques à l'Apocalypse avaient valeur de prévisions opérationnelles[33]. »

Qui plus est, le président ne s'intéressait guère aux subtilités de la morale, tout au moins en ce qui concerne la lutte contre le communisme.

> Il était aussi beaucoup trop désinvolte en matière de légalité et de constitutionnalité, ce qui incitait ses subordonnés à adopter la même attitude. [...] Avec sa nonchalance habituelle, Reagan laissa les choses échapper à tout contrôle ; il oublia qu'il avait juré de faire respecter et appliquer les lois. L'affaire de l'Iran et des contras était potentiellement aussi dommageable pour la Constitution que le fut le Watergate lui-même, mais le Congrès ne pouvait supporter la perspective d'endurer, et le pays avec lui, le supplice d'un autre *impeachment*, cette fois celui d'un président immensément populaire. Il se contenta d'étaler la vérité par une suite de rapports et d'enquêtes, et de laisser Reagan se montrer maladroit, sinon menteur, en répondant aux questions des enquêteurs par des phrases telles que : « Je n'arrive pas à me souvenir de quoi que ce soit de particulier à propos de ce que vous me demandez[34]. »

Il faut aussi noter que Reagan fit ce discours à l'époque où l'Union soviétique s'ouvrait aux réformes, réduisait ses ambi-

---

32. Hugh Brogan, *op. cit.*, p. 690.
33. Henry Kissinger, *op. cit.*, p. 695.
34. Hugh Brogan, *op. cit.*, p. 690-691.

tions militaires et n'avait pas pour ambition, comme il l'affirmait, de se doter de nouveaux alliés en Amérique centrale. Un mois plus tôt, Mikhail Gorbatchev était devenu secrétaire général du Parti communiste et quatrième homme à accéder à ce poste en quatre ans. Quatre mois auparavant, Gorbatchev, qui était alors président de la Commission des affaires étrangères du Soviet suprême, avait pour la première fois expliqué que la *glasnost* (l'ouverture) était « un état obligé de la démocratie socialiste et un critère de vie publique[35] ». En moins de deux ans, il avait retiré les troupes soviétiques de l'Afghanistan et entrepris avec les États-Unis de sérieux pourparlers au sujet du désarmement. Deux ans plus tard, le mur de Berlin s'écroulait ; deux autres années encore et l'Union soviétique s'effondrait à son tour. La menace soviétique décrite par Reagan en 1985 n'était pas réelle ; elle tenait plutôt de la propagande et visait à légitimer l'ingérence controversée des États-Unis au Nicaragua.

C'est pourquoi Reagan ne fit aucune allusion, dans son discours, à un volet important (et généralement non reconnu aux États-Unis) des opérations au Nicaragua : à la fin de 1983 et en 1984, des agents recrutés par la CIA, connus sous le nom de UCLA (Unilaterally Controlled Latino Assets), posèrent dans plusieurs ports du Nicaragua des mines qui endommagèrent plus d'une douzaine de navires et obligèrent à fermer les ports durant deux mois. À cette époque, Reagan avait prétendu que ces mines étaient de fabrication artisanale et avaient été posées par les contras, mais des rapports émanant de l'administration et d'un comité sénatorial prouvent qu'elles l'avaient été par des agents américains. Outre les dommages à des navires neutres, cette opération fit augmenter les primes d'assurances et incita plusieurs armateurs à ne plus fréquenter les ports du Nicaragua, ce qui nuisit davantage à l'économie.

Après ces minages, le Nicaragua porta sa cause à La Haye, devant la Cour internationale de justice. Les États-Unis contestèrent d'abord la compétence de ce tribunal en cette

35. www.anet.net/~upstart/gorby.html.

matière. La Cour ayant statué qu'elle avait compétence, les États-Unis se retirèrent des audiences. En leur absence, le tribunal fit de son mieux pour trouver des éléments de preuve à l'appui de la thèse américaine et accepta même, entre autres, un document fourni à l'ONU par les États-Unis afin de justifier leur ingérence.

En 1986, cependant, le tribunal déclara que le gouvernement américain était responsable à la fois du minage qui avait endommagé des navires marchands étrangers et d'autres interventions directes contre le Nicaragua. On relevait, notamment, le sabotage d'un oléoduc sous-marin et d'une partie d'un terminal pétrolier à Puerto Sandino le 13 septembre 1983 ; une attaque aérienne et navale contre le port de Cortino le 10 octobre 1983, attaque qui détruisit cinq réservoirs de pétrole et obligea à évacuer une grande partie de la population locale ; un autre sabotage d'oléoduc sous-marin à Puerto Sandino le 14 octobre 1983 ; et, les 4 et 5 janvier 1984, une attaque de la base navale de Potosi à l'aide de vedettes et d'hélicoptères munis de lance-fusées. Dans tous ces cas, décréta la Cour, les États-Unis avaient planifié, dirigé et exécuté ces attaques, même si aucun militaire américain n'y participait. En d'autres termes, les États-Unis avaient directement attaqué le Nicaragua, et violé la charte des Nations Unies et d'autres traités internationaux[36].

Le tribunal conclut aussi que le financement américain fourni aux contras avait permis de faire passer rapidement le nombre de rebelles de cinq cents à dix mille. Il établit que le *manuel d'entraînement intitulé Psychological Operations in Guerilla Warfare* (et qu'avait évoqué Edgar Chamorro au cours du procès tenu au Massachusetts) provenait véritablement de la CIA. Dans son jugement, il cita les passages du manuel dans lesquels on conseillait aux contras de viser des juges et des notables, de manière à terroriser la population, et

36. On peut lire cet arrêt du tribunal sur le site Web de la Cour internationale de justice : www.icj-cij.org.

de créer ses propres martyrs en assassinant des personnages populaires et en imputant ces assassinats au gouvernement. Le tribunal nota que la CIA avait ultérieurement répudié ce document, affirmant que l'assassinat était contraire à ses principes et, de plus, allait directement à l'encontre d'un décret émis par le président Reagan en 1981 qui interdisait au gouvernement et à ses agences d'y recourir. La CIA en rejeta la responsabilité sur des agents qui, semble-t-il, ignoraient l'existence de ce décret présidentiel.

La Cour internationale conclut aussi que la raison invoquée par les États-Unis pour interrompre l'aide au Nicaragua en 1981, à savoir que les sandinistes fournissaient clandestinement des armes à l'opposition armée au Salvador, ne s'appuyait, pour l'essentiel, sur aucune preuve. Il existait bien, déclara-t-elle, un trafic d'armes s'étendant du Nicaragua au Salvador, mais la quantité d'armes n'était pas très importante et rien ne prouvait que les sandinistes en aient été les instigateurs. La prétention américaine, selon laquelle l'intervention militaire au Nicaragua constituait un acte d'« autodéfense », fut aussi rejetée : « Lorsque l'autodéfense collective est invoquée, déclara le tribunal, on doit s'attendre à ce que l'État qui fait usage de ce droit se soit déclaré victime d'une attaque par les armes. » Le Salvador ne se déclara pas attaqué par le Nicaragua avant août 1984, plusieurs mois après que ce dernier pays eut porté sa cause devant la Cour internationale.

La Cour conclut également que l'embargo commercial décidé par les États-Unis constituait une violation des traités dont ils étaient signataires. Conclusion plus accablante encore, elle décréta que le soutien américain aux contras (financement, entraînement, équipement et appui logistique) constituait « une violation claire [et injustifiée] du principe de non-intervention » dans les affaires d'un pays souverain. Le fait que les États-Unis aient estimé que le gouvernement du Nicaragua « s'apprêtait à instaurer une dictature communiste totalitaire » ne justifiait en rien cette violation des droits fondamentaux d'un pays : « Soutenir le contraire invaliderait le principe fondamental de la souveraineté de l'État, sur lequel repose l'ensemble du droit international, de même que la liberté de choisir le système politique, social, économique et culturel d'un État. » Le tribunal ordonna aux États-Unis de verser au Nicaragua des dédommagements dont il ne détermina pas la valeur ; le Nicaragua réclamait 370 200 000 dollars.

Tel est donc le pays qui, dans le nouvel ordre mondial consécutif au 11 septembre, s'est donné la mission quasi divine de s'ingérer dans les affaires de tout pays souverain dont il estime qu'il a manqué à son devoir antiterroriste. Le Nicaragua a montré que les États-Unis sont capables de prendre prétexte d'un objectif plus élevé, telle la guerre froide, pour mener sans justification des opérations clandestines qui exterminent délibérément des milliers de civils. Ils appuieront des régimes sanglants, du moment que ces régimes ne s'écartent pas de la ligne américaine. Ils vendront des armes à un pays ennemi qui abrite des terroristes afin de collecter illégalement des fonds pour leurs opérations, et ses agents secrets traiteront avec des trafiquants de drogue connus, et ce, même après que les États-Unis auront eux-mêmes déclaré la « guerre contre la drogue ». Sauf à leurs propres yeux, les États-Unis apparaissent non pas comme le noble protecteur du monde libre, mais comme une sorte de pays « hors-la-loi » qui mine des eaux internationales, viole la souveraineté de pays étrangers à des fins politiques, crée des équipes de tueurs pour terroriser des populations civiles et ment à son propre peuple quant à ses propres activités. C'est un pays qui, indifférent à ses « idéaux historiques » (ainsi que Kissinger qualifiait les prétentions démocratiques américaines[37]), n'est pas moralement supérieur au reste du monde ; et le reste du monde est sage de ne pas laisser ces idéaux historiques (et précieux) lui dissimuler la capacité des

37. Henry Kissinger, *op. cit.*, p. 697. La citation complète se lit ainsi : « Comme Woodrow Wilson, [Reagan] comprit que le peuple américain, qui avait traversé l'histoire au rythme martial de l'exceptionnalisme américain ne trouverait pas sa source ultime d'inspiration dans l'analyse géopolitique, mais dans ses idéaux historiques. »

États-Unis à faire le mal. Vu ce qu'ils ont commis au nom de la lutte contre le communisme, que sont-ils disposés à faire au nom de la lutte contre le terrorisme ?

Épilogue

En 1991, le gouvernement du Nicaragua signifia à la Cour internationale qu'il abandonnait toute poursuite, après que le gouvernement sandiniste eut cédé le pouvoir, à la suite des élections libres tenues en 1990, à un gouvernement favorable aux États-Unis. On estime que les Américains avaient consacré quelque 45 millions de dollars à la campagne électorale du parti vainqueur. Après avoir perdu de justesse, Daniel Ortega concéda immédiatement la victoire, ce qui facilita grandement la transition au nouveau gouvernement. Il se présenta de nouveau en 1996 et en 2001, et fut chaque fois défait par un adversaire soutenu par les États-Unis. Durant la campagne de novembre 2001, il semblait en voie de réussir son retour au pouvoir, les sondages lui accordant quelque six points d'avance sur son plus proche adversaire. Les États-Unis dépêchèrent alors leur ambassadeur, porteur d'une mise en garde : une victoire d'Ortega nuirait aux relations du pays avec la Maison-Blanche de Bush (fils). Le Congrès exerça aussi des pressions en exigeant du président qu'il réévalue sa politique à l'égard du Nicaragua, propositions qui furent largement rapportées dans les médias au Nicaragua. On fit ensuite pression sur le candidat d'un parti tiers pour qu'il se retire de la course, évitant ainsi la division du vote de droite[38]. Enrique Bolaños, qui avait participé aux tentatives de la CIA de jeter le discrédit sur l'élection de 1984, fut élu président et Ortega de nouveau marginalisé. Déjà à cette époque, plusieurs membres de son parti étaient las de son

38. L'ingérence américaine dans l'élection de 2001 au Nicaragua a été bien exprimée dans le *Guardian* sous la plume de Duncan Campbell, « Getting the right result : Nicaragua's election showed U.S. still won't allow a free vote », 6 novembre 2001.

obstination à demeurer chef des sandinistes, lassitude qui grandit encore en 1998 lorsque Ortega fut accusé par sa belle-fille, alors âgée de trente ans, d'abus sexuels commis de 1979 à 1990. Il nia ces accusations et un juge décida qu'il n'aurait pas à répondre de ses actes devant un tribunal, son statut de membre du parlement lui accordant l'immunité. La mère de la jeune femme nia l'accusation et qualifia sa fille de menteuse [39].

Augusto Pinochet n'eut pas beaucoup de succès en tant que principal porte-parole des valeurs américaines au Chili. Évincé lors d'un référendum en 1988 (il n'abandonna finalement le pouvoir qu'en 1990) qui laissa le Chili dans un état de relative stabilité, il espérait probablement vivre ses dernières années à l'écart du monde. Il fut, en fait, arrêté au cours d'un voyage en Grande-Bretagne et détenu en vertu d'un mandat d'extradition déposé par l'Espagne, qui entendait l'interroger sur la torture et la disparition de citoyens espagnols vivant au Chili à l'époque de sa dictature. Cette arrestation provoqua un débat international : était-il moral de traduire en justice des ex-dictateurs ? La gauche vit l'événement comme une victoire, alors que les commentateurs de droite firent valoir que la gauche n'avait jamais insisté pour que l'on poursuive ainsi les dictateurs, tout aussi sanguinaires, des régimes communistes tels que l'Union soviétique, l'Allemagne de l'Est ou Cuba. Au bout de dix-sept mois de détention, le vieillard fut libéré après qu'un juge britannique eut déclaré qu'il était atteint de « démence légère à modérée » et, de ce fait, inapte à subir son procès. Pinochet revint au Chili, où il vit à la campagne sous les soins d'un infirmier. Tout indique que le monde, désormais, grouille d'ex-membres d'équipes de tueurs, de dictateurs évincés et de tortionnaires à la retraite, et qu'il est considéré comme injuste de n'en châtier qu'un seul, alors que cela pourrait être un bon début.

39. Mirta Ojito, « Conversations/Zoilamerica Narvaez : A Victim of Sexual Abuse in a Prison of Political Ideals », *The New York Times*, 29 mars 1998, toutes éditions, section Week in Review.

Dernier point: les États-Unis ont violé la souveraineté du Nicaragua de toutes les façons possibles et ont, pour cela, été critiqués par la communauté internationale. Lorsque Richard Haass, directeur de la planification des politiques au département d'État, déclara au *New Yorker* que tout pays qui manquerait aux obligations définies par les États-Unis dans leur guerre contre le terrorisme « renoncerait à certains des avantages normaux de la souveraineté[40] », pensait-il au Nicaragua ? Les États-Unis se sont-ils donné, une nouvelle fois, le droit divin de décréter que tel pays est souverain et que tel autre justifie a posteriori les exactions commises en Amérique centrale ?

40. Nicholas Lemann, « The Next World Order », *The New Yorker*, 1er avril 2002, p 44-45.

Chapitre 7

L'« axe du mal »

> La Corée du Nord est un utile souffre-douleur pour toutes sortes de raisons à Washington.
>
> Chalmers Johnson

La meilleure preuve que le gouvernement américain aimerait reconstituer chez lui le bon vieux climat de la guerre froide nous a été fournie par le président George W. Bush qui, dans le désormais historique discours sur l'état de l'Union qu'il prononçait le 29 janvier 2002, a parlé de l'Iran, de l'Irak et de la Corée du Nord comme formant un « axe du mal ». Au plus fort de sa croisade anticommuniste, Ronald Reagan avait qualifié l'Union soviétique d'« empire du mal » (ou d'« empire maléfique », selon d'autres sources). La vision simpliste qu'entretenait Reagan des Soviétiques et qui provenait de sa compréhension, tout aussi simpliste, de l'histoire, lui fut fort utile dans la mesure où elle l'empêchait de perdre le fil de sa pensée. Dans les milieux de la droite américaine, on pense que c'est cette monomanie de Reagan qui a porté le coup de grâce au régime soviétique. Si la simplification outrancière servit bien Reagan, elle servirait aussi Bush, un président que plusieurs considèrent, à l'étranger et dans son propre pays, comme une sorte d'empoté sans envergure, devenu président par hasard.

Formulée sur un ton reaganien, la réplique de Bush aux attaques du 11 septembre transforma complètement cette image négative. Il fit immédiatement comprendre qu'aucun terrain neutre n'était possible. Le monde allait vivre « un combat gigantesque entre le bien et le mal ». Il lança aux autres pays cet avertissement : ils étaient soit aux côtés des États-Unis dans leur lutte contre le terrorisme, soit aux côtés des terroristes. Le public réagit positivement et la popularité de Bush atteignit les sommets qu'avait connus celle de Reagan. Les alliés des États-Unis, qui compatissaient profondément à leurs souffrances, consentirent à leur laisser exprimer la morale commune, du moins provisoirement. À la fin de janvier 2002, alors que l'opération en Afghanistan se déroulait mieux que prévu, Bush chercha à renforcer la nouvelle autorité de son pays par son discours sur l'état de l'Union. Faisant écho aux mots de Reagan, il s'efforça de prendre le ton digne d'un président résolu à débarrasser le monde d'une présence maléfique.

> La Corée du Nord est un régime occupé à se procurer missiles et armes de destruction massive, tout en affamant ses citoyens. L'Iran cherche à se procurer agressivement de telles armes et exporte la terreur, cependant que quelques personnages non élus étouffent les espoirs de liberté du peuple iranien. L'Irak persiste à afficher son hostilité envers l'Amérique et à soutenir la terreur. Le régime irakien projette depuis plus de dix ans de créer de l'anthrax (bacille du charbon), des gaz neurotoxiques et l'arme nucléaire. C'est là un régime qui a déjà fait usage de gaz pour assassiner des milliers de ses propres citoyens, abandonnant les cadavres de mères recroquevillés sur celui de leurs enfants morts. C'est là un régime qui a consenti à des inspections internationales – et qui a ensuite jeté dehors les inspecteurs. C'est là un régime qui a quelque chose à cacher au monde civilisé. Des États comme ceux-là, ainsi que leurs alliés terroristes, constituent un axe du mal, occupé à s'armer pour menacer la paix du monde. En cherchant à se procurer des armes de destruction massive, ces régimes constituent un danger sérieux et grandissant. Ils pourraient fournir ces armes à des terroristes, leur donnant ainsi le moyen de donner libre cours à leur haine. Ils pourraient attaquer nos alliés ou ten-

> ter de faire du chantage auprès des États-Unis. Dans quelque cas de figure que ce soit, le prix de l'indifférence serait catastrophique[1].

Mais loin de renforcer l'autorité des États-Unis, ce discours produisit l'effet contraire. La coalition se dégonfla à vue d'œil. En moins de quelques semaines, la France, l'Allemagne et la Grande-Bretagne réagirent plutôt mal à ce qu'elles considéraient comme le recours simpliste à un vocabulaire belliqueux qui limitait la coalition à une seule stratégie : l'emploi de la force. Ces alliés eurent aussi l'impression que les États-Unis utilisaient la coalition comme une façade derrière laquelle ils poursuivaient un projet militariste, et qu'ils attendaient de ses membres européens qu'ils se contentent de réprimer toute opposition de leurs citoyens aux objectifs américains. Cela ne ressemblait guère à une alliance entre partenaires. La réplique de Joschka Fischer, ministre allemand des Affaires étrangères, est typique de leur réaction :

> La plus formidable des puissances ne conduira pas, à elle seule, six milliards d'individus vers un avenir de paix. Je ne suis en rien un tenant de l'antiaméricanisme, mais même compte tenu des différences de taille et de poids, on ne devrait pas réduire les alliances entre démocraties libres à un jeu de suivez-le-leader. Les partenaires d'une alliance ne sont pas des satellites[2].

Les remarques de Bush hérissèrent aussi les pays de l'Asie de l'Est. Au cours d'une visite effectuée un mois plus tard dans cette région du monde, il dut rassurer les dirigeants chinois, japonais et sud-coréens sur ses intentions : il n'était pas question, affirma-t-il, d'envahir la Corée du Nord[3]. Le problème tenait à ce que le gouvernement des États-Unis définissait à sa manière simpliste des mots tels que « coalition » et « axe ». Pour les Américains, l'adhésion des alliés à la coalition antiterroriste

1. Ce discours de Bush est accessible sur le site suivant : www.whitehouse.gov.
2. Steven Erlanger, « German Joins Europe's Cry That the U.S. Won't Consult », *The New York Times*, 13 février 2002, toutes éditions, section Foreign.
3. Elisabeth Bumiller, « Damage Control », *The New York Times*, 24 février 2002, toutes éditions, section Foreign.

était un devoir moral. Pour ces alliés, la coalition était à la fois une manifestation de solidarité envers un ami en deuil et, sur le plan géopolitique, une réaction sensée face à la menace d'un ennemi commun. Il n'était guère, en cela, question de morale. Quant au mot « axe » – lourd de sens en Europe, où il rappelait l'axe Berlin-Rome-Tokyo de la Seconde Guerre mondiale –, il semble que Bush ait voulu faire une figure de style plutôt que faire référence à l'histoire.

Selon l'acception géopolitique commune, un axe est un alignement de pays qui entendent poursuivre des objectifs communs. Le président avait choisi deux pays – l'Iran et la Corée du Nord – qui s'efforçaient d'améliorer leurs relations avec les États-Unis et les avait associés à l'Irak, pays qui était manifestement en guerre contre l'Amérique. Ces trois pays ne s'étaient alignés ni diplomatiquement ni par traité. Ils n'avaient en commun qu'une animosité parfaitement justifiable envers les États-Unis et une mauvaise réputation. Les menaces dont Bush faisait état dans son discours n'étaient pas nouvelles et le 11 septembre ne les avait pas rendues plus actuelles. Le président profitait tout simplement de l'occasion pour créer une autre menace théorique contre l'Amérique, tout comme l'avait fait Reagan – de manière plus convaincante – en qualifiant l'URSS d'« empire du mal ».

Cette expression – l'« axe du mal » – eut un effet manifestement paradoxal : celui de renforcer, dans ces trois pays, les éléments antiaméricains. En Iran, les purs et durs, qui étaient contestés par la jeune génération désireuse d'assouplir la politique étrangère de leur pays et de libéraliser les lois à l'intérieur, rentrèrent dans les bonnes grâces du pouvoir. En Corée du Nord, les délicats pourparlers Nord-Sud relatifs à la réunification furent immédiatement rompus, et l'on mit fin à toute tentative de se rapprocher des États-Unis. Et en Irak, où le sentiment antiaméricain était à fleur de peau, Saddam Hussein connut un regain de popularité, non seulement chez lui mais aussi dans le monde arabe et musulman.

Reconnaissons, en toute justice, que les pourparlers entre les deux Corée reprirent au cours des mois suivants et que l'intransigeance belliciste de Bush y fut pour beaucoup. Mais, pour ce qui est du reste, l'utilisation du mot « axe » se solda par un échec diplomatique. Bush n'y revint guère par la suite, du moins dans les cercles internationaux. Tout d'abord, le projet, quel qu'il fût, qui avait inspiré ce mot fut éclipsé, au printemps de 2002, par une montée soudaine et intensive des hostilités entre Israël et les Territoires palestiniens. Pendant que l'administration Bush se rangeait massivement derrière Israël, le reste du monde exigeait de ce pays qu'il retire ses troupes des villes et des villages palestiniens. Isolés, les États-Unis étaient les seuls à préconiser une réponse musclée de l'armée israélienne, équipée des armes américaines les plus modernes, aux attentats suicides palestiniens. De la coalition ne subsistait plus que l'intervention militaire en Afghanistan, laquelle s'étiolait peu à peu au fil des mois ; quant à ben Laden, personne ne savait s'il était mort ou vivant, en Afghanistan ou au Pakistan.

Si la coalition avait ainsi perdu tout ressort, c'est qu'il ressortait clairement de la formule de Bush – l'« axe du mal » – que les États-Unis entendaient utiliser la guerre contre le terrorisme pour régler d'anciennes querelles et promouvoir leurs intérêts, quelles que soient les volontés de leurs alliés. L'Iran et la Corée du Nord ne menaçaient pas la sécurité des États-Unis avant le 11 septembre et n'agissaient certainement pas de concert. Tout autre était la question de l'Irak qui demeure, en effet, le plus intraitable ennemi de l'Amérique. En regroupant en bloc ces trois pays, Bush exagérait la menace iranienne et nord-coréenne, ce qui provoqua une réaction internationale qui eut pour effet de minimiser la menace irakienne.

Dans une perspective plus large, le seul point commun de ces trois pays de l'« axe » est que leurs gouvernements et leurs situations géopolitiques respectives sont des produits de la politique étrangère américaine. L'attitude qu'ils ont adoptée le 11 septembre découle de la sombre histoire de l'Amérique, notamment de son aptitude maladive à changer d'alliés et à feindre d'ignorer les souffrances.

Les Américains doivent au moins admettre ceci : s'il existe aujourd'hui, dans la péninsule coréenne, deux pays plutôt qu'un seul – comme le voudraient l'histoire et le cours naturel des choses –, leur intervention en est la cause. Les Coréens forment un peuple homogène parlant une langue qui lui est propre ; leur malchance, sur le plan historique, aura été de se trouver à proximité de la Russie, de la Chine et du Japon, qui ont tous envahi le pays à maintes reprises. La dernière invasion en date vint du Japon qui annexa la Corée en 1910 et soumit la population à une répression brutale, obligeant notamment – le fait est tristement célèbre – les jeunes Coréennes à servir de « servantes sexuelles » (« *confort women* », tel que traduit du japonais) auprès des officiers japonais. Les États-Unis s'attribuent le mérite – sur le site Web du département d'État – d'avoir « libéré » la Corée au moment de la reddition du Japon en 1945. L'événement aurait dû être une bénédiction pour les Coréens. Il en fut tout autrement.

Moins de quelques jours après la capitulation japonaise, les États-Unis et la Russie, soi-disant libérateurs du pays, s'en partagèrent les dépouilles. Il en résulta la séparation du Nord et du Sud. Comment arriva-t-on à une telle solution ? Le département d'État explique, étrangement, que « la reddition du Japon, hâtive et inattendue, mena à la division immédiate de la Corée en deux zones d'occupation, les États-Unis administrant la moitié sud de la péninsule et l'URSS s'emparant de la zone située au nord du 38e parallèle[4] ».

La reddition japonaise ne fut pas « hâtive et inattendue » ; le Japon avait l'intention de se rendre des mois avant que les Américains larguent inutilement des bombes atomiques sur Hiroshima et Nagasaki en août 1945. Les Américains se justifient en prétendant que les bombes précipitèrent la fin de la guerre ; en fait, les Japonais capitulèrent précisément au moment voulu. On trouve, dans le *Oxford Companion to United States History*, une explication plus convaincante et plus

4. Voir : www.state.gov/r/pa/ei/bgn/2792.htm.

fidèle des événements qui menèrent au découpage d'un pays pour des raisons politiques :

> La guerre du Pacifique approchant de sa fin, les responsables américains s'inquiétèrent de ce que l'entrée imminente de l'Union soviétique dans le conflit contre le Japon ne résulte en une occupation et en une mainmise soviétique sur l'ensemble de la péninsule [coréenne]. Après que l'Union soviétique eut déclaré la guerre au Japon, le 8 août 1945, quelques éléments de son armée entrèrent en Corée, mais leur progression était lente. Une semaine plus tard, Washington proposa que les Soviétiques occupent le pays depuis le nord jusqu'au 38e parallèle et que les États-Unis occupent le reste. Staline accepta [5].

Et c'est tout. Ce qui avait été un État millénaire fut transformé, par les soins de ses occupants, en un champ clos où deux factions idéologiquement opposées se menaceraient mutuellement d'agression. Cette division arbitraire sépara des familles entières, comme l'avait fait en 1961 le mur de Berlin érigé entre les deux Allemagne. (Encore aujourd'hui, les visites familiales transfrontalières dépendent du bon vouloir du gouvernement nord-coréen.) En 1948, les États-Unis organisèrent dans le sud des élections qui menèrent à la création de la République de Corée du Sud. Dans le nord, les Soviétiques créèrent la République démocratique de Corée. La ligne de démarcation prit une allure de permanence.

Les deux Corée, invention américaine, deviendraient bientôt un élément déterminant de la guerre froide. Kim Il Sung, le leader du Nord, pressa les Soviétiques de financer une invasion du Sud qui réunifierait la péninsule. Le 25 juin 1950, après que la Chine eut consenti à l'aventure et fourni les troupes nécessaires, l'attaque fut déclenchée. La guerre de Corée allait durer jusqu'en 1953 ; deux millions de civils coréens et un million de soldats y laisseraient leur vie. Les Chinois comptèrent leurs victimes par centaines de milliers, alors que les Américains perdirent cinquante mille personnes ; le nombre total de morts

---

5. William Stueck, « Korean War », *The Oxford Companion to United States History*, édition 2001, p. 423.

et de blessés s'éleva à cent quarante-deux mille[6]. La péninsule coréenne était dévastée, physiquement et économiquement.

Aux États-Unis, on vit dans cette guerre la nécessaire preuve que le communisme représentait la plus grave menace à la sécurité nationale. Avant elle, le budget militaire américain s'élevait annuellement à 13 milliards de dollars. Il passa, en moins de deux ans, à 50 milliards de dollars: « Le budget moderne de la défense était né[7]. »

En Corée, la guerre laissa en héritage la frontière la plus militarisée du monde et un affrontement qui dura toute une génération. Durant les deux décennies qui suivirent la guerre, les deux Corée connurent une dépression économique. Cependant, grâce à ses relations d'amitié avec l'Ouest, le Sud amorça dans les années 1970 une brillante remontée. Il affichait, en 2001, un produit intérieur brut de 434,5 milliards de dollars; celui du Nord était de 21,8 milliards de dollars[8]. Dans les deux pays, la période d'après-guerre fut marquée par la présence de gouvernements répressifs et antidémocratiques. Le Nord n'a pas changé; le Sud s'est largement libéralisé en 1987.

Quant aux États-Unis, ils se sont lavé les mains du chaos politique qu'ils ont créé en 1945. Le département d'État affirme, sur son site Web : « La question de la paix et de la sécurité dans la péninsule coréenne dépend, d'abord et avant tout, du peuple coréen. » Les Américains n'en maintiennent pas moins trente-sept mille militaires en Corée du Sud, ce qui fait de ce pays une base essentielle à leurs opérations dans cette région du monde.

Reste le Nord, pays assiégé. Abandonné des Soviétiques et soumis aux pressions constantes des États-Unis, il n'a guère prospéré. Sa population vit dans une affligeante pauvreté, en partie à cause des sanctions économiques imposées par les

6. *Ibid.*
7. Anna Kasten Nelson, « National Security Council Document #68 », *The Oxford Companion to United States History*, édition 2001, p. 541.
8. Données provenant du site Web du département d'État américain : www.state.gov.

États-Unis, en partie à cause d'un maigre budget dont 25 % est consacré aux dépenses militaires – dépenses qui n'auraient pas été nécessaires si les Soviétiques et les Américains n'avaient pas imposé la division en 1945 et dont la nécessité actuelle est proportionnelle aux efforts américains pour dépeindre ce pays comme un État « hors-la-loi » et, désormais, membre de l'« axe du mal ».

La question se pose donc : en supposant que la Corée du Nord soit un État « hors-la-loi », qui doit-on blâmer ? Selon Chalmers Johnson, la Corée du Nord cultive cette image de hors-la-loi nucléaire (surtout en livrant des missiles, contre du pétrole, à des pays « douteux » tels le Pakistan, l'Iran, la Syrie ou la Libye) parce que cette activité lui permet de nourrir son peuple et oblige les États-Unis à ouvrir, à tout le moins, un dialogue. Si la Corée du Nord ne jouait pas ce jeu de la corde raide, ajoute Johnson, elle se retrouverait aussi isolée que l'est Cuba, cet autre rescapé du communisme [9].

Le dialogue provoqué par la course aux armements entreprise par la Corée du Nord mena, en 1994, à la conclusion d'un accord cadre avec les États-Unis, le Japon et la Corée du Sud, en vertu duquel la Corée du Nord interromprait le développement de son arsenal nucléaire en échange de la levée des sanctions économiques, dont celles qui touchaient les opérations bancaires et l'exportation de carbonate de magnésium (minerai utilisé par les aciéries américaines et dont la Corée et la Chine sont les principaux extracteurs mondiaux). Les États-Unis, le Japon et la Corée du Sud convinrent aussi d'organiser et de financer le remplacement des centrales nucléaires nord-coréennes par des centrales à eau légère dont les résidus ne peuvent être utilisés dans la fabrication d'armes nucléaires. Jusqu'à la fin de ces travaux, les États-Unis allaient fournir le pétrole nécessaire à une production énergétique équivalente à celle des vieux réacteurs. La Corée du Nord accepta de se

---

9. Chalmers Johnson, *Blowback : The Costs and Consequences of American Empire*, New York, Henry Holt and Company, 2000, p. 120.

débarrasser des dangereuses barres de contrôle de ces réacteurs (opération achevée en 2000, selon le site Web du département d'État américain), et les deux parties ayant conclu l'accord décidèrent de travailler à la normalisation de leurs relations.

Les Américains ne respectèrent pas leurs engagements.

> Plutôt que de fournir du pétrole, tel que promis, ou d'établir des relations diplomatiques et économiques, ce à quoi s'attendaient les Nord-Coréens, le gouvernement américain a tergiversé, blâmant souvent le Congrès de ne pas débloquer les fonds nécessaires à cette nouvelle relation. Tout laisse croire qu'il entendait fournir à la Corée du Nord la nourriture tout juste nécessaire pour ne pas mourir de faim, tout en espérant qu'elle s'effondrerait « doucement », sans violence et de manière contrôlable [10].

En août 1998, les États-Unis firent savoir au monde, sur le ton le plus grave, que la Corée du Nord avait lancé un missile d'essai vers le Japon, annonce qui risquait de réduire à néant l'accord cadre de 1994. Il s'avéra que cet essai de missile était, en fait, le lancement d'un satellite « à l'occasion du cinquantième anniversaire du pays ».

> À l'instar du célèbre satellite lancé en 1970 par la Chine et qui diffusait dans l'espace le chant maoïste « L'Est est Rouge », la radio de Pyongyang annonça que le satellite transmettait « le chant du général Il-Sung » et « le chant du général Kim Jong-Il », qualifiés de « chants révolutionnaires immortels ». Le satellite fonctionna mal, semble-t-il, et personne ne fut en mesure d'enregistrer ces musiques [11].

En octobre 2000, après que les États-Unis et leurs alliés dans cette région eurent renouvelé leurs efforts pour régler la question nord-coréenne, le président Kim Jong-Il dépêcha aux États-Unis un émissaire spécial. Selon le site Web du département de la Défense, mis à jour le même mois, le vice-maréchal Jo Myong Rok, premier vice-président de la Commission nationale de la Défense, signa alors avec son homologue américain un communiqué « dans lequel les deux parties décla-

10. *Ibid.*, p. 128.
11. *Ibid.*, p. 130.

raient qu'aucun des deux gouvernements n'entretenait d'intentions hostiles envers l'autre et confirmait l'engagement des deux gouvernements à faire tout ce qui était en leur pouvoir, à l'avenir, pour construire des relations nouvelles, libres de tout antagonisme passé ».

Un peu plus d'un an plus tard, sous la houlette d'un nouveau président désireux de se positionner dans la foulée du 11 septembre, les États-Unis assimilaient la Corée du Nord à l'Iran et à l'Irak et en faisaient l'un des trois pays disposés à soutenir les terroristes dans le but de détruire les États-Unis. Pendant ce temps, la Chine continuait de fabriquer et de vendre des missiles au Pakistan et à l'Iran, bien qu'elle ait promis, par traité, d'interrompre cette pratique. Elle s'occupait aussi de mettre au point des armes biologiques, ce dont la Corée du Nord ne fut jamais accusée. Les États-Unis, pourtant, n'en ont pas fait un membre de l'« axe du mal ».

Mais il faut comprendre, avant tout, qu'il n'existerait pas de Corée du Nord communiste si les États-Unis ne l'avaient pas créée en 1945. Elle est aujourd'hui un pays faible et arriéré (des services de téléphonie cellulaire et d'Internet n'y seront accessibles, sous un mode limité, qu'en 2002). Pourquoi, dès lors, la crainte et l'animosité exprimées par les États-Unis ? Pour Chalmers Johnson, la réponse est simple :

> Bien qu'elle soit de petite taille, que son régime soit un authentique fiasco communiste, que sa population meure de faim et qu'elle n'ait pas de pétrole, la Corée du Nord est un souffre-douleur utile, pour toutes sortes de raisons, à Washington. Si l'armée a besoin d'un adversaire post-guerre froide pour justifier son existence, choisir la Corée du Nord est moins risqué que choisir la Chine. Les politiciens, quant à eux, cherchent à se gagner des avantages politiques en prétendant que leurs adversaires se montrent « mous » dans la défense du pays contre les « régimes malfaisants ». Et le lobby des armements est directement intéressé à vendre sa production à tous les pays d'Asie de l'Est, peu importe leur orientation politique [12].

12. *Ibid.*, p. 133.

Signalons que, selon les dossiers de la Federation of American Scientists, la valeur des armes et de l'équipement militaire livrés par les États-Unis aux pays de cette région s'élève, pour la période 1990-2001, à 42 171 789 000 dollars [13]. Ventilé, ce chiffre se décompose ainsi (en milliards de dollars) : 7,2 à la Corée du Sud, 10,6 au Japon, 14,6 à Taiwan (le plus important bénéficiaire), 3,6 à l'Australie, 2,3 à la Thaïlande et 1,8 à Singapour. La Chine, ennemie de Taiwan et fournisseur de missiles à l'Iran et au Pakistan, reçut durant la même période des équipements militaires américains d'une valeur de 44,3 millions de dollars. La Corée du Nord ne reçut rien et demeure, pour les fabricants d'armes américains, un marché inexploité.

13. www.fas.org/asmp/index.html. Selon la FAS, la valeur des livraisons est souvent supérieure à celle qui est rapportée, car le département d'État tend à sous-estimer le prix (en dollars) des armes et de l'équipement livrés.

Chapitre 8

Comment créer un pays « bandit »

> Ce fut un jour qu'on aurait voulu sans fin, car il apportait tant de satisfaction, d'excitation et de jubilation qu'on n'en vivrait sans doute jamais plus d'aussi merveilleux.
>
> Dr Donald N. Wilber, à propos du climat qui régnait à la CIA après qu'elle eut réussi à renverser le premier ministre iranien en 1953

L'Iran est le pays qui fit prendre conscience à une génération entière d'Américains de l'existence de nations islamiques qui détestent les États-Unis. L'ayatollah Ruhollah Khomeyni, ce révolutionnaire religieux qui s'empara de ce pays en 1979, inventa l'expression accrocheuse de « Grand Satan » comme synonyme de « États-Unis ». C'est sous sa direction qu'un groupe d'étudiants s'empara de l'ambassade des États-Unis, le 4 novembre 1979, et prit en otage cinquante-deux employés américains durant quatre cent quarante-quatre jours, créant ce qu'on appela la Crise des otages en Iran. Personnage rigide et qu'on ne vit jamais sourire, Khomeyni était le leader des chiites, secte musulmane orthodoxe dont les adhérents formaient alors 95 % de la population iranienne. Croyants souvent fanatiques, les chiites sont disposés à mener la guerre sainte pour instaurer des gouvernements islamistes fondamentalistes dans les pays de confession musulmane. Depuis 1979, le gouvernement iranien a soutenu des radicaux chiites dans d'autres pays et a été soupçonné, en 2002, d'expédier des armes aux Palestiniens qui mènent des activités terroristes contre Israël. On sait aussi des chiites qu'ils ne tolèrent pas le blasphème. C'est à Khomeyni que l'on doit la tristement célèbre *fatwah*, exécutoire par tous les chiites, qui ordonnait d'assassiner le romancier Salman Rushdie pour cause d'écrits sacrilèges. Khomeyni, qui décéda en 1989, et les ayatollahs qui lui succédèrent, firent subir aux Iraniens des abus de divers ordres, dont la condamnation par les tribunaux des homosexuels, des opposants politiques et religieux, et des nationalistes kurdes, à la peine de mort, parfois par lapidation.

Bush n'éprouva donc aucune difficulté à convaincre les Américains de ce que l'Iran, dirigé en 2002 par un leader relativement modéré, avait tous les traits d'un pays membre de l'« axe du mal ». Ce qu'il reprochait à l'Iran, en fait, c'est que ce pays, croyaient les États-Unis, abritait des Talibans et des membres d'Al Qaeda qui fuyaient les bombardements américains en Afghanistan. Les responsables iraniens ne pouvaient exclure la possibilité que certains fugitifs aient franchi la frontière, longue d'environ 950 kilomètres, qui les sépare de l'Afghanistan au nord, mais, firent-ils remarquer, les États-Unis ne leur avaient pas dit quelle catégorie de personnes devaient être interceptées. En même temps, les dirigeants iraniens étaient aux prises avec une remontée du sentiment antiaméricain et du soutien à ses éléments les plus radicaux, ce qui n'aidait guère la cause américaine dans cette région du monde.

Bien entendu, tout aurait été plus facile si les États-Unis avaient pu compter sur un gouvernement ami ; mais il traitait plutôt, en l'occurrence, avec un gouvernement islamiste militant, placé à la tête d'un peuple nourri d'un fort sentiment antiaméricain et opposé à tout ce qui est occidental. Réagissant au 11 septembre, des commentateurs américains ont attribué cette antipathie envers les États-Unis au régime fondamentaliste du pays. Plusieurs l'ont expliquée comme un choc de civilisations, une bataille politique et idéologique entre une théocratie arriérée et oppressive et une superpuissance laïque et éprise de liberté.

L'antiaméricanisme iranien tient à une cause plus simple que cela. Les Iraniens abhorrent depuis longtemps les États-Unis parce que la CIA, sous prétexte de stopper l'expansion du communisme, est intervenue avec malveillance dans leur pays au début des années 1950. Agissant directement sous les ordres du président d'alors, l'agence avait renversé un premier ministre populiste extrêmement populaire et cimenté le pouvoir d'un régime proaméricain qui allait devenir un des plus brutaux de la planète.

Avec sa fourberie habituelle, le département d'État présente l'histoire iranienne du XXe siècle comme si elle s'était déroulée dans un monde où n'existaient pas les États-Unis :

> L'histoire moderne de l'Iran s'amorce avec un soulèvement contre le shah (qui conserva le pouvoir) en 1905, l'octroi d'une constitution limitée en 1906 et la découverte de pétrole en 1908. En 1921, Reza Khan, officier iranien de la Persian Cosack Brigade, s'empara du pouvoir. Il se proclama lui-même shah en 1925 et, sous le nom de Reza Shah Pahlavi, régna durant presque seize ans et inaugura la nouvelle dynastie des Pahlavi.
>
> Sous son règne, l'Iran entreprit la modernisation et la laïcisation de sa politique, et le gouvernement central réaffirma son autorité sur les tribus et sur les provinces. En septembre 1941, après que les Alliés [Grande-Bretagne et Union soviétique] eurent occupé l'ouest de l'Iran, Reza Shah fut forcé d'abdiquer. Son fils, Mohammed Reza Pahlavi, devint shah et régna jusqu'en 1979 [1].

Il est vrai que le shah régna à compter de 1941, mais il ne serait pas demeuré sur le trône aussi longtemps si ne s'était pas produit, en 1953, ce que le magazine *Time* a appelé un coup d'État « inspiré par la CIA [2] ». Dire de ces événements qu'ils ont été « inspirés par la CIA » équivaut à dire du film *Saving Private*

1. www.state.gov/r/pa/ei/bgn/5314.htm.
2. Cette citation provient d'un article consacré en 1979 à l'ayatollah Khomeyni, choisi par le magazine « Man of the Year ». On le trouvera sur le site suivant : www.time.com/time/special/moy/1979.html.

Ryan (*Il faut sauver le soldat Ryan*) qu'il a été « inspiré par Steven Spielberg ». Une histoire de ce coup d'État, rédigée pour usage interne par la CIA, rendue publique par le *New York Times* en 2000 [3] et désormais accessible sur Internet [4], ne laisse subsister aucun doute : l'agence de renseignements en assura la direction avec la même vigueur créatrice qu'apporte un réalisateur de Hollywood à son meilleur film. La CIA en écrivit le scénario, véritable suspense plein de rebondissements, en choisit les nombreux et pittoresques personnages – dont le shah, play-boy aux cheveux gominés et à lunettes de soleil, et le très dévoué agent principal, portant le nom mémorable de Kermit Roosevelt –, joua elle-même les scènes improvisées et modula les émotions de l'auditoire avec une aisance experte. On ne peut qu'être saisi d'une sorte de crainte respectueuse devant l'immense culot qu'il fallut pour exécuter ce coup d'État (la CIA, qui fit équipe avec des agents anglais, profita de ce partenariat pour espionner les Britanniques), sans compter l'indifférence effrontée à la souveraineté de l'Iran et au droit de sa population de choisir son propre destin.

Intitulé *Overthrow of Premier Mossadeq of Iran, November 1952-August 1953* et daté de 1954, un an après le coup d'État, le document se veut une « histoire des services clandestins ». Il fut prétendument écrit « parce qu'il paraissait souhaitable, concernant une opération majeure, de disposer d'un historique mis au point alors qu'on avait encore les documents sous la main et que la mémoire des participants était encore fraîche [5] ». La raison tacite en était que le coup d'État avait constitué la première tentative de la CIA de renverser un gouvernement étranger (l'agence n'avait été créée que cinq ans auparavant, en 1947). L'opération se termina, note triomphalement le rapport, par le retour au pouvoir du shah : « Ce fut

3. www.nytimes.com/library/world/mideast/041600iran-cia-index.html.
4. www.gwu.edu/~nsarchiv/NSAEBB/NSAEBB28/.
5. «Note de l'historien », Dr Donald N. Wilber, *Overthrow of Premier Mossadeq of Iran, November 1952-August 1953*.

un jour qu'on aurait voulu sans fin car il apportait tant de satisfaction, d'excitation et de jubilation qu'on n'en vivrait sans doute jamais plus d'aussi merveilleux[6]. »

Durant ces premières années, c'est-à-dire avant la guerre du Viêt-nam, la CIA ne constituait pas un handicap politique pour le gouvernement américain. La Maison-Blanche ne tentait guère de prendre ses distances par rapport aux activités de l'agence ou de mettre au point les « démentis plausibles » dont feraient un si fréquent usage les présidents qui suivraient. On était heureux, au plus haut niveau de l'administration, d'être associé aux faits et gestes de la CIA. Une sorte d'atmosphère de naïveté entoure le rapport. L'opération iranienne allait servir de modèle à celle qui renverserait le gouvernement du Guatemala en 1954 et, avec un résultat cette fois moins glorieux, à la catastrophique invasion de la baie des Cochons (à Cuba) en 1961[7]. Le gouvernement américain n'entreprit de se distancer du coup d'État de 1953 qu'après la révolution iranienne de 1979 et il aurait probablement réussi, si le rapport n'avait fait surface, à conserver cette image de non-intervention.

La conspiration voit le jour en 1952, au moment où la Grande-Bretagne, dirigée par un Winston Churchill vieillissant, soumet aux Américains l'idée de renverser le gouvernement du premier ministre Muhammad Mossadegh. Par le biais de l'Anglo-Iranian Oil Company, la Grande-Bretagne avait la mainmise, après la Seconde Guerre mondiale, sur la production pétrolière de l'Iran. Mossadegh était un nationaliste brillant qui avait accédé au pouvoir en 1951 après qu'eut été assassiné un premier ministre pro-occidental. Mossadegh méprisait l'Ouest, et particulièrement la Grande-Bretagne, pour sa manière d'exploiter les ressources pétrolières iraniennes. Ses orientations politiques s'opposaient aussi à celles du shah, lequel était nettement favorable à l'Occident.

---

6. *Ibid.*, p. 77.
7. James Risen, « Secrets of History: The CIA in Iran », *The New York Times*, avril 2000, Web édition.

Mossadegh fut le premier leader moyen-oriental de l'époque moderne à remettre en question la présence de l'Ouest dans cette région du monde et, à ce titre, est encore objet de vénération en Iran. Lors d'un sondage mené en 2000 auprès des « lecteurs » du site Web Iranian. com – qui analyse librement la politique et la vie du pays –, Mossadegh fut choisi « personnalité du siècle », devant l'ayatollah Khomeyni et le shah [8]. Son refus de plier devant l'Ouest était si choquant pour l'époque et fut si bien reçu au Moyen-Orient que le magazine *Time* fit de lui « l'homme de l'année » en 1951 [9]. Le magazine le qualifia de « George Washington iranien ». Il nota aussi que Mossadegh représentait la montée du sentiment antiaméricain dans cette région.

> Le mot « Américain » n'a plus bonne presse dans cette région du monde. Afin de s'attirer le vote juif aux États-Unis, le président Truman exigea, en 1946, que la Grande-Bretagne laisse entrer cent mille réfugiés juifs en Palestine, violant ainsi les promesses faites aux Arabes. Depuis lors, les pays arabes qui entourent Israël ont considéré cet État comme une création des États-Unis et, par conséquent, les États-Unis comme un ennemi. La guerre israélo-arabe a fait presque un million de réfugiés arabes, entassés depuis trois ans dans des camps misérables. Ces réfugiés, pour lesquels ni les États-Unis ni Israël n'acceptent la moindre responsabilité, gardent vivante la haine envers la perfidie américaine [10].

Devenu premier ministre, Mossadegh s'occupa d'abord de nationaliser l'Anglo-Iranian Oil Company, mesure qui obtint l'appui immédiat de la population iranienne. En 1951, il fit adopter une loi à cet effet par le parlement du pays (Madjlis).

8. www.iranian.com/Opinion/2000/January/Century/index.html. Le sondage n'était pas scientifique, mais néanmoins révélateur.
9. www.time.com/time/special/moy/1951.html. *Time* attribue ce titre à quiconque a dominé les manchettes au cours de l'année, pour le meilleur ou pour le pire. On trouve ainsi, parmi les autres « Men of the Year », Adolf Hitler (1938), Joseph Staline (1939) et l'ayatollah Khomeyni (1979).
10. « Mohammed Mossadegh : Challenge of the East », *Time*, 7 janvier 1952. Repris du site www.time.com/time/special/moy/1951.html. Il s'agit de l'article consacré à Mossadegh « Man of the Year ».

> L'Anglo-Iranian Oil Company, dont le gouvernement de Grande-Bretagne détient la plupart des titres, avait versé à l'Iran des redevances largement inférieures aux taxes qu'en percevait le gouvernement britannique. Le département d'État prévint la Grande-Bretagne que l'Iran pourrait exploser si elle n'obtenait pas de meilleures conditions, mais les États-Unis n'argumentèrent pas avec suffisamment de force pour que Londres les écoute. La nationalisation effraya la compagnie et la força à faire des concessions qui survinrent trop tard. Le premier ministre Mossadegh, imperméable à toute autre idée que la sienne, était résolu à nationaliser la compagnie. À la grande surprise des Britanniques, il passa à l'acte et expulsa des techniciens britanniques sans lesquels les Iraniens ne pouvaient activer la raffinerie d'Abadan [11].

Plutôt que de négocier pour retrouver leur pétrole (Churchill dirait plus tard que la compagnie avait « tout fichu en l'air [12] »), les Britanniques se tournèrent vers la CIA. Les Américains furent d'abord réticents à organiser un coup d'État, comprenant peut-être que la jeune indépendance de cette région du monde exigeait une forme de diplomatie plus délicate. Ils changèrent cependant d'avis en 1953, après l'arrivée au pouvoir du président Dwight D. Eisenhower. Celui-ci s'inquiétait de la présence d'agents soviétiques dans ce pays et de l'influence croissante du parti communiste iranien – le Toudeh. Sous le nom de code de TPAJAX, le plan conjoint des services de renseignements britanniques (SIS) et de la CIA s'imposa rapidement sous la direction de Kermit Roosevelt, chef de la Division Moyen-Orient et Afrique de la CIA (et petit-fils de Theodore Roosevelt [13]). Vers le milieu de juillet 1953, Churchill et Eisenhower l'avaient approuvé. On accorda immédiatement à la CIA un million de dollars utilisables sans autre autorisation.

Les espions britanniques, à qui l'on avait ordonné de laisser faire les Américains, mieux formés et mieux financés, se

---

11. *Ibid.*
12. Dr Donald N. Wilber, *Overthrow of Premier Mossadeq of Iran, November 1952-August 1953*, p. 82.
13. James Risen, *op. cit.*

retirèrent et laissèrent la CIA accomplir son travail. Le plan consistait, entre autres, à amener le shah – autorisé, en vertu de la constitution iranienne, à nommer le premier ministre – à émettre trois décrets royaux (*firmans*), l'un congédiant Mossadegh, un autre nommant le premier ministre choisi par les États-Unis et le dernier invitant l'armée à demeurer loyale à la Couronne. On avait également prévu de soumettre le shah, homme timoré, aux pressions de sa sœur jumelle, la princesse Ashraf Pahlavi, femme dotée d'une volonté de fer, et du général américain Norman H. Schwarzkopf (père du général « Stormin' » Norman Schwarzkopf, qui allait diriger les forces américaines durant la guerre du Golfe).

La princesse, ramenée par avion de la Riviera française, fut la première à solliciter une rencontre avec le shah. Son arrivée à Téhéran enfiévra un climat politique déjà instable. Le shah, qui se troublait facilement et que l'on n'avait pas prévenu du retour de sa sœur, refusa d'abord de la recevoir. Il revint ensuite sur sa décision, et la princesse le mit au fait de la conspiration et de la visite prochaine de Schwarzkopf, porteur du même message. Le contact suivant fut établi par l'agent britannique en poste en Iran, chargé de convaincre le shah de l'appui du gouvernement britannique au coup d'État. Pour preuve de son identité et de la véracité de ses dires, il déclara au shah que la BBC diffuserait, à des dates précises, une phrase convenue sur son réseau iranien. Ce qui fut fait et convainquit le shah. Schwarzkopf rendit ensuite au palais ce qui avait toutes les apparences d'une visite de routine. Il fut frappé du caractère paranoïaque de son interlocuteur.

> Craignant la présence de microphones dissimulés, le shah conduisit le général dans la grande salle de bal et tira une petite table au centre exact de la pièce, après quoi les deux hommes prirent place [14].

La CIA, déclara Schwarzkopf, souhaitait que le shah signe les trois décrets. Inquiet de l'appui de l'armée, le shah refusa

14. Dr Donald N. Wilber, *op. cit.*, p. 29.

et exigea davantage de temps pour y réfléchir. Ce scénario allait se répéter à maintes reprises en juillet et en août 1953, les agents britanniques et américains faisant obstinément pression sur un monarque incapable d'agir. Ils lui dirent que le Trône du Paon – terme qu'il utilisait pour désigner pompeusement sa lignée royale – cesserait d'exister s'il ne signait pas. La CIA parle de « pression impitoyable [...] exercée lors de vaines tentatives [d'amener le shah à] surmonter une disposition naturelle à l'indécision et à la tergiversation [15] ». Le fait de ne pas agir, lui dit-on en guise d'avertissement, « n'aboutirait qu'à un Iran communiste ou à une deuxième Corée [16] ». Britanniques et Américains convinrent d'insister sans relâche sur la menace communiste et de mettre en sourdine la question des intérêts pétroliers britanniques, véritable raison du coup d'État.

À cette date, la CIA avait finalement choisi l'homme qui serait le prochain premier ministre du pays. Le général Fazlollah Zahedi, qui avait fait partie du cabinet de Mossadegh, était le seul membre du gouvernement à s'opposer activement à ses politiques. Il était vu comme un homme courageux par la CIA, laquelle considérait la plupart des « Perses » – ainsi appelait-elle les Iraniens – comme des « losers » militaires, bornés par un manque de logique et qui se livraient à de stupides fanfaronnades pour dissimuler leurs nombreuses défaites. En outre, Zahedi « était connu pour être proaméricain et avoir permis à son fils, Ardeshir, d'étudier aux États-Unis durant six ans [17] ». La CIA nota aussi qu'un médecin américain avait un jour sauvé la vie de Zahedi. Contact fut pris avec le général qui se laissa rapidement convaincre : s'il manifesta quelque hésitation, un « prêt » de 50 000 dollars suffit à assurer sa participation enthousiaste. On employa la même méthode persuasive

---

15. *Ibid.*, p. 30.
16. *Ibid.*, p. 34.
17. Extrait d'une annexe au rapport de Donald N. Wilber, et intitulée « Military Critique : Lessons learned from TPAJAX re Military Planning Aspects of Coup d'Etat », p. 5.

pour obtenir le concours d'officiers iraniens qui changeraient d'allégeance dès le coup d'État enclenché.

L'appareil de propagande de la CIA s'activait déjà, à cette époque, à procurer des appuis à Zahedi et une opposition à Mossadegh. Les « designers » de l'agence créèrent des affiches et des dépliants qui passèrent pour l'œuvre de groupes dissidents et les distribuèrent dans la région de Téhéran et à la campagne. Des articles inventés par la CIA et des critiques de Mossadegh parurent dans les médias américains et iraniens (bien que ce volet du plan n'ait pas fonctionné aussi bien que l'aurait souhaité la CIA [18]). De même, le gouvernement américain entreprit de déstabiliser le régime de Mossadegh en livrant au public, par la bouche de membres du cabinet Eisenhower, des déclarations inspirées par la CIA ; le 28 juillet, le secrétaire d'État John Foster Dulles déclara, au cours d'une conférence de presse : « Notre gouvernement s'inquiète des activités croissantes du parti communiste iranien, qui est illégal, et de la tolérance que manifeste à ce propos le gouvernement iranien. Il est plus difficile, dans cette situation, d'accorder de l'aide à l'Iran. » Cette déclaration fut « faite à la suggestion de la CIA [19] ».

Mossadegh réagit mal. Il tenta d'affermir son contrôle sur le gouvernement en recourant à un référendum manifestement factice, tenu le 4 août, par lequel il demandait au peuple iranien de se prononcer sur la dissolution du parlement. Selon

18. Au chapitre 10 de sa narration, Wilber se plaint de ce que la CIA « ne disposait pas des contacts capables de placer ces textes de manière à ce que l'éditeur américain en ignore la source et de faire en sorte qu'on n'y apporte aucun changement de thème ou d'accent. Par contraste avec cette relative inefficacité, la direction des affaires iraniennes du département d'État parvint à placer, dans *Newsweek*, une analyse rédigée par la CIA en utilisant la voie normale d'agent à journaliste. Sachant que l'Agence ne peut emprunter une telle voie, une amélioration du système apparaît nécessaire. Ou bien nous multiplions et améliorons les contacts qui permettent une publication de nos articles à l'insu du directeur du journal, ou bien nous faisons en sorte de livrer directement ces articles à des éditeurs et à des propriétaires de journaux préalablement sûrs ».

19. Dr Donald N. Wilber, *op. cit.*, p. 29.

les résultats, publiés par le gouvernement, plus de deux millions de personnes l'approuvaient et quelques centaines à peine s'y opposaient. C'était là une violation très nette de la constitution du pays, et les agents de la CIA ne s'en privèrent pas pour accroître, par leur propagande, l'opposition à Mossadegh. Le même jour, par un pur hasard, Eisenhower s'écarta du texte d'un discours qu'il prononçait aux États-Unis, « pour déclarer, en conséquence, que les États-Unis ne rester[aie]nt pas les bras croisés à regarder l'Iran glisser derrière le Rideau de fer[20] ». La situation se précisant et les pressions augmentant, le shah accepta finalement, le 12 août, de signer les décrets. La signature officielle eut lieu le lendemain. La CIA ayant alors décidé que le troisième était superflu, le shah n'en émit que deux : l'un congédiant Mossadegh, l'autre nommant Zahedi premier ministre.

> La propagande psychologique contre Mossadeq atteignait alors son apogée. La presse contrôlable tirait à boulets rouges sur Mossadegh, cependant que le [journal dont le nom fut retiré du rapport] publiait, sous la direction du poste (de la CIA), des articles que le poste estimait utiles. Les agents de la CIA prirent un soin particulier à alarmer les chefs religieux de Téhéran en répandant, au nom du parti Toudeh, une propagande qui leur promettait les pires représailles s'ils s'opposaient à Mossadegh. On les menaça aussi par téléphone, au nom du Toudeh, et l'on procéda à plusieurs simulacres d'attaques à la bombe sur les domiciles de ces leaders[21].

Le 14 août, le poste de la CIA en Iran fit savoir au Q.G. de Washington que le gouvernement Zahedi, une fois en place après le coup d'État, aurait besoin immédiatement de 5 millions de dollars pour payer ses effectifs et pour d'autres obligations. Tout était en place pour le déclenchement de TPAJAX, lequel fut lancé le 15 août et tomba immédiatement à l'eau.

La CIA conclut plus tard que l'un des officiers iraniens qu'on pensait acquis à la cause trahit les conjurés auprès de

---

20. *Ibid.*, p. 34.
21. *Ibid.*, p. 37.

Mossadegh. Cette trahison n'était pas nécessairement fatale, si ce n'est qu'un grand nombre d'autres officiers recrutés par la CIA « se révélèrent incompétents ou irrésolus à ce moment critique ». Quoi qu'il en soit de l'identité de cet officier, son geste eut pour résultat que le général Taghi Riahi, chef d'état-major de Mossadegh, connaissait, dès 17 heures le 15 août, les plans détaillés du projet de coup d'État, y compris le fait que les soldats pro-shah allaient procéder à des arrestations plus tard au cours de la nuit. Ces soldats ne réussirent, en tout et pour tout, qu'à arrêter trois personnes, dont la plus connue était le ministre des Affaires étrangères. Le général qui avait reçu l'ordre d'apporter le premier décret à Mossadegh fut arrêté au domicile de ce dernier. À 2 h 30, les derniers officiers pro-shah abandonnèrent la cause et, au matin, Mossadegh contrôlait parfaitement Téhéran.

Du moins à ce qu'il semblait. Les agents de la CIA en poste à Téhéran se révélèrent alors résolus, ingénieux et décidés à ne pas abandonner l'opération. Zahedi n'avait pas perdu espoir. Ils décidèrent rapidement de tourner en leur faveur les événements de la nuit en faisant courir la rumeur voulant que le coup d'État ait été monté par Mossadegh et que Zahedi était le premier ministre légitime. Kermit Roosevelt recourut à une fourberie : il dépêcha un général américain « auprès du général Riahi [...] afin de lui demander si la mission militaire américaine était toujours accréditée auprès de Mossadeq ou si elle l'était auprès de quelqu'un d'autre, l'ambassade ayant ouï dire que Zahedi avait été nommé premier ministre par décret (*firman*) impérial. Riahi nia que le décret avait "vraiment été signé"[22]... »

Les jours suivants furent marqués par une guerre de propagande. Le gouvernement contrôlait toujours Radio Téhéran, et Mossadegh y annonça que le parlement avait été dissout. Cette annonce, combinée à des attaques verbales sans retenue dirigées par Mossadegh et ses ministres contre le shah et qui

22. *Ibid.*, p. 46.

sous-estimaient l'affection que lui portait la population, ainsi qu'à la multiplication des émeutes et des manifestations menées par le parti Toudeh, se retourna contre le gouvernement. La CIA, entre-temps, parvint à faire connaître, par le biais d'articles publiés par des journaux locaux, l'existence des décrets royaux. Ses agents réussirent aussi à inventer et à publier une fausse interview de Zahedi, lequel se terrait à l'ambassade américaine ou, non loin de là, au domicile d'un des employés américains. Les journaux progouvernement répliquèrent par des articles qui démontraient la participation de la CIA à la tentative de coup d'État et nommaient même Schwarzkopf comme tête dirigeante.

Fidèle à sa réputation d'homme timoré, le shah s'était, entre-temps, envolé vers Bagdad où les Britanniques finirent par le convaincre de diffuser un message à la radio, espérant qu'on l'entendrait à Téhéran. La CIA fit circuler partout des copies du décret royal, ce qui retint l'attention de la population iranienne. Le gouvernement Mossadegh conservait pourtant la maîtrise de la situation, et les agents de la CIA commençaient à se demander si leur première tentative de renversement d'un gouvernement – l'équivalent, pour l'agence, de l'alunissage d'un humain – n'allait pas échouer en dépit de leurs efforts. Le comportement du shah n'améliora pas la situation. Le matin du 18 août, il s'envola de Bagdad pour se rendre à Rome, où il émit de vagues déclarations qui ne firent rien pour améliorer le soutien dont il disposait. À Téhéran, les journaux pro-Mossadegh annoncèrent la fin de la dynastie des Pahlavi. La CIA commença à organiser l'évacuation des principaux conspirateurs.

Ce soir-là, le vent tourna. La CIA reconnut plus tard que la fuite du shah à Rome avait amené les Iraniens à prendre conscience du fait qu'ils pourraient perdre leur monarque. Le parti Toudeh (communiste) dépassa aussi la mesure : ses partisans détruisirent des statues du père du shah et couvrirent Téhéran d'affiches laissant entendre qu'ils étaient prêts à instituer en Iran une « république populaire ». Pendant ce temps, la CIA avait poursuivi sa « propagande noire » contre le Toudeh et envoyé de faux membres du parti piller et mettre à sac des magasins du centre-ville. Le gouvernement fit appel à l'armée pour restaurer l'ordre dans les rues, et certains soldats commencèrent à scander des slogans pro-shah en procédant à l'arrestation de membres du Toudeh.

Le lendemain matin, dès 9 heures, des manifestants pro-shah étaient rassemblés dans le quartier du bazar.

> Non seulement ces manifestants n'avaient pas encore choisi entre Mossadeq et le shah, mais ils étaient excités par les gestes [inventés par la CIA] commis la veille par le Toudeh et se sentaient prêts à passer à l'action. Ne leur manquait qu'un leadership [23].

Par le plus grand des hasards, deux agents de la CIA qui se trouvaient là pour d'autres raisons, aperçurent la foule et en prirent la tête. L'un d'eux, apparemment fort compétent en matière de stéréotypes révolutionnaires, conduisit une partie de la foule vers le parlement « et, chemin faisant, les incita à mettre le feu aux bureaux du [...] journal quasi officiel qui appartenait au ministère des Affaires étrangères [24] ». Le deuxième agent mena un autre groupe aux bureaux de trois journaux du Toudeh et encouragea la foule à les mettre à sac, ce qui fut fait. Le bruit courut bientôt, en ville, qu'il se préparait quelque chose. Un tank américain, à bord duquel se trouvait un colonel, prit position dans le square adjacent au parlement ; deux camions américains le rejoignirent peu après. « À 10 h 15, déjà, on trouvait des camions de militaires pro-shah à tous les principaux squares [25]. » Deux agents britanniques commencèrent à rassembler les citoyens pour les diriger vers les studios Radio-Téhéran qui, de manière absolument surréaliste, s'entêta pour un moment, au plus fort des événements, à diffuser les cours du coton et des airs de musique pendant que se faisaient entendre, à l'extérieur, coups de feu et vacarme des émeutes. À 10 h 30, le

23. *Ibid.*, p. 65.
24. *Ibid.*, p. 66.
25. *Ibid.*, p. 67.

général Riahi déclara au premier ministre avoir perdu le contrôle de l'armée. Mossadegh lui ordonna de tenir bon, et les dernières troupes fidèles au gouvernement prirent position autour de la maison de Mossadegh.

À 14 h 30, Radio-Téhéran était aux mains des forces pro-shah, et le coup d'État était accompli, hors quelques opérations de nettoyage et l'annonce de sa réussite aux provinces de l'intérieur. Presque tous les généraux s'étaient rangés aux côtés du monarque. La CIA réquisitionna un tank qui transporta triomphalement Zahedi aux studios de Radio-Téhéran, d'où il diffusa son premier message à 17 h 15. Dès 19 heures, la maison de Mossadegh n'était plus qu'un amas de ruines et l'on vendait aux passants ses objets personnels.

À partir de 1953, la vie politique iranienne fut manifestement une création du gouvernement américain. Les Iraniens furent amenés à croire que leur pays était en proie à une révolution politique née de l'intérieur, alors qu'ils étaient manipulés par des agents de la CIA pourvus d'un million de dollars, de quelques photocopieuses et d'une conscience qui les autorisait à terroriser des individus et à faire sauter leurs maisons en faisant porter à d'autres la responsabilité des attentats. Le shah, soutenu par les États-Unis et par la CIA pendant tout son règne, se découvrit un appétit insatiable d'avions de chasse américains et de valeurs américaines ; il lui convenait parfaitement de donner à l'Iran l'allure d'un pays occidental. Il fut l'instigateur de réformes qui retirèrent au clergé une partie de ses terres (ces mesures ne visant pas des compagnies fruitières américaines, les États-Unis ne bronchèrent pas devant un socialisme aussi flagrant) et adopta inconsidérément une politique de laïcisation qui éloigna ce peuple profondément religieux de ses racines chiites. Ces politiques n'auraient pas été si mal reçues si le shah ne s'était montré si acharné : quiconque manifestait quelque dissidence était arrêté, torturé et exécuté par la SAVAK, une police secrète si brutale qu'Amnistie Internationale affirma, en 1976, que l'Iran était le pays le plus répressif du monde. Les personnages trop puissants pour qu'on les exécute étaient emprisonnés et exilés. Tel fut le sort de l'ayatollah Khomeyni en 1964.

En 1979, Khomeyni revint d'exil et s'empara du pouvoir à la suite d'émeutes anti-shah qui firent des centaines de victimes. Les gens n'en pouvaient plus de la pauvreté, de la corruption et de la cruauté du régime du shah, situation dont ils imputaient la responsabilité aux États-Unis. Cette conjoncture permit à Khomeyni de réintroduire la stricte observance de la religion chiite, laquelle ouvrait la possibilité du martyr dans la lutte contre les infidèles américains. Le shah quitta de nouveau l'Iran, prétextant, cette fois, la fatigue et le besoin de repos. Lorsque les États-Unis l'accueillirent à titre d'invité d'honneur, c'en fut trop pour les étudiants iraniens ; ils prirent d'assaut l'ambassade américaine de Téhéran. Ainsi commença la Crise des otages.

Qui donc est responsable de tout cela ? Tout nouveau gouvernement, qu'il soit élu ou issu d'une révolution, incarne d'abord une réaction au gouvernement précédent, ce qui rend les États-Unis directement responsables de l'existence, en 2002, d'un régime iranien fondamentaliste et profondément anti-américain. Certains Américains étaient déjà conscients, dès 1952, de ce qu'une ingérence maladroite et égoïste des États-Unis – un coup d'État fomenté par la CIA, par exemple – ne ferait qu'exacerber l'animosité de cette région du monde envers l'Occident. Dans l'article consacré à Mossadegh, « homme de l'année », le magazine *Time* citait, d'un ton approbateur, un politicien libanais qui disait : « La montée troublante du fanatisme observée au Moyen-Orient depuis quelques années est une réaction à la maladresse et à la superficialité de l'Occident[26]. » Ainsi que le rapporta le *New York Times* en publiant pour la première fois, en 2000, l'histoire du coup d'État telle que rédigée par la CIA, les gouvernements américains subséquents (prédécesseurs de celui de George

26. « Mohammed Mossadegh : Challenge of the East », *Time*, 7 janvier 1952. Repris du site suivant : www.time.com/time/special/moy/1951.html.

W. Bush), reconnurent aussi la complicité de l'Amérique dans la montée du fanatisme islamique :

> Si le gouvernement islamique de l'ayatollah Ruhollah Khomeyni a donné son appui à des attaques terroristes contre des intérêts américains, cela tient largement au soutien que les États-Unis ont accordé au shah durant de très longues années. Même sous un régime plus modéré, de nombreux Iraniens éprouvent encore une profonde rancune à l'endroit des États-Unis à cause de leur rôle dans le coup d'État et de leur soutien au shah.
> Dans une allocution prononcée en mars [2000], la secrétaire d'État Madeleine K. Albright a reconnu que ce coup d'État avait largement déterminé la nature des relations difficiles entre les deux pays et s'est trouvée, plus que tout autre responsable américain avant elle, à un cheveu de présenter des excuses.
> « L'administration Eisenhower a cru ses actes justifiés pour des raisons stratégiques, a-t-elle expliqué. Mais le coup d'État constitua un net recul pour l'évolution politique de l'Iran. Et il est aujourd'hui facile de voir pourquoi de nombreux Iraniens continuent d'en vouloir à l'Amérique pour cette ingérence dans leurs affaires internes [27]. »

En janvier 1980, le magazine *Time* nomma l'ayatollah Khomeyni « homme de l'année » 1979. Dans l'article qu'il lui consacrait, *Time* incita les dirigeants américains à tirer les leçons de la popularité de Khomeyni. Les États-Unis, écrit le magazine, devraient « éviter de s'associer de trop près à des "hommes forts" anticommunistes qui sont détestés de leur propre population » et « [devraient plutôt] chercher des moyens d'accroître la prospérité matérielle des pays du tiers monde sans les forcer à aliéner leur culture [28] ». Ces paroles de sagesse tombèrent dans l'oreille d'un sourd : l'année suivante, *Time* accorda le titre à Ronald Reagan, ce président dont les politiques brutales et égoïstes au Nicaragua et au Honduras montrèrent, sans l'ombre d'un doute, que les États-Unis n'avaient rien appris du désastre iranien.

---

27. James Risen, *op. cit.*
28. « Ayatullah [*sic*] Khomeini : The Mystic Who Lit the Fires of Hatred », *Time*, 7 janvier 1980. Accessible sur le site suivant : www.time.com/time/special/moy/1979.html.

En 2002, George W. Bush a suivi les traces de Reagan. Son « axe du mal » a saboté la lente évolution de l'Iran vers la modération. Les dirigeants de ce pays devront toujours composer avec une aile droite peuplée de religieux radicaux qui capitalisent sur l'antiaméricanisme consécutif au règne du shah. Il n'en faut pas beaucoup aux États-Unis, remarqua un islamiste conservateur après le discours de Bush, « pour faire renaître en Iran une ferveur révolutionnaire[29] ».

Les États-Unis peuvent peut-être trouver réconfort dans le fait que l'Iran, contrairement à la Corée, n'est pas un régime communiste de type soviétique. Mais ils doivent admettre que les gouvernements des deux pays sont des créations américaines, involontaires ou non. Leur situation et leur comportement ont été, en 2002, définis par les États-Unis. Régimes répressifs et hostiles aux États-Unis, ils ont été ostracisés parce qu'ils n'étaient pas, comme l'Arabie Saoudite et l'Indonésie, répressifs et amis des États-Unis. Et la méfiance de leur population envers l'Amérique résulte directement de l'ingérence américaine dans sa vie et non de différences culturelles, religieuses ou politiques. Peut-être les Américains éliront-ils un jour un président assez sage pour admettre cette réalité et s'y conformer pendant qu'existe encore l'espoir d'une réconciliation, c'est-à-dire avant que l'Iran et la Corée du Nord ne soient à jamais perdus comme l'est le troisième élément de cet « axe du mal » – l'Irak.

29. Neil MacFarquhar, « Bush's Comments Bolster Old Guard in Tehran », *The New York Times*, 8 février 2002, toutes éditions, section Foreign.

Chapitre 9

Le « rat coincé »

> Les frappes aériennes sur les troupes irakiennes en retraite étaient lancées à une telle allure que les pilotes chargeaient leurs appareils des bombes qui se trouvaient les plus proches du pont d'envol, peu importait leur type.
>
> Extrait d'un reportage décrivant le bombardement des troupes irakiennes en déroute à la fin de la guerre du Golfe

Existe-t-il au monde pays plus malfaisant que l'Irak ? Pas aux yeux des États-Unis. L'Irak est le pivot de l'« axe du mal », la raison de cette interminable partie de « stratego » que jouent les États-Unis avec leurs alliés et avec leurs ennemis, et dans laquelle les alliés d'hier sont les ennemis d'aujourd'hui.

De 1975 au 2 août 1990, jour de l'invasion du Koweït, l'Irak était une dictature de droite, parfois courtisée par les États-Unis et parfois vilipendée pour des fautes que les Américains oubliaient selon les circonstances. À partir de la guerre du Golfe, il a été pour les États-Unis « l'ennemi public numéro un » de l'après-guerre froide, ennemi que les Américains ont quasiment anéanti par leurs bombardements et qu'ils ont ensuite, par d'impitoyables sanctions, mené à une impasse diplomatique et économique. Il est aussi le pays le plus susceptible, par son désir de vengeance, d'avoir parrainé les attentats du 11 septembre. Les deux puissances se haïssent profondément et cette relation ne changera pas tant que Saddam Hussein, président à vie de l'Irak, ne sera pas mort et enterré.

En 2002, l'Irak est ce qui se rapproche le plus d'un État laïque dans le monde arabe. Le parti Baas, qui prit le contrôle du pays en 1968 (et qui est le parti de Saddam Hussein), tend vers un nationalisme arabe plutôt que vers l'orthodoxie musulmane. Les chefs religieux sont étroitement surveillés et rémunérés par le gouvernement. Saddam Hussein, qui porte moustache, arbore plus souvent l'uniforme militaire propre aux révolutionnaires de gauche, ou un complet-veston de coupe bizarre, que la tenue arabe traditionnelle.

Étant un des pays arabes les plus peuplés de cette région du monde (l'Iran est trois fois plus peuplé, mais sa population est de souche persane et non arabe), l'Irak a toujours exercé une grande influence sur les affaires du Moyen-Orient. En 1998, il a officiellement reconnu la revendication palestinienne à un État indépendant, ce qui était à la fois un geste de solidarité ethnique et un coup porté à Israël et aux États-Unis, et il soutient depuis longtemps le terrorisme palestinien en Israël.

Les États-Unis surveillent Saddam Hussein depuis qu'il a pris le contrôle du parti Baas en 1980. Dans un document passionnant daté d'août 1980 et déclassifié, le département d'État se penchait sur ce nouveau dirigeant[1]. Le rapport apporte, pour l'essentiel, une réponse à la question suivante : Hussein pourrait-il être renversé par un soulèvement populaire ? On y

---

1. Les documents déclassifiés du département d'État cités dans ce chapitre ont été trouvés sur le site suivant : www.foia.state.gov/, site où sont accessibles les documents dévoilés par le département en vertu de la Loi sur l'accès à l'information. Le document intitulé « Saddam Hussein : The Cult of Personality » constitue la source des renseignements touchant au style de gouvernement de Hussein. On trouvera aussi des informations dans le rapport sur les droits de la personne émis par le département en 1990.

conclut, ce qui a sans doute déçu la CIA, que l'individu était trop astucieux et brutal pour que l'on puisse le renverser de cette manière (bien qu'en conclusion le rapport laisse entendre que nul n'est à l'abri de « la balle d'un assassin ou [d']une révolution de palais »).

Saddam Hussein, note le rapport, conserve le pouvoir grâce à une police qui élimine toute dissidence, et ce, sans aucun état d'âme. Aucun espoir n'existe de voir apparaître une opposition légale au parti Baas ; la presse est muselée et les citoyens dont des parents disparaissent ne savent, la plupart du temps, ce qui leur est arrivé que lorsque le pouvoir leur réclame de l'argent pour pouvoir récupérer leur corps mutilé. La situation est pire encore pour les Kurdes. Ce peuple, qui compose 20 % de la population de l'Irak, se bat pour son indépendance depuis deux générations. Les documents du département d'État montrent que les États-Unis considèrent depuis longtemps l'indépendance kurde comme « illusoire et irréaliste ». C'est un combat que ne supportent pas les Américains, en particulier parce que la Turquie, qui est un allié essentiel dans cette région du monde, compte des millions de Kurdes opprimés qui voudraient, eux aussi, être maîtres de leur destin. Cela étant, Saddam Hussein a entrepris un véritable génocide de la population kurde, notamment par des attaques au gaz dans le nord du pays, en 1988, qui pourraient avoir tué quelque dix mille personnes (ce gaz était fabriqué à partir de produits chimiques vraisemblablement fournis par des marchands d'armes allemands – collaboration ignoble, si avérée, quand on connaît le sort des juifs lors de l'Holocauste).

Saddam Hussein conserve l'appui de la population, et cela depuis le début, parce qu'il joue sur l'indépendance du pays à l'égard de toute influence étrangère, particulièrement celle des États-Unis. Ses partisans les plus loyaux ont été recrutés parmi les classes inférieures qui lui sont reconnaissantes d'avoir, dès son arrivée au pouvoir, amélioré le régime de protection sociale. Il lui arrive de se présenter dans les quartiers les plus pauvres, où il accorde des faveurs et prend le parti de citoyens que des membres du parti Baas ont tenté de suborner. Il fait aussi appel à leur fibre nationale en promettant de faire de l'Irak un pays dominant au Moyen-Orient.

Pro-américain, Saddam Hussein aurait été l'allié parfait des États-Unis dans la région. Il est, à bien des égards, le modèle même du psychopathe brutal, efficace, pontifiant et égocentrique qu'emploient les États-Unis en Amérique du Sud et qu'ils imposèrent naguère à l'Iran, voisin immédiat de l'Irak. En matière de persécution de la dissidence, il n'y avait guère de différence entre le shah d'Iran et Saddam Hussein. Les planificateurs américains des années 1970 et 1980 ont souvent dû penser que la vie aurait été belle si Saddam Hussein et les chefs du parti Baas qui l'ont précédé avaient été aussi dociles que le pusillanime shah d'Iran.

En 1980, les États-Unis faisaient donc face à un nouveau leader irakien profondément méfiant, non sans raison, à l'égard des politiques et des pratiques américaines au Moyen-Orient. Les États-Unis, en effet, appuyaient les Kurdes dans leur guerre contre le gouvernement irakien et il était bien connu qu'ils avaient noué des liens étroits avec l'Iran pendant le règne du shah [2]. Mais les Américains avaient trop de soucis ailleurs dans la région pour se préoccuper de Saddam Hussein : le shah avait été renversé par l'ayatollah Khomeyni l'année précédente, la Crise des otages en était à ses débuts et l'Union soviétique, qui amorçait sa dernière décennie de superpuissance, avait envahi l'Afghanistan pendant que ses agents étaient à la recherche de possibles alliés au Moyen-Orient. La situation était délicate. Dès 1974, les États-Unis avaient exclu de renverser le gouvernement irakien et ils avaient même con-

2. Dans une note datée de novembre 1974, le département d'État invitait instamment deux officiers de l'armée américaine à ne pas entreprendre une visite prévue en Irak, parce que « les accusations d'engagement américain avec les Kurdes et les Iraniens [étaient] très répandues », de sorte que si le régime irakien apprenait l'existence de cette visite et se méfiait de ses motifs, les visiteurs couraient le risque « que se produise un incident dont il serait difficile de nous dégager ».

vaincu le shah de ne pas s'y essayer lui-même. Selon une note expédiée de Washington à ses supérieurs par un officier de la US Interests Section en décembre 1974, un changement de régime en Irak « [aurait] peut-être [fait] l'affaire du shah, mais on [voyait] mal en quoi il [aurait servi] l'intérêt des États-Unis, ou de l'Occident, à maintenir la stabilité dans la région [3] ». On pensait que le régime qui suivrait « [serait] plus radical, plus perturbateur et [serait] probablement forcé de prendre appui sur l'URSS [4] ». Comme toujours, les États-Unis étaient parfaitement disposés, par souci de commodité, à composer avec un dictateur de la pire espèce.

> [Le] régime du Baas, aussi odieux soit-il, a donné à l'Irak six ans de stabilité. En outre, il se concentre maintenant sur le développement économique et tente énergiquement de se rapprocher de l'Europe de l'Ouest et des États arabes conservateurs. Quels que soient les motifs de cette double politique de développement et de rapprochement, et quel que soit le discours radical qui les enveloppe, le succès de ces politiques modifiera considérablement les traits du régime, lesquels ressemblent souvent à ceux d'un rat coincé [5].

Ce rat coincé demeura fort utile aux Américains pendant la guerre Iran-Irak qui dura de 1980 à 1988 et fit un million et demi de victimes. Au moment où commença cette guerre, chacun des deux régimes s'efforçait de perturber la politique intérieure de l'autre, habituellement en soutenant des dissidents terroristes, en se livrant à des incursions frontalières mineures et, parfois, en perpétrant un assassinat. Les deux gouvernements étant alors principalement occupé à se maintenir au pouvoir, ces incidents prenaient l'allure d'un véritable fléau. En septembre 1980, l'Irak estima que la coupe était pleine ; il lança des attaques éclair sur des centres d'entraînement de l'armée iranienne et la guerre s'ensuivit. Les États-Unis, où la

---

3. Extrait d'un document déclassifié du département d'État, expédié de Bagdad à Washington, daté de décembre 1974 et qui s'intitulait « U.S. Policy on Iraqi-Iran Conflict ».
4. *Ibid.*
5. *Ibid.*

Crise des otages durait depuis bientôt un an, virent là certains avantages. Une note du département d'État, rédigée à Bagdad en septembre 1980, conclut de manière erronée que la guerre pourrait mener au renversement de Khomeyni.

> Selon une thèse souvent reprise et partagée par des diplomates de l'Ouest et du bloc de l'Est, les États-Unis et l'Occident pourraient profiter, d'une certaine manière, du conflit Iran-Irak, lequel pourrait obliger la population iranienne à faire bloc autour [...] de l'armée afin de faire contrepoids à des dirigeants religieux inefficaces. Cette guerre pourrait aussi forcer l'Iran à chercher à s'approvisionner en armes auprès des États-Unis et de l'Occident. Nous avons tenu à nous dissocier de cette thèse, bien qu'elle ne soit pas sans valeur [6].

Les États-Unis adoptèrent donc une position de neutralité ; ils refusèrent de se ranger dans un camp et dirent leur espoir d'un résultat « sans vainqueur ni vaincu [7] ». Il est maintenant bien connu qu'ils négociaient alors avec l'Iran afin d'obtenir la libération des otages et qu'ils pourraient avoir fourni des armes comme monnaie d'échange. Les otages furent libérés en janvier 1981, le jour même de l'investiture de Ronald Reagan. À cette époque, l'Irak soupçonnait déjà les États-Unis d'avoir pris parti dans le conflit. Saddam Hussein tenait l'Amérique en alerte en réitérant cette accusation aussi souvent que possible dans les journaux. Le fait est que, tout au long de cette guerre, les États-Unis conservèrent des liens avec les deux régimes en leur fournissant des armes, légales ou illégales, tout en s'efforçant de surveiller la circulation d'armes non conventionnelles dans la région – la plupart provenant de pays alliés des Américains, comme l'Allemagne.

Ce mode de neutralité persista jusqu'en 1988, quand l'Iran entreprit de perturber le commerce dans le golfe Persique et

6. Extrait d'un câble déclassifié, daté de septembre 1980, expédié de Bagdad à Washington par la section « US Interests », qui traitait d'autres points et dont le sujet était « Next Steps in the Iraq-Iran Confrontation ».
7. Extrait d'un document non daté du département d'État, vraisemblablement rédigé à la fin de 1981.

que la guerre prit fin par une suite de tragédies chez les civils. Les Irakiens gazèrent les Kurdes dans le nord du pays, massacre dont on n'obtint les preuves que des années plus tard. Et le 3 juillet 1988, un navire de guerre américain qui croisait dans le golfe Persique abattit un appareil commercial iranien (le vol 655), dont tous les passagers périrent. Les Américains ont toujours soutenu que l'avion se dirigeait directement vers le *USS Vincennes*, dont le capitaine livrait alors combat à des canonnières iraniennes, et qu'il avait refusé de s'identifier. George Bush (père), alors vice-président de Ronald Reagan et engagé dans une campagne électorale pour sa réélection en novembre, rejeta carrément sur les Iraniens la responsabilité de l'incident. Cette tragédie n'aurait pas eu lieu, déclara-t-il, si l'Iran s'était conformé à une résolution du Conseil de sécurité des Nations Unies qui exigeait de mettre fin à sa guerre contre l'Irak. Dans un discours prononcé devant ce conseil quelques jours plus tard et alors que les médias américains critiquaient cette attaque, il justifia la présence de navires de guerre américains dans le golfe Persique par le fait que l'Iran avait entrepris d'en miner les eaux afin de perturber la navigation commerciale : « Si [l'Iran s'attaque à] des navires neutres et mouille des mines dans des eaux internationales, c'est là une affaire qui concerne tous ceux qui attachent de l'importance à la liberté [8] » – propos dont l'hypocrisie donne froid dans le dos si l'on songe que la CIA avait, à peine quelques années auparavant, miné les ports du Nicaragua et endommagé neuf navires marchands dans des eaux internationales.

L'Iran et l'Irak allaient finalement convenir d'un cessez-le-feu en 1988. L'Irak disposait alors de la plus grande armée du Moyen-Orient, plus importante même que celle d'Israël. Cet appareil militaire avait été construit, en grande partie, avec l'aide des États-Unis, en dépit de règles rigoureuses touchant à la nature du matériel et des munitions livrables à l'Iran et à

8. Extrait d'un câble déclassifié daté de juillet 1988 et qui rapporte les propos de George Bush (père) à propos de l'affaire de l'Iranair tenus le 14 juillet.

l'Irak en temps de guerre. C'est ainsi qu'en avril 1985, Sperry Corporation – fabricant américain d'ordinateurs – sollicitait directement de George Schultz, alors secrétaire d'État, l'autorisation de conclure avec l'Irak la vente d'ordinateurs utilisés dans l'aviation. Craignant que les Irakiens ne les utilisent pour perfectionner leur système de lancement de missiles, le département de la Défense avait suspendu la transaction. Schultz communiqua immédiatement, au nom de Sperry, avec le secrétaire à la Défense et l'invita instamment à autoriser la vente, évaluée à 9 millions de dollars. Aucun dossier n'indique qu'elle ait été conclue, mais il ressort clairement d'un rapport intitulé « U.S. Exports to Irak : 1985-1990 », publié en 1991 par le Wisconsin Project on Nuclear Arms Control, que d'autres produits américains ont été vendus à l'Irak et ont servi à développer sa technologie de lancement de missiles à tête nucléaire.

En outre, les États-Unis n'ont jamais interrompu leurs relations commerciales avec l'Irak durant la guerre. En 1986, vingt-six grandes entreprises américaines ont présenté leurs produits à l'exposition commerciale internationale de Bagdad[9]. Jusqu'au déclenchement de la guerre du Golfe, en 1991, les Américains ont continué d'accorder à l'Irak des crédits pour l'achat de produits agricoles américains. Et en 1989, Saddam Hussein donnait audience à une délégation de cadres supérieurs appartenant à de très grandes sociétés américaines, telles que Westinghouse et Bell Helicopter. Les exportations américaines vers l'Irak avaient alors atteint une valeur de 1,5 milliard de dollars, contre à peine 600 millions trois ans auparavant. La rencontre de 1989 fut cordiale. On évita de parler de droits de la personne et du gazage des Kurdes, et Saddam Hussein fit bien comprendre qu'il était disposé à pardonner aux Américains d'avoir vendu des armes à l'Iran pendant la guerre. À cette époque, les États-Unis s'apprêtaient à adopter une loi qui eût imposé à l'Irak des sanctions relatives à l'ins-

9. Ce fait était souligné dans une lettre adressée à George Schultz le 20 novembre 1986 par le United States-Iraq Business Forum.

pection des armements, de sorte que Saddam Hussein avait tout intérêt à se montrer agréable face à ces hommes d'affaires. Mais une requête de ses interlocuteurs le trouva intraitable : celle de restructurer la dette à court terme de son pays, ce qui lui aurait permis d'obtenir une augmentation de crédits et, suppose-t-on, d'acheter davantage de produits américains. Malgré son insistance, la délégation américaine s'en retourna déçue. Un groupe de banquiers reprit la même requête et se heurta à la même réponse : le chef irakien estimait pouvoir résoudre le problème de sa dette nationale par une augmentation des ventes de pétrole [10].

La même année, un groupe de membres du Congrès pressa Lawrence Eagleburger, alors sous-secrétaire d'État, d'agir de concert avec Volvo-GM et avec le gouvernement irakien pour assurer le financement d'une usine d'assemblage de camions en Irak. Les pièces seraient fabriquées aux États-Unis, expédiées en Irak pour y être assemblées et les camions vendus au Moyen-Orient. « Pour des camions et plusieurs autres produits industriels, ajoutait la lettre des politiciens, le Moyen-Orient et l'Afrique offrent les seules perspectives d'exportation importantes [11] ».

Moins d'un an plus tard, les États-Unis se préparaient à entrer en guerre contre l'Irak parce que ce pays avait envahi le Koweït. Saddam Hussein prétendait que le Koweït, un allié des Américains, s'était livré à une surproduction de pétrole, entraînant une chute des prix qui privait l'Irak de 14 millions de dollars – somme sur laquelle il comptait pour redresser son économie. Le président George Bush (père) diabolisa Saddam Hussein en le dépeignant comme un Adolf Hitler moderne et invoqua le gazage des Kurdes et l'absence de libertés démocratiques en Irak comme preuve de l'illégitimité du dictateur et de

10. Ces visites d'hommes d'affaires et de banquiers sont mentionnées dans deux documents du département d'État, datés de juin 1989 et dont l'un s'intitulait « The Iraqi debt and U.S. business opportunities ».

11. La lettre est datée du 4 août 1989.

la nécessité d'une contre-attaque américaine sous l'égide des Nations Unies. C'était là une volte-face complète de la politique suivie par les Américains à peine dix ans auparavant lorsque l'Irak – dont le régime n'était pas moins cruel en 1990 qu'il ne l'était en 1980 – avait envahi l'Iran et que les États-Unis étaient demeurés neutres. Qu'est-ce qui avait donc provoqué ce revirement ?

Tout d'abord l'Union soviétique ne constituait plus une menace. Chancelant depuis la chute du mur de Berlin en 1989, le régime n'était plus qu'à quelques mois de sa désintégration. Ses dirigeants cherchaient à améliorer leurs relations avec les États-Unis. L'URSS, cette fois, ne serait pas une alliée de l'Irak. Il semble aussi que Saddam Hussein n'ait pas été aussi ouvert qu'il aurait pu l'être aux conseils financiers des gens d'affaires américains, ralentissant ainsi leur expansion vers le lucratif marché du Moyen-Orient. À cela s'ajoute le soutien apporté par l'Irak aux Palestiniens et son aide aux terroristes arabes. De plus, l'Irak possédait désormais la plus grande armée de la région. Et finalement, il sautait aux yeux que Saddam Hussein n'allait pas quitter le pouvoir de sitôt ; son autorité sur le pays était plus résistante que jamais aux ingérences de la CIA. Une fois de plus, on eut un bel exemple de l'élasticité morale des États-Unis ; ils se porteraient à la défense des frontières d'un autre pays, égard qu'ils n'avaient pas eu envers l'Iran en 1980 et, à vrai dire, envers la plupart des pays européens au début de la Seconde Guerre mondiale.

La guerre du Golfe ne fut pas tant une guerre qu'un combat inégal entre la seule superpuissance mondiale et un pays de taille analogue à celle de la Californie. Elle dura précisément quarante-deux jours. La coalition dirigée par les États-Unis – c'est-à-dire, en fait, les forces armées américaines accompagnées de quelques rajouts étrangers – décida que la manière la plus expéditive d'expulser du Koweït les forces irakiennes consistait à cibler les installations militaires et gouvernementales de l'Irak même, ainsi que ses infrastructures civiles telles les usines de traitement d'eau et les centrales électriques. Une fois le pays en ruine, trente-huit jours plus tard, la coalition fit entrer ses troupes terrestres au Koweït et en chassa les derniers soldats irakiens.

Depuis des navires, des batteries de missiles et des avions, les Américains déversèrent sur l'Irak un nombre inquiétant de bombes, c'est le moins que l'on puisse dire. En matière de poids, elles totalisèrent 88 500 tonnes, dépassant ce que les États-Unis avaient déversé sur le Japon durant toute la Seconde Guerre mondiale, exclusion faite des bombes atomiques. Sur deux cent cinquante mille bombes, trois mille furent larguées sur la seule ville de Bagdad [12]. Les États-Unis s'efforcèrent de présenter les lancements de missiles et les bombardements comme des œuvres de précision militaire qui limitaient les « dommages collatéraux ». La télévision était pleine d'images montrant des missiles guidés au laser qui s'écrasaient sur des bâtiments du ministère irakien de la Défense. Mais ces charges explosives dites « intelligentes » ne représentèrent qu'une infime fraction des bombes lancées sur l'Irak ; 90 % étaient du type conventionnel, c'est-à-dire des projectiles qui détruisent brutalement tout ce qui entoure le point d'impact. On compte parmi elles des bombes à fragmentation, des Daisy Cutters (effeuilleuses de marguerites) et des Fuel Air Explosive (engin à explosifs gazeux) – il s'agit d'un explosif ultrapuissant qui anéantit tout ce qui se trouve dans un rayon de 15 000 mètres et qui est considéré comme une arme de destruction massive plutôt que comme une bombe de type conventionnel. Les États-Unis utilisèrent aussi en Irak des bombes incendiaires et du napalm [13]. Ils soumirent à un bombardement intensif la ville de Bassora, agglomération de huit cent mille habitants dont ils prétendirent, ce qui était ridicule, qu'elle était un objectif militaire et vide de civils lorsque les bombes l'atteignirent. Et, dans ce qui

12. Paul Walker, *The Myth of Surgical Bombing in the Gulf War*. Document trouvé sur le site suivant : http://deoxy.org/wc/wc-myth.htm. À l'époque où il rédigea ce document, Paul Walker était directeur du Institute for Peace and International Security au Massachusetts Institute of Technology.

13. *Ibid.*

est probablement la plus ignoble opération de cette guerre, des avions américains bombardèrent et mitraillèrent des soldats irakiens qui se retiraient du Koweït en arborant le drapeau blanc. Des milliers d'hommes furent ainsi massacrés le long de ce qu'on appela « l'autoroute de la mort » (the Highway of Death). À bord du porte-avions *USS Ranger*, un reporter fit parvenir cette description de l'activité qui régnait à bord au moment où les avions décollaient en direction du lieu d'abattage :

> Les frappes aériennes sur les troupes irakiennes en retraite étaient lancées à une telle allure que les pilotes disaient qu'ils chargeaient leurs appareils des bombes qui se trouvaient les plus proches du pont d'envol, peu importait leur type. Les équipages, qui travaillaient aux accents du thème musical de *The Lone Ranger*, négligeaient souvent les bombes les mieux adaptées [...] parce que leur chargement prenait trop de temps [14].

L'Irak s'étant retiré du Koweït, la guerre était terminée. Les États-Unis n'avaient pas reçu des Nations Unies le pouvoir de marcher sur Bagdad et de chasser Saddam Hussein. De même ne souhaitaient-ils pas établir un gouvernement de transition ou reconstruire le pays qu'ils avaient détruit. Ils se retirèrent donc, abandonnant de nombreux dissidents qui s'étaient soulevés à l'appel du président Bush, et à qui il ne restait plus qu'à être arrêtés et exécutés par un leader irakien encore bien en selle.

Les États-Unis laissèrent derrière eux un pays ruiné, moins apte qu'avant à s'occuper de ses citoyens et soumis à des sanctions que Hussein, c'était inévitable, utilisa pour opprimer davantage son peuple. On laissait aux Nations Unies le soin de surveiller et de reconstruire l'Irak, mission que cet organisme avait lui-même générée en autorisant et en donnant son appui à la guerre menée par les États-Unis.

---

14. Cité par Joyce Chediac, dans « The Massacre of Withdrawing Soldiers on "The Highway of Death" ». Ce rapport est accessible sur le site suivant : http://deoxy.org/wc/wc-death.htm.

Et voilà qu'en 2002 l'Irak est devenu un membre à part entière de l'« axe du mal » de George W. Bush. Saddam Hussein a tout simplement refusé de plier devant les États-Unis. Il a mis à la porte les inspecteurs des Nations Unies en 1998 et était, en 2002, l'ennemi le plus dangereux des Américains. Laurie Mylroie, auteur et professeur d'université, a publié en 2000 un livre sur l'attentat du World Trade Centre en 1993, ouvrage qu'elle a revu et augmenté après le 11 septembre 2001 [15]. Elle y apporte des preuves convaincantes de ce que le gouvernement irakien était le cerveau de l'opération de 1993 et qu'il était presque certainement de mèche avec Oussama ben Laden dans l'opération qui détruisit les tours jumelles en 2001. Elle note que Saddam Hussein fut le seul chef d'État étranger à se féliciter des attaques du 11 septembre et donne un extrait de sa déclaration :

> Indépendamment des sentiments humanitaires conflictuels suscités par les événements survenus hier aux États-Unis, il demeure que les États-Unis récoltent ce que leurs dirigeants ont semé dans le monde. [...] Ceux qui considèrent comme précieuse et chère la vie de leur population doivent se souvenir que les vies des populations du monde sont également précieuses et chères à leurs familles [16].

Les preuves, apportées par Mylroie, de la participation irakienne à l'attentat de 1993 ne sont pas concluantes – il n'en existe aucune de tangible –, mais elles sont accablantes. Quant à savoir si l'Irak est en cause dans l'attaque dirigée par ben Laden : « Nous disposons déjà des indices qui montrent que l'Irak y est probablement impliqué. Ben Laden a des liens connus avec les services de renseignements irakiens. Ses objectifs, en outre, rejoignent ceux de l'Irak : renverser le gouvernement saoudien, mettre fin à la présence américaine dans le Golfe et faire lever les sanctions contre l'Irak [17]. » Ce à quoi s'ajoute

15. Laurie Mylroie, *The War Against America : Saddam Hussein and the World Trade Center Attacks : A Study of Revenge*, New York, Harper Collins, 2001.
16. *Ibid.*, p. 253.
17. *Ibid.*, p. 252.

certainement, chez Saddam Hussein, le désir de venger sa défaite au Koweït et la destruction de son pays.

Comme toute personne honnête, Mylroie ne tente pas de défendre ou de justifier les attaques du 11 septembre ; tout au plus fait-elle remarquer que Saddam Hussein n'a pas été « créé » dans une sorte de vide, sans les États-Unis. En 1988, les Américains cherchaient à se rapprocher du leader irakien, en 1980 ils avaient fermé les yeux sur son invasion de l'Iran, et voilà qu'en 1991 ils tapissaient son pays de bombes parce qu'il avait envahi un pays voisin. Les États-Unis ont réduit à l'isolement un régime qu'ils avaient jadis toléré et se trouvaient, en 2002, confrontés à la tâche de terminer ce qu'ils avaient entrepris.

L'« axe du mal » n'a donc rien d'un axe et n'est pas vraiment « mauvais ». Aucune alliance n'existait en 2002 entre ces trois pays et un seul d'entre eux pourrait être considéré comme une menace directe pour le territoire américain. L'inclusion de la Corée du Nord dans cette trinité impie tient probablement à sa situation dans le Pacifique, où les États-Unis cherchent toujours une raison de maintenir leurs forces militaires. L'Iran, c'est-à-dire son régime, est un Frankenstein de fabrication américaine que les États-Unis préféreraient chasser à coup d'émeutes plutôt que de le comprendre. L'Irak est un ennemi que les États-Unis ont été incapables d'amener à la table de négociations, et le seul obstacle à leur hégémonie au Moyen-Orient – où est concentrée 70 % de la production mondiale de pétrole dont l'essentiel est exporté aux États-Unis à prix réduit.

De plus, le désir de Saddam Hussein d'unifier le monde arabe s'oppose directement au nouveau mantra des États-Unis : ne jamais plus laisser un autre pays accéder au statut de superpuissance. On a craint au printemps de 2002 que les États-Unis et leurs alliés n'aient équipé Hussein d'armes chimiques et peut-être biologiques, de même que d'une technologie lui permettant d'expédier des missiles armés à de grandes distances, peut-être même en Europe de l'Ouest. Quant au leader irakien, confronté à une crise économique et à une augmentation correspondante de la dissidence, il est devenu encore plus impitoyable. Selon Amnistie Internationale, ses forces de sécurité ont procédé, en 2000, à la décapitation d'objecteurs de conscience et à l'amputation de la langue de personnes prétendument coupables d'avoir diffamé le gouvernement ou son président. On rapporte le cas, qui se passe de commentaires, d'un ex-général en exil qui reçut par la poste, expédié par les services de renseignements irakiens, une bande vidéo montrant le viol d'une parente. Il reçut plus tard un appel téléphonique, provenant de la même source, qui lui demandait s'il avait été satisfait de son « cadeau » et l'informait que sa parente était toujours détenue au même endroit.

Tout indiquait, au printemps de 2002, que les États-Unis et l'Irak se dirigeaient vers une épreuve de force, et que cet affrontement allait mal finir.

Chapitre 10

L'intégrisme à l'américaine

> Nous remercions Dieu d'avoir mis la bombe entre nos mains plutôt qu'entre celles de nos ennemis ; et nous prions pour qu'Il nous amène à l'employer à Ses fins et comme Il le voudrait.
>
> Harry Truman, à propos de la bombe atomique

Si vous lisez une interview de ben Laden, vous êtes forcé de naviguer sur une mer d'invocations et de louanges à l'adresse de son Dieu. Est-ce différent du spectacle d'un prédicateur américain qui, à la télévision le dimanche matin, conduit ses ouailles à l'extase divine ?

> Journaliste du réseau ABC : On vous accuse d'être le cerveau des attentats contre les ambassades américaines au Kenya et en Tanzanie. Est-ce vrai ?
> Oussama ben Laden : Gloire soit rendue à Dieu, Celui qui aime et soutient les Mondes. Paix et bénédiction soient sur le prophète Mahomet, sur ses compagnons et sur sa famille. Permettez-moi d'abord de dire[1]…

1. Transcription du bulletin de nouvelles du 22 décembre 1998, accessible sur ABCnews.com.

Et il en va ainsi tout au long de l'interview. Les réponses de ben Laden sont régulièrement précédées ou ponctuées de ces mots : « Par la grâce de Dieu, louanges et gloire lui soient rendues… » L'individu se présente à ses partisans comme un pieux musulman. À ses détracteurs, il apparaît comme un fondamentaliste religieux, qui justifie ses actes par une interprétation simpliste des textes sacrés, un homme qui se revêt d'une piété dont il croit qu'elle lui commande de tuer des hommes, des femmes et des enfants. « Nous continuerons dans cette voie parce qu'elle fait partie de notre religion et parce que Dieu, louanges et gloire lui soient rendues, nous a ordonné de poursuivre la djihad afin que Sa parole demeure portée aux nues. » Sans doute les Américains dressent-ils l'oreille quand ben Laden s'exprime ainsi ; ils ont le sentiment de savoir à qui ils ont affaire.

Qu'éprouve, dès lors, le reste du monde lorsqu'un président américain – en l'occurrence Harry Truman – remercie son Dieu d'avoir donné la bombe atomique aux États-Unis ?

> Nous remercions Dieu d'avoir mis la bombe entre nos mains plutôt qu'entre celles de nos ennemis ; et nous prions pour qu'Il nous amène à l'employer à Ses fins et comme Il le voudrait[2].

Placé dans la même situation, ben Laden ne se fût guère exprimé différemment. Et telle serait aussi la dernière invocation du porteur de bombes, au moment d'aller au paradis et d'expédier une douzaine d'Israéliens dans l'enfer de l'Islam. Or, George W. Bush ne s'exprime pas autrement lorsqu'il diabolise les ennemis des États-Unis, invoque Dieu au nom de la vengeance et entreprend de prêcher « le bien contre le mal ». C'est là une imitation troublante de ce que plusieurs redoutent de l'Islam réactionnaire. Andrew Reding, chercheur associé du World Policy Institute, pense qu'elle inquiète les alliés des États-Unis.

2. Robert Jay Lifton et Greg Mitchell, *Hiroshima in America : A Half Century of Denial*, New York, Avon Books, 1995, p. 28.

> Lorsque le président Bush emploie des mots comme « guerre » ou « croisade » pour décrire la réplique américaine aux attentats terroristes, on s'inquiète partout en Europe. Ces mots sont bien reçus dans l'Amérique profonde, mais pas à Paris, à Madrid et à Berlin, où ils s'entourent d'un désagréable halo de fanatisme religieux. [...] Lorsque Jerry Falwell et Pat Robertson [populaires prédicateurs américains] laissent entendre que les attentats terroristes ont peut-être été une punition de Dieu pour les manquements des États-Unis à la morale chrétienne, les Européens tiquent davantage. En vertu de ces critères, en fait, il eût été plus logique de viser l'Europe. La prostitution est légale à Amsterdam et à Copenhague. Le mariage des homosexuels et des lesbiennes est admis aux Pays-Bas. La Belgique vient tout juste de décriminaliser la possession de marijuana. On trouve, à Bruxelles, des distributrices de bière, et la nudité est autorisée sur les plages publiques dans toute l'Europe.
>
> Pour les Européens, les États-Unis, qui sont un grand pays à bien des égards, ont beaucoup trop de points communs avec les forces qu'ils entendent combattre. Leur gouvernement est trop réceptif aux exigences des fondamentalistes religieux. Afin de se conformer à des concepts moraux de nature religieuse, il prive ses citoyens de certaines libertés individuelles. Et sa réaction instinctive à la violence perpétrée par les extrémistes islamistes est d'appeler à la « guerre » et à la « croisade » contre « le mal ».
>
> En quoi, se demandent les Européens, cela est-il différent des appels à la djihad contre « le Grand Satan[3] » ?

Ce genre de propos a le don de faire s'étouffer d'indignation les conservateurs américains. Comment Reding peut-il comparer le mode de vie américain – libertés individuelles, traditions démocratiques et gouvernement laïque – avec les théocraties réactionnaires, les dictatures et les camps terroristes du monde arabe ? C'est le jour et la nuit, le noir et le blanc, eux et nous. L'Américain moyen se sent tout aussi insulté lorsqu'on laisse entendre qu'il n'est guère différent de l'Arabe moyen, qu'il n'est pas intrinsèquement meilleur. Les États-Unis ne sont-ils pas le pays où chacun veut émigrer, le phare de

---

3. Andrew Reding, « Quid Pro Quo : Europe Needs U.S. to Recognize EU Power », worldpolicy.org. (3 octobre 2001). Article trouvé sur le site suivant : www.worldpolicy.org/americas/usa/01-1003-pns-usa-europe.html.

liberté dont l'éclat est si brillant qu'un terroriste islamiste a tenté de l'étouffer ?

Tout cela est partiellement vrai, mais Reding met le doigt sur un point important. Les États-Unis sont depuis longtemps sous l'emprise de leurs fondamentalistes religieux, et cette emprise n'a jamais été aussi forte qu'au cours des deux décennies qui ont précédé le 11 septembre. Tout comme le fait l'Iran, les fondamentalistes américains diabolisent leurs ennemis et survinrent leurs héros et leurs idoles au point de les déifier, cependant que leurs dirigeants supplient leur Dieu de les conduire dans les sentiers d'une vertu politiquement commode.

Au nom de la morale, les citoyens américains peuvent être tués s'ils s'aventurent dans une clinique d'avortement et arrêtés pour s'être adonnés, au lit, à des pratiques sexuelles non orthodoxes. Les prévenus condamnés pour crimes non violents sont sujets à des peines d'emprisonnement de centaines d'années et soumis, en prison, à cette pratique institutionnalisée qu'est devenu le viol perpétré par leurs codétenus. On ne tranche pas les mains des trafiquants de drogue et l'on ne les soumet pas à la flagellation en public ; on les entasse plutôt dans des cages, dans des prisons à sécurité maximum où ils sont privés de tout contact humain. Comme l'Iran et l'Irak, mais contrairement au Canada et à tous les pays membres de l'Union européenne, les États-Unis exécutent des prisonniers, même les débiles mentaux et ceux qui ont commis un meurtre avant leur majorité. En matière d'exécution de détenus, les États-Unis sont les leaders du monde démocratique.

Quant à la démocratie, sur quoi repose l'identité américaine, les États-Unis ont laissé la partisanerie et la malhonnêteté en corrompre la plus précieuse institution à un point tel que moins de la moitié de la population se donne désormais la peine de voter, et de nombreux citoyens ne sont pas certains que Bush n'ait pas volé l'élection qui l'a fait président en 2000. Se pourrait-il qu'une révolution de palais ait eu lieu aux États-Unis ?

Du fondamentalisme à la *Moral Majority*

La plupart des enquêtes sont formelles: c'est aux États-Unis que la pratique religieuse est la plus élevée du monde. Les estimations varient, mais un fait demeure: alors que la fréquentation des églises a chuté dans presque tous les autres pays chrétiens depuis vingt-cinq ans[4], elle s'est relativement maintenue aux États-Unis et y était supérieure en 2002 à ce qu'elle était dix ans auparavant[5]. Il faut savoir qu'à l'origine, l'Amérique était le refuge de ceux que leur religion menait en prison. Elle était et demeure, note le *Scientific American*, « un marché libre sur le plan religieux, et un marché libre favorise la concurrence entre les diverses confessions qui cherchent à attirer de nouveaux membres[6] ». Alors que les Églises européennes stagnaient ou déclinaient parce qu'elles étaient attachées à des traditions et à des valeurs qui ne correspondaient plus à la modernité, les Églises américaines, y compris la protestante et la catholique, se donnaient des allures populistes qui attiraient les croyants de toutes tendances. Ce populisme date des années 1880, à l'époque où les Églises protestantes devinrent les principales confessions du pays.

---

4. Le *Scientific American* rapporte, sur le « Christian differences » (www.sciam.com/1999/0799issue/0799numbers.html), que le pourcentage des Américains qui fréquentaient l'église une fois par mois durant les années 1990 était de 55 %, comparé à 25 % en Angleterre, 17 % en France, 38 % en Espagne, 8 % en Russie, 47 % en Italie et 25 % en Australie. L'Irlande faisait exception avec 88 % ; l'Irlande du Nord était à 69 %.
5. Gallup publie un index annuel des principaux indicateurs religieux pour les États-Unis. Il est basé sur huit questions. Selon les données recueillies en 2001 : 95 % disaient croire en Dieu ; 91,7 % indiquaient une préférence religieuse ; 65,6 % appartenaient à une Église ; 41,1 % étaient allés à l'église au cours de la semaine précédente ; 57,7 % affirmaient que la religion était très importante dans la vie ; 61,7 % pensaient qu'elle répondait à leurs problèmes ; 59,7 % faisaient « très confiance » aux religions organisées ; et 63,9 % estimaient très élevées les normes morales du clergé. Ces données produisaient un indicateur religieux de 671 en 2001, contre 653 en 1992. L'index le plus élevé (746) fut enregistré en 1956 et le plus bas (651) en 1989.
6. Rodger Doyle, « Christian Differences », site du *Scientific American* : www.sciam.com/1999/0799issue/0799numbers.html.

Les vieilles confessions furent bientôt éclipsées par les méthodistes et les baptistes qui, par leurs réunions de renouveau (*revival meetings*) et leurs prêcheurs itinérants, promettaient la vie éternelle aux vertueux et le feu de l'enfer aux pécheurs. Relativement peu instruits, leurs pasteurs étaient, de plus, naturellement proches d'une population dont ils étaient en général directement issus. Vers le milieu des années 1880, les méthodistes tenaient le haut du pavé ; mais la ferveur déclina parallèlement à l'enrichissement des fidèles et à l'augmentation du nombre de ministres formés dans des séminaires, de sorte que des membres de cette Église, qui avaient soif d'un enseignement plus proche de l'évangile, la quittèrent pour fonder d'autres Églises [7].

L'Église catholique américaine, qui adopta l'approche évangélique des méthodistes et des baptistes, était devenue, dans les années 1990, la plus importante du pays (bien que deux fois plus d'Américains appartiennent aux diverses confessions protestantes). Selon l'édition 1996 de l'*Encyclopedia of American Religion*, on comptait aux États-Unis plus de deux mille cent cinquante confessions religieuses organisées, depuis les Églises traditionnelles jusqu'aux organisations farfelues dotées de noms tels New Enlightened Inspired Living, Nudist Christian Church of the Blessed Virgin Jesus et Original Hebrew Israelite Nation [8].

Cette édulcoration de la religion a toujours hérissé les traditionalistes et provoqué, à certaines époques de l'histoire américaine, des appels à un retour aux sources. Un de ces mouvements les plus importants vit le jour dans l'Église protestante aux premières heures du XXe siècle. Il donna naissance à l'idée de fondamentalisme religieux. Tel fut même, plus précisément, son appellation : fondamentalisme. On pense que ce mot fut d'abord prononcé au cours d'une conférence sur la Bible tenue à Niagara Falls en 1910, en réaction à ce que l'on considérait comme un affaiblissement de la morale et des valeurs protestantes. Les frères Milton et Lyman Stewart publièrent *The Fundamentals*, diatribe en douze volumes qui

7. *Ibid.*
8. Mark A. Noll, « Religion », *The Oxford Companion to United States History*, édition 2001, p. 658.

exhortait les protestants à revenir à une interprétation littérale de la Bible ; tellement stricte était cette lecture qu'elle obligeait ses adeptes à croire qu'Adam et Ève avaient entouré leur demeure d'une clôture pour se protéger des dinosaures [9]. Ce sont les fondamentalistes qui provoquèrent en 1925 le procès Scopes, du nom d'un enseignant poursuivi devant les tribunaux pour avoir enseigné la théorie de l'évolution après que l'État du Tennessee l'eut interdit. Scopes perdit sa cause et se vit imposer une amende de 100 dollars, mais cette *cause célèbre* embarrassa les fondamentalistes, qui furent dès lors considérés comme un groupe ignorant et intolérant, incapable de se plier au premier amendement (largement méconnu) de la Constitution, qui décrète la séparation de l'Église et de l'État.

Par la suite, le mouvement fondamentaliste cessa d'appartenir aux grands courants religieux du pays. Mais il n'en disparut pas pour autant.

> Les fondamentalistes créèrent plutôt un réseau d'organisations non confessionnelles qui s'étendit rapidement et qui comprenait, entre autres, des maisons d'édition, des conseils de mission et des stations de radio. Quelque soixante-dix instituts bibliques, répartis dans tout le pays, formaient le centre de ce réseau [10].

Après la Seconde Guerre mondiale, ces instituts bibliques suscitèrent une renaissance du mouvement et transformèrent en grandes vedettes des prédicateurs tels que Billy Graham. Les adhérents se divisaient alors entre les purs et durs de la vieille génération et les plus jeunes qui étaient prêts à tolérer, sinon à adopter, la théorie de l'évolution. Mais les fondamentalistes allaient connaître leur plus fracassant succès durant les années 1970, au moment où l'âme américaine se sentait quelque peu à la dérive et était en quête de renouveau.

> Le fondamentalisme avait toujours été associé au patriotisme, au militarisme et au libre marché ; lorsque ces sentiments redevinrent

9. www.wfu.edu/~matthetl/perspectives/twentyone.html.
10. William Vance Trollinger Jr., « Fundamentalist Movement », *The Oxford Companion to United States History*, édition 2001, p. 295.

à la mode dans l'Amérique de l'après-Viêt-nam et de l'après-Watergate, les fondamentalistes politiquement motivés, qui avaient toujours rêvé de recréer une « Amérique chrétienne », tinrent un rôle important et manifeste dans la renaissance de la droite [11].

Entre alors en scène Jerry Falwell, fondateur et leader de la Moral Majority, organisation qui vit le jour en 1979, un an avant l'élection de Ronald Reagan. Depuis longtemps prédicateur à la télévision, Falwell exploita le sentiment fondamentaliste latent et le transforma en un puissant lobby politique.

Organisation politique « provie, profamille, promorale et pro-États-Unis », la Moral Majority mobilisa des Américains de la base pour s'opposer à la pornographie, à l'avortement, aux mouvements en faveur des droits des gais et des lesbiennes, pour appuyer un accroissement des dépenses militaires, la peine de mort et le régime de libre entreprise, et pour élire des candidats qui partageaient ces objectifs [12].

La Moral Majority fut un facteur clé de l'élection de 1980 et compta parmi les partisans les plus véhéments de Reagan. Lorsque celui-ci fut élu, l'organisation de Falwell acquit un prestige nouveau et une grande visibilité. Elle ferma cependant ses portes en 1989, victime d'une mauvaise gestion et de la déchéance d'autres télévangélistes, tel Jim Baker qui fut surpris en 1987 alors qu'il trompait sa femme (Tammy Faye) et condamné en 1989 pour fraude, relativement aux activités de collecte de fonds de son empire économico-religieux. La Moral Majority s'intégra alors à la Christian Coalition, autre groupement néo-fondamentaliste dont le fondateur, Pat Robertson, avait échoué en 1988 dans sa tentative de devenir le candidat républicain à l'élection présidentielle. Les succès de la Christian Coalition surpassèrent, et de beaucoup, ceux de la Moral Majority.

La Christian Coalition mena plusieurs campagnes à l'échelle locale, dans les commissions scolaires, les conseils municipaux et

11. *Ibid.*
12. William Vance Trollinger, « Moral Majority », *The Oxford Companion to American History*, édition 2001, p. 514.

les élections à la mairie. Mais elle fut aussi très puissante sur le plan national en contribuant à la victoire du candidat ultraconservateur lors de l'élection sénatoriale de 1990 en Caroline du Nord et en suscitant un mouvement d'appui populaire au cours des audiences qui allaient confirmer, en 1991, la nomination de Clarence Thomas à la Cour suprême. Elle connut son succès le plus manifeste en 1994, alors qu'elle aida puissamment à assurer un balayage républicain aux élections au Congrès [13].

Robertson, qui convint avec Falwell que les attentats du 11 septembre étaient une punition que Dieu infligeait à l'Amérique « pour avoir toléré les féministes, les gais et les lesbiennes, les libertaires et certains juges fédéraux [14] », ne laissa jamais la modération et la tolérance, et encore moins le pardon chrétien, colorer son discours fondamentaliste. Il avait l'allure, la plupart du temps, d'un homme à qui siérait mieux un poste au sein du gouvernement de l'ayatollah Khomeyni plutôt que le rôle d'important porte-parole des « valeurs américaines ». Quelques extraits de ses propos :

> Le communisme est une invention d'intellectuels germano-juifs [15].
>
> Comment la paix peut-elle exister lorsque des ivrognes, des revendeurs de drogue, des communistes, des athées, des adeptes du nouvel âge, des adorateurs de Satan, des humanistes laïques, des dictateurs oppresseurs, des agents de change rapaces, des révolutionnaires assassins, des adultères et des homosexuels dominent le monde [16] ?
>
> Lorsque le non-respect des lois s'étend partout dans le pays, il doit arriver ce qui est arrivé en Allemagne nazie. L'entourage d'Adolf Hitler comptait de nombreux adorateurs de Satan et de nombreux homosexuels – il semble que l'un ne va pas sans l'autre [17].

---

13. William Vance Trollinger, « Christian Coalition », *The Oxford Companion to American History*, édition 2001, p. 118.
14. Michael Lind, *op. cit.*
15. *The New World Order* (1991), p. 17. Cette citation et celles qui l'accompagnent ont été trouvées sur le site suivant : www.sullivan-county.com/news/pat_quotes/index.htm.
16. *Ibid.*, p. 227.
17. *The 700 Club*, 1992.

> Le projet féministe ne porte pas sur l'égalité des droits pour les femmes. Il s'agit d'un mouvement politique, socialiste et antifamille, qui encourage les femmes à quitter leur mari, à tuer leurs enfants, à pratiquer la sorcellerie, à détruire le capitalisme et à devenir lesbiennes [18].

Robertson et Falwell ont perdu une certaine crédibilité après avoir blâmé les homosexuels et les athées pour l'attentat du 11 septembre, mais ils n'en sont pas pour autant dans la rue. Les Jerry Falwell Ministries sont une puissance chez les évangélistes, de même que le Christian Broadcasting Network de Pat Robertson. Celui-ci quitta la présidence de la Christian Coalition en décembre 2001, mais l'héritage et l'influence du fondamentalisme religieux n'ont rien perdu sous l'administration de George W. Bush, en dépit des sermons à caractère taliban que tient la Coalition à propos des femmes, des homosexuels et des juifs. En contrôlant le Parti républicain et en le purgeant des opinions inacceptables, la Coalition « a tué le mouvement intellectuel conservateur [19] », expulsant ainsi de la droite politique toute pensée modérée et nuancée. Son influence se fait encore sentir aujourd'hui, alors que la pornographie, l'avortement, l'homosexualité et l'évolution demeurent des points de ralliement pour la droite. En Alabama, où la Constitution de l'État de 1901 comporte toujours une disposition (annulée depuis par la Cour suprême) interdisant les mariages mixtes, les manuels de biologie doivent tous, pour apaiser la Christian Coalition, porter une note expliquant que l'évolution est une « théorie controversée ». Et c'est afin de « récompenser [ses] partisans de la droite religieuse » que Bush a nommé au poste d'attorney général un John Ashcroft qui est à la fois faucon en matière militaire, antiavortement, anticontrôle des naissances et grand ami du lobby des armes à feu [20].

---

18. *The Washington Post*, 13 août 1993.
19. Michael Lind, *op. cit.*
20. *Ibid.* Ashcroft est à ce point proche du lobby des armes à feu qu'il a refusé, dans les semaines qui ont suivi le 11 septembre, de permettre au FBI de consulter les

Bush lui-même, méthodiste du Sud qui se « réengagea » envers Jésus-Christ durant les années 1980 pour régler un problème d'alcool, apporta à la Maison-Blanche un ton d'évangélisme, avant et après son élection. Durant sa campagne, il déclara que le Christ était son philosophe politique préféré[21] et, une fois élu, il n'a cessé d'évoquer l'importance de la « foi en Dieu » comme force curative de l'Amérique, bien qu'il ait pris grand soin de donner un caractère œcuménique à ses références au « Dieu tout-puissant[22] ». Devenu président, l'un de ses premiers gestes fut de supprimer les subventions fédérales aux organismes d'aide internationale qui soutiennent l'avortement et le contrôle des naissances. Ce comportement moralisateur lui valut l'admiration dans certains milieux et en inquiéta d'autres, particulièrement ceux qui tiennent au principe de la séparation de l'Église et de l'État. « Il [Bush] est passé d'une sorte de pluralisme post-11 septembre à un mode d'évangélisation présidentiel », constate le révérend Barry Lynn, directeur exécutif de Americans United For Separation of Church and State[23]. « Cet homme semble aujourd'hui éprouver la plus grande difficulté à séparer ses propres convictions religieuses de ses prises de position publiques. »

---

formulaires d'enregistrement d'armes afin de savoir si des membres présumés d'Al Qaeda vivant aux États-Unis avaient acheté des armes.

21. Relevé dans un document de la société Gallup, daté du 21 mai 2002 et intitulé « Keeping the Faith : George W. Bush and Religion ». Selon le sondage, la moitié des Américains estiment que « les fréquentes références [de Bush] à ses croyances religieuses ne modifient pas l'opinion qu'ils ont de lui, cependant que plus d'un tiers (37 %) affirment que cela améliore leur opinion du président, contre à peine 12 % qui en ont une moins bonne opinion ». Bush a donc beaucoup à gagner, de toute évidence, à faire étalage de son amour du Christ.
22. Un article de Elisabeth Bumille, publié dans le *The New York Times* du 22 avril 2002, rapporte ces propos de Bush : « Le gouvernement peut signer des chèques, mais il ne peut apporter l'espoir au cœur des gens ou donner un sens à leur vie. Cela est accompli par des gens qui ont entendu un appel, qui agissent par la foi et sont prêts à partager cette foi. Et je ne parle pas d'une religion en particulier – je parle de toutes les religions sous l'œil de Dieu tout-puissant. »
23. Elizabeth Bumiller, « Talk of Religion Provokes Amens as Well as Anxiety », *The New York Times* 22 avril 2002, toutes éditions, section National.

Cette mentalité évangélisatrice a fortement aidé l'administration Bush à diaboliser ses nouveaux ennemis dans la foulée du 11 septembre. Plusieurs commentateurs ont remarqué que cette volonté implacable de dépeindre ben Laden et ses partisans comme des incarnations du mal ressemblait aux campagnes qui tendaient à déshumaniser les communistes à l'époque de la guerre froide et les Japonais durant la Seconde Guerre mondiale (alors que 13 % des Américains, rappelons-le, étaient en faveur de l'élimination, par génocide, de la race japonaise [24]).

> Le fait que l'Amérique se découvre un ennemi qui n'est pas un simple ennemi mais qui est « le mal » a des précédents historiques parfaitement établis. De la manière dont il a toujours réagi à des menaces réelles ou imaginaires, il ressort assez nettement que ce pays vaste et hétérogène se définit lui-même, en partie, à travers ses ennemis. On a parfois l'impression que les termes utilisés par Bush, et par d'autres, pour définir les terroristes d'Al Qaeda sont nés sous la plume de Cotton Mather [25]. Depuis l'arrivée des puritains en Nouvelle-Angleterre, les dirigeants politiques et civiques ont souvent servi la même mise en garde : de sinistres conspirateurs se répandent, invisibles, dans le pays, et forment une clique d'hommes dangereux et malfaisants, acharnés à corrompre cette ville lumineuse élevée sur la colline. Comme l'a déclaré récemment l'attorney général John Ashcroft, « un démon malveillant, calculateur et implacable a surgi dans notre monde » [26].

En faisant ainsi de leurs ennemis un « mal » aux dimensions bibliques, les États-Unis prétendent à une vertu également biblique, à une hauteur morale qui exaspère le reste du monde et une minorité d'Américains, mais qui permet au gouvernement de manœuvrer plus librement parmi ceux qui partagent ses vues. Les Américains risquent moins de s'opposer aux intentions d'un président désireux de vaincre quelqu'un

---

24. Ce phénomène est évoqué au chapitre 3 du présent ouvrage.
25. NdT : Clergyman puritain (1663-1728), auteur de nombreux ouvrages, il fut un farouche partisan de l'exécution des « sorcières » de Salem.
26. Robert F. Worth, « Truth, Right and the American Way : A Nation Defines Itself By Its Evil Enemies », *The New York Times*, 24 février 2002, toutes éditions, section Week in review.

d'aussi effrayant que le diable lui-même. Les exigences de rectitude morale formulées par le président dans la foulée du 11 septembre n'étaient pas différentes de celles des deux frères de confession baptiste qui rédigèrent *The Fundamentals* au début du XXe siècle. Le fondamentalisme se porte très bien dans le monde d'aujourd'hui : en Iran, dans les cellules du réseau de ben Laden et aux États-Unis d'Amérique. Certains commentateurs laissent cependant entendre que les États-Unis auraient intérêt à modérer le ton.

> Il est certain, à la limite, que le terrorisme est une menace réelle, tout comme le meurtre de sang-froid porte outrage à la morale. Mais l'histoire des croisades menées par les Américains, fût-ce contre un mal authentique, enseigne qu'une attitude d'humilité est probablement plus efficace. La vertu se transforme facilement en pharisaïsme et il peut être difficile, pour les croisés, de distinguer l'une de l'autre[27].

L'enfer sur terre : les régimes juridique et carcéral américains

Les Américains adorent les récits de justice médiévale dans les pays musulmans fondamentalistes : homosexuels lapidés à mort, flagellation de femmes prétendument adultères, dissidents amputés de leur langue pour avoir critiqué des dirigeants du gouvernement, auteurs d'actes de vandalisme fouettés en public – ce qui arriva à un jeune Américain à Singapour en 1994 (et que de nombreux Américains considérèrent comme un juste châtiment). Les Américains, cependant, sont moins portés à s'inquiéter de la brutalité et de l'iniquité de leur propre régime juridique, même si, année après année, les groupes de défense des droits de la personne classent celui des États-Unis parmi les pires qui soient au monde. Certes, les États-Unis n'emprisonnent plus personne pour cause d'homosexualité (bien que, contrairement à certains pays européens, ils fassent

27. *Ibid.*

encore preuve de discrimination en matière de mariage ou d'adoption d'enfants) ou de relations sexuelles hors mariage (bien que certains États puissent emprisonner des gens accusés de sodomie), mais ils imposent des peines d'emprisonnement ridiculement longues à des individus condamnés pour des crimes non violents, la plupart revendeurs et utilisateurs de stupéfiants, et les enferment ensuite dans des prisons que même Charles Dickens eût difficilement imaginées. Ce pays demeure aussi une des rares démocraties à appliquer la peine capitale, en dépit de l'existence de nombreuses erreurs judiciaires et du fait que cette peine n'entraîne en rien la réduction de la criminalité. Dans cette Amérique fondamentaliste et qui a horreur du mal, le crime et le châtiment ont à peine évolué en deux cents ans.

L'aspect le plus terrible du régime carcéral américain est certainement l'institutionnalisation, dans tout le pays, du viol et de la torture des prisonniers par leurs codétenus. L'organisme Human Rights Watch, dont le nom se passe de commentaires, a soumis en avril 2001 un rapport qui souligne l'étendue du phénomène. Sur une population carcérale totale de quelque deux millions d'individus, près de un prisonnier sur cinq est violé et battu par ses codétenus dans les prisons municipales, les prisons d'État et les prisons fédérales. Plusieurs de ces victimes sont des hommes incarcérés pour des infractions mineures, par exemple pour conduite en état d'ébriété, consommation de stupéfiants et, dans un cas célèbre, amendes non payées à la bibliothèque municipale. Il s'agit souvent d'adolescents, dont certains n'ont pas dix-huit ans, que le tribunal expédie dans des prisons d'adultes. Quiconque, quel que soit son âge, est de petite taille, est faible, est intellectuel, ou présente des traits féminins, y devient immédiatement la proie de codétenus qui lui infligent les traitements les plus ignobles, tels des viols répétés et des raclées collectives, et qui en font leur esclave. Human Rights Watch révèle :

> Dans les cas les plus outranciers, il arrive qu'un prisonnier incapable d'échapper aux abus sexuels devienne l'« esclave » de son vio-

> leur. Obligé de satisfaire en tout temps les besoins sexuels d'un autre homme, il peut aussi être tenu de laver ses vêtements, de lui masser le dos, de lui faire la cuisine, de nettoyer sa cellule et de remplir diverses autres tâches. Il arrive également qu'il soit « mis en location » pour utilisation sexuelle, vendu ou même mis aux enchères auprès d'autres détenus[28].

Human Rights Watch découvrit aussi que le personnel et les directeurs des prisons étaient indifférents aux activités inhumaines qui s'y déroulaient. Selon les témoignages de très nombreux prisonniers, les gardiens à qui ils se sont plaints d'avoir été violés les ont punis ou leur ont conseillé de trouver un détenu qui sache les protéger en échange de faveurs sexuelles.

> Insuffisante et souvent insensible et irresponsable, la réaction du personnel correctionnel aux plaintes de viol est un problème fondamental. Lorsqu'un détenu prévient un gardien qu'il a été menacé de viol ou, pire encore, qu'il en a été victime, il est essentiel de faire une enquête et de le mettre à l'abri de tout autre abus. Human Rights Watch a pourtant constaté que le personnel correctionnel feint souvent d'ignorer ces plaintes ou y réagit même avec hostilité.

L'organisme rapporte, preuves à l'appui, le cas d'un garçon de seize ans nommé Rodney Hulin qui fut déclaré coupable d'incendie criminel au Texas et condamné à huit ans d'emprisonnement dans une institution carcérale pour adultes. Une fois interné, l'adolescent – léger (57 kg) et petit de taille (1,55 m) – fut immédiatement rossé, et sodomisé dans la semaine qui suivit. Les autorités ne tinrent aucun compte des rapports qu'il leur soumit à ce propos. Afin de se protéger, il contrevint délibérément aux règlements de la prison et se fit confiner en isolement cellulaire, où il se pendit deux mois après son arrivée en prison. Plongé dans un profond coma, il mourut quatre mois plus tard. Ses parents poursui-

28. Human Rights Watch a rendu public en avril 2001 le rapport intitulé *No Escape: Male Rape in U.S. Prisons*. Cette citation est extraite du communiqué de presse émis lors du lancement des résultats du rapport. Il est accessible sur le site suivant : www.hrw.org/press/2001/04/usrape0419.htm.

virent l'État du Texas et obtinrent, à l'amiable, une importante indemnisation.

Même lorsqu'il n'y a pas viol, les prisonniers sont tout de même soumis à des conditions de déshumanisation effroyable, particulièrement dans la nouvelle génération de prisons dites « de sécurité supermaximum ». Selon Amnistie Internationale, des enfants de moins de dix-huit ans sont souvent expédiés dans ces nouvelles horreurs.

> À Boscobel, prison à sécurité supermaximum dans l'État du Wisconsin, les conditions d'isolement sont cruelles et contreviennent aux normes internationales, a déclaré aujourd'hui Amnistie Internationale en demandant que les détenus de moins de dix-huit ans en soient retirés immédiatement. Les détenus de cette prison n'ont pas le droit de faire de l'exercice à l'extérieur et ne voient leurs parents que sur écran vidéo. Les détenus sujets aux mesures les plus sévères sont placés en isolement, vingt-quatre heures sur vingt-quatre, dans des cellules de béton hermétiquement fermées, sommairement meublées, sans vue sur l'extérieur, et sont privés de lecture et de tout matériel qui puisse les occuper, de programmes éducatifs ou autres, et même de montre ou d'horloge qui leur permette de se situer dans le temps.
> Selon Amnistie Internationale : « Ces conditions [de détention] constitueraient "un traitement cruel, inhumain ou dégradant" lorsqu'elles sont imposées sur une longue période, et de jeunes détenus vulnérables ne devraient jamais y être soumis ». L'organisme a fait remarquer que les normes internationales comportent une interdiction catégorique d'imposer l'isolement à des détenus adolescents[29].

Comment de telles horreurs peuvent-elles coexister avec les valeurs d'un pays civilisé ? Voilà qui apparaîtra comme un mystère à ceux qui ne sont pas Américains, mais qui prend tout son sens à la lumière de la vision intégriste du bien et du mal entretenue par les États-Unis. Les électeurs américains, poussés par des groupes tels que la Christian Coalition à s'opposer au

29. USA : Amnesty International condemns housing minors in Wisconsin supermax prison. Trouvé sur le site web.amnesty.org/ai.nsf/Index/AMR511082001?OpenDocument&of=COUNTRIES.

« dorlotement » des criminels, exigent sans cesse de leurs juges élus et de leurs procureurs[30] qu'ils réclament et imposent des sentences plus dures et inventent pour les criminels des châtiments plus brutaux – et prétendument plus dissuasifs. Les prisonniers qui se plaignent des traitements qu'on leur inflige derrière les barreaux sont habituellement considérés comme peu fiables et donc non crédibles, ou alors comme méritant tout à fait leur sort, quel qu'il soit. Les criminels américains sont véritablement les victimes de l'entreprise de déshumanisation à laquelle sont soumis tous les ennemis du pays. Durant les années 1980, la « guerre contre la drogue » de Ronald Reagan a donné des résultats aussi désolants : des dizaines de milliers d'Américains – habituellement des pauvres et des Noirs – furent sujets à des sentences dont la durée dépassait celle d'une vie humaine. « [Dans l'État de New York], un individu déclaré coupable d'avoir vendu une seule fois deux onces de cocaïne est passible de la même peine d'emprisonnement qu'un meurtrier – de quinze ans à la perpétuité[31]. »

> Il peut être juste de condamner à un long emprisonnement les trafiquants de drogue qui dirigent des réseaux étendus et violents. Mais à New York, la grande majorité des contrevenants aux lois sur les stupéfiants sont de jeunes revendeurs non violents ou des individus qui ne participent qu'incidemment à ce système : revendeurs de rue à 20 dollars la transaction, messagers d'un jour qui transportent de la drogue contre une légère rémunération, toxicomanes qui se font revendeurs pour satisfaire leur propre accoutumance. Pour ces gens, une sentence d'emprisonnement, ne serait-elle que de quelques années, peut être un châtiment sans commune mesure avec leur crime, et qui viole leur dignité d'être humain, leur droit de ne subir aucune peine cruelle et dégradante et leur droit à la liberté. De telles sentences contreviennent à la Déclaration universelle des droits de l'homme, au Traité international sur les droits civils et politiques et à la Convention contre la torture et autres traitements ou châtiments cruels, inhumains ou dégradants[32].

30. NdT : Au Canada : avocats de la Couronne.
31. De Human Rights Watch sur le site www.hrw.org/campaigns/drugs.
32. *Ibid.*

Quant à la peine de mort, les États-Unis appartiennent à ce groupe sélect d'États bourreaux dont les autres membres sont la Chine, l'Iran et l'Arabie Saoudite. À eux quatre, ces pays ont procédé, en 2001, à 90 % des exécutions commises par l'État. En tête du groupe se trouve la Chine, qui exécute annuellement des milliers de personnes ; elle est, et de loin, le pays le plus brutal en matière de peine capitale. À la faveur d'une offensive de répression du crime menée en 2001, elle a exécuté, entre avril et juillet, mille sept cent quatre-vingt-un prisonniers, soit « davantage que le nombre de personnes exécutées dans le reste du monde au cours des trois années précédentes[33] ».

Auteur de cent trente-neuf exécutions, en 2001, l'Iran occupe la deuxième place, suivi de l'Arabie Saoudite qui en a commis soixante-dix-neuf, puis des États-Unis qui a exécuté soixante-six personnes[34]. Les seules autres démocraties qui mettent à mort pour des crimes de droit commun, par opposition à des crimes contre l'État comme la haute trahison, sont les pays de langue anglaise des Caraïbes et le Japon. À titre d'adeptes de la peine de mort, les États-Unis tiennent ainsi compagnie à des collègues aussi charmants (outre les trois pays évoqués précédemment) que l'Irak, la Libye, la Syrie, la Malaisie et l'autorité palestinienne.

Au printemps de 2002, les États-Unis ont franchi une étape particulièrement importante lorsque Ray Krone devint le centième détenu en instance d'exécution à être innocenté depuis que la Cour suprême avait déclaré la peine capitale inconstitutionnelle en 1972[35]. Accusé du meurtre d'une serveuse de bar en 1991, Krone avait été reconnu coupable au terme d'une enquête policière bâclée et de preuves médico-légales peu

33. Dans le monde, le nombre d'exécutions a doublé en 2001, selon un rapport d'Amnistie Internationale daté du 4 avril 2002 et accessible sur le site suivant : web.amnesty.org/ai.nsf/Index/ACT500052002?OpenDocument&of=THEMES+PENALTY.

34. *Ibid.*

35. Richard Moran, *op. cit.*, p. 104.

fiables[36]. Il fut innocenté par un test d'ADN qui mettait en cause un autre individu déjà emprisonné pour agression sur un enfant. Or, pendant que l'on retirait ainsi cent personnes du couloir de la mort, sept cent soixante-sept autres étaient mises à mort, ce qui amena plusieurs observateurs à conclure qu'on avait certainement exécuté quelques innocents. Si la Cour suprême avait aboli la peine capitale en 1972, c'était précisément parce qu'elle était appliquée de manière arbitraire et capricieuse. Une étude a pu montrer que, durant le XXe siècle, quelque trois cent cinquante personnes furent injustement reconnues coupables de meurtre aux États-Unis et que vingt-cinq furent exécutées, non seulement à la suite d'erreurs judiciaires mais aussi de « conspirations de policiers, d'avocats de la poursuite et de la défense, de juges, de témoins et même de jurés[37] ». Chaque État de l'Union n'en a pas moins continué d'exécuter des dizaines de criminels par électrocution, balles, gaz et injection. Christopher Simmons, déclaré coupable d'un meurtre commis en 1993, alors qu'il était âgé de dix-sept ans, devait être exécuté par l'État du Missouri le 5 juin 2002. Le 28 mai, un sursis lui a été accordé dans l'attente d'une décision de la Cour suprême des États-Unis. C'est une fin qui devait lui être épargnée en vertu de la Convention internationale des droits de l'enfant de l'UNICEF[38], ainsi que de l'article 6 (5) du Pacte international relatif aux droits civils et politiques[39].

> Les deux [documents] interdisent l'imposition de la peine de mort à des accusés qui étaient âgés de moins de dix-huit ans au moment du crime. Cette interdiction est désormais si répandue qu'elle est

36. Kris Axtman, « US milestone : 100th death-row inmate exonerated », *Christian Science Monitor*, 11 avril 2002.
37. Richard Moran, *op. cit.*, p. 104.
38. L'article 3 (1) se lit ainsi : « Dans toutes les décisions qui concernent les enfants, qu'elles soient le fait des institutions publiques ou privées de protection sociale, des tribunaux, des autorités administratives ou des organes législatifs, l'intérêt supérieur de l'enfant doit être une considération primordiale. »
39. Article 6 (5) : « Une sentence de mort ne peut être imposée pour des crimes commis par des personnes âgées de moins de 18 ans et ne peut être exécutée contre des femmes enceintes. »

> devenue un principe de droit coutumier international, exécutoire par tous les pays, quels que soient les traités qu'ils aient, ou non, ratifiés [40].

Mais pas aux États-Unis, ce pays dont le président, souligne Amnistie Internationale, a juré en janvier 2002, durant son discours sur l'état de l'Union, de « ne jamais céder sur les exigences non négociables de la dignité humaine ». Dans le pays du bien et du mal, le traitement des détenus, coupables ou non, s'entoure d'un épais brouillard. L'après-11 septembre en a fourni la meilleure illustration.

Dès que le président Bush eut proclamé l'état d'urgence nationale, le 14 septembre, le pays se mit en chasse de quiconque avait les allures d'un terroriste. En quelques semaines à peine, les États-Unis avaient arrêté mille deux cents personnes, la plupart étant des ressortissants étrangers (surtout d'origine arabe ou moyen-orientale), sous l'inculpation d'infractions mineures ou d'infractions aux lois de l'immigration. Le 23 octobre 2001, Amnistie Internationale rapporta que certains d'entre eux n'étaient pas détenus comme suspects, mais comme témoins de fait et qu'on en maintenait plusieurs dans des lieux que ne connaissaient ni leur famille ni leurs avocats. Quant à leurs conditions de détention, elles étaient tout aussi inhumaines.

> Selon des témoins, deux hommes maintenus en isolement cellulaire au Centre correctionnel métropolitain de New York [...] ne peuvent faire de l'exercice, reçoivent des aliments qu'ils ne peuvent absorber en raison de leur religion, sont confinés dans des cellules non chauffées où ils ne disposent que d'une couverture, sont soumis à des fouilles à nu deux fois par jour, même s'ils ne sont autorisés qu'à des visites sans contact, et portent des chaînes aux mains et aux pieds chaque fois qu'on les sort de leur cellule [41].

40. Extrait de « In Whose Interests ? », document d'Amnistie Internationale daté du 24 avril 2002 et accessible sur le site suivant : web.amnesty.org/ai.nsf/recent/AMR510632002!Open.
41. Extrait d'un communiqué d'Amnistie Internationale daté du 23 octobre 2001 et intitulé « Amnesty International calls for respect of detainees'rights in wake of 11 September ».

Les avocats des suspects se plaignirent de ne pouvoir obtenir la moindre information sur leurs clients et l'on commença à craindre qu'il ne devienne plus difficile de les traiter selon les règles de la plus élémentaire justice. Tel est exactement ce qu'il advint lorsque, deux mois après le 11 septembre, Bush émit une directive présidentielle en vertu de laquelle les détenus seraient jugés par un organisme quasi mystérieux appelé Commission militaire. Certains ont confondu « Commission militaire » et « cour martiale », mais ces nouveaux organismes ne ressemblaient en rien à l'institution militaire fort ancienne qui administre ouvertement la justice dans les forces armées. Le régime de cour martiale comporte, entre autres subtilités juridiques, le respect de la règle de droit, le non-secret des audiences et le droit d'appel. Les commissions militaires de Bush éliminaient si brutalement ces protections contre les abus qu'elles furent immédiatement dénoncées, même par des critiques conservateurs, comme n'étant rien d'autre qu'« une manière infaillible d'aboutir rapidement à un verdict de culpabilité[42] ».

Dans cette directive émise le 13 novembre 2001, Bush prit grand soin de rappeler aux Américains leur nouvel ordre mondial. Le préambule en était formulé dans un langage qui laissait à penser que le pays était au bord de la catastrophe, ce qui correspondait, à la vérité, au sentiment des Américains. Des enveloppes contenant de l'anthrax avaient été livrées à des bureaux du gouvernement et des médias ; deux personnes en étaient mortes et le pays s'enfonçait plus avant dans la crise. Les Américains se sentaient vulnérables, sentiment radicalement nouveau. Il fallait rassurer le pays. Dans ces conditions, ces précieux principes démocratiques eux-mêmes n'étaient pas à l'abri de certains rajustements. Ces propos de Bush s'adressaient donc à une audience particulièrement réceptive :

> Les individus qui, seuls ou en groupe, sont impliqués dans le terrorisme international, possèdent à la fois la capacité et la volonté

42. William Glaberson, « The Law; Tribunal v. Court-martial : Matter of Perception », *The New York Times*, 2 décembre 2001, toutes éditions, section National.

> de mener contre les États-Unis d'autres attaques terroristes qui, si on ne les détecte pas et ne les prévient pas, causeront des morts, des blessures et des destructions massives et pourraient compromettre, à plus ou moins long terme, le fonctionnement du gouvernement des États-Unis[43].

En vertu de la première mouture de cette directive, les résidents qui n'étaient pas citoyens des États-Unis ou qui venaient d'autres pays soupçonnés d'être des terroristes pouvaient être arrêtés, détenus et jugés au cours d'audiences tenues secrètes, qui interdisaient aux prévenus tout accès aux preuves retenues contre eux et leur retiraient le droit d'appel, même dans les cas où la peine de mort pouvait être requise. Les commissions militaires étaient modelées sur un système mis au point durant la Seconde Guerre mondiale pour juger huit saboteurs allemands et qui, même à cette époque de guerre déclarée à un ennemi bien défini, n'avait pas été très populaire[44].

De plus, l'administration Bush s'attribua par décret d'autres pouvoirs, comme le droit d'écouter les conservations téléphoniques entre un avocat et son client, et assouplit les règles qui l'empêchaient d'espionner les groupes religieux. Il résulta de tout cela la création d'un régime juridique parallèle en vertu duquel des suspects pouvaient être détenus indéfiniment dans des conditions incertaines et condamnés à mort dans le plus grand secret. Comme on en avait alors pris l'habitude, quiconque s'opposait à ces mesures était accusé de faire le jeu des terroristes, « de fournir des munitions aux ennemis de l'Amérique et de faire hésiter les amis de l'Amérique[45] ». Les partisans des commissions militaires prétendirent que leur utilisation judicieuse protégerait à la fois le pays et les droits des prévenus que rien dans le décret n'obligeait de gar-

---

43. « President issues military order », www.whitehouse.gov/news/releases/2001/11/20011113-27.html.
44. Sans auteur, « Justice Deformed: War and the Constitution », *The New York Times*, 2 décembre 2001, toutes éditions, section Editorial.
45. « John Ashcroft Misses the Point », *The New York Times*, 7 décembre 2001, toutes éditions, section Editorial.

der au secret, sauf si cela devenait nécessaire afin de protéger des informations essentielles. Ce qui était gênant, dans cette histoire, c'est que le public n'avait aucun moyen de juger de cette nécessité. Même après que John Ashcroft eut rendu publics les noms de quatre-vingt-treize individus qui avaient été inculpés au début de décembre 2001, on comptait toujours cinq cent quarante-huit détenus anonymes aux États-Unis et quatre cents autres qui avaient disparu, qu'on supposait détenus mais dont on ne savait rien.

Six mois plus tard, après que l'administration Bush eut quelque peu modifié sa première directive (on accorda aux prévenus le droit de faire appel, mais uniquement devant des comités militaires plutôt que civils), on comptait encore trois cents personnes en détention, selon Amnistie Internationale. Certains étaient incarcérés, dans des conditions inconnues, au Centre de détention métropolitain de New York, géré par le gouvernement fédéral. Et des rapports ont fait état de suspects détenus durant des mois sans qu'aucune accusation ne soit portée contre eux.

Aux premiers jours de 2002, la critique du traitement accordé aux individus soupçonnés de terrorisme prit une dimension internationale après que le Pentagone eut entrepris d'expédier à la base militaire de Guantanamo à Cuba, les Talibans capturés en Afghanistan. Il apparut bientôt que ces prisonniers ne jouiraient de guère plus de droits que les prisonniers politiques de Fidel Castro. Le Pentagone refusa de leur accorder le statut de prisonniers de guerre, ce qui leur eût assuré la protection prévue en droit international, dont le droit d'être jugé par une cour martiale. Ces centaines de captifs devinrent plutôt des « combattants illégaux », ce qui voulait dire qu'ils seraient jugés, pour autant qu'ils le soient, par les impénétrables commissions militaires de Bush. Il devenait aussi impossible aux prisonniers de contester le bien-fondé de leur détention. Une fois de plus, la justice des États-Unis était en désaccord avec celles de leurs alliés, lesquels estimaient que l'Amérique devrait, au moins, respecter la Convention de Genève relative aux prisonniers de guerre. Les États-Unis, après tout, avaient eux-mêmes insisté pour que la guerre contre le terrorisme soit de responsabilité internationale, ce qui laissait entendre qu'elle serait gouvernée par les règles internationales; mais elle devint rapidement, de manière typique, un jeu international joué selon des règles américaines.

Le fondamentalisme américain qui emprisonne, comme au Moyen Âge, des ennemis diabolisés et des criminels déshumanisés, est aussi celui qui réagit de façon tout aussi outrancière vis-à-vis de ceux qu'il considère comme des héros ou des gens célèbres. La réaction manichéenne de Bush aux attaques du 11 septembre l'ont projeté, tout au moins durant quelques mois, au rang des présidents héroïques, aux côtés de George Washington et d'Abraham Lincoln. De président hésitant, « robotisé[46] » et isolationniste, doté avant les attentats d'une aptitude innée à estropier la langue, Bush fut immédiatement transformé par les médias et par les relationnistes de la Maison-Blanche en un président compétent, expérimenté, intéressé aux affaires internationales et imprégné de ce que les experts ont appelé « une nouvelle gravité ». Il prit ainsi l'apparence d'un homme à qui Roosevelt et Truman auraient demandé conseil en toute matière, de la politique étrangère à la manière de composer avec un adolescent difficile. Le magazine *Vanity Fair*, spécialisé dans la déification des vedettes de cinéma, des stars du rock et des millionnaires excentriques, reçut la permission exclusive d'entrer à la Maison-Blanche pour y photographier Bush et les membres de son cabinet; le numéro de février 2002 fait du président et de ses adjoints un éloge dithyrambique qui l'assimile à Churchill. Les photographies, parfaites et pleines de dignité, sont l'œuvre d'Annie Leibovitz, la photographe, elle-même célèbre, des célébrités. L'indice de popularité de Bush avait alors atteint son plus haut niveau et surpassait même celui de Reagan à ses plus beaux jours. Les États-Unis avaient grand besoin d'un président héroïque, et le réflexe fondamentaliste du

46. L'expression est de Susan Sontag (voir chapitre 1).

pays fit en sorte de le faire exister. Le public ne le vit pas comme une émanation directe de Dieu, à la manière de l'ayatollah Khomeyni ou de César Auguste, mais comme l'oracle des dieux américains du courage et de l'indestructible liberté.

De la Maison-Blanche aux centres sportifs de New York et de Chicago, en passant par Las Vegas et Hollywood, l'adulation des héros est une habitude nationale aux États-Unis, et aussi une psychose conflictuelle. Le public s'agenouille devant des acteurs de cinéma qui reçoivent des sommes faramineuses (20 millions de dollars) pour jouer des personnages basés sur leurs rôles les plus populaires dans des films antérieurs et, tout à la fois, démolit les mêmes superstars dans des journaux à sensation parfaitement scabreux qui inventent, ou tout au moins exagèrent grossièrement, les malheurs et la vie personnelle tordue de ces stars. Ce passe-temps américain n'a jamais fait l'objet d'une meilleure satire que celle de Cintra Wilson, auteur d'un livre intitulé *A Massive Swelling: Celebrity Reexamined as a Grotesque Crippling Disease and Other Cultural Revelations*. On devrait encourager – que dis-je : obliger – tous les Nord-Américains à parcourir cet ouvrage[47].

> Calomnier les idoles est un sport – ce n'est un acte ni d'agression ni d'amertume, c'est un exercice. Pourquoi ces gens seraient-ils à l'abri des railleries et des critiques ? Nous traitons nos célébrités, indépendamment de leur talent, comme une intouchable famille royale, ce qui nous amène à agir comme des serfs minables, quelle que soit la valeur de nos propres vies. Devant le halo doré du succès des autres, nous nous considérons comme des minus vêtus de haillons pouilleux. Dans cette société aux valeurs perverties, la célébrité veut dire : vous avez réussi. Vous et vos talents êtes si brillants que vous êtes rendus, physiquement et spirituellement, à des années-lumière des lamentables troglodytes que nous sommes[48].

La panoplie des stars américaines compte quelques parasites ridicules (Kato Kaelin, ce locataire désœuvré devenu célèbre dans

47. Cintra Wilson, *Massive Swelling: Celebrity Reexamined as a Grotesque Crippling Disease and Other Cultural Revelations*, New York, Viking/Penguin, 2000.
48. *Ibid.*, p. XIX.

la foulée du procès de O. J. Simpson, et Chelsea Clinton, la savoureuse fille de Bill Clinton, décrétée sex-symbol par *Vanity Fair* en juin 2002), des personnages jadis talentueux (Michael Jackson, dont la peau, à force d'avoir été récurée, est désormais aussi blanche que celle de Bill Clinton, lequel appartient également à cette catégorie), des athlètes naturellement doués (Michael Jordan a gagné plus d'argent en jouant dans des publicités qu'il n'aurait pu en gagner en pratiquant son sport ; même chose pour Tiger Woods), des individus dont les actes illégaux ou criminels ont fait scandale (Monica Lewinsky, O. J. Simpson, Tonya Harding), la victime d'un crime bizarre (Wayne Bobbit, de qui l'épouse jalouse sectionna le pénis et qui, l'objet ayant été recousu, fait désormais carrière dans l'industrie du porno), un homme courageux (Neil Armstrong), quelques personnes dont on ne s'explique pas la présence (Gretchen Moll, Céline Dion, Sting) ainsi que des individus véritablement talentueux, dont on trouve de nombreux exemplaires dans les domaines du cinéma, de la musique et des sports, mais qui prêtent au soupçon, car ils comptent sur leur célébrité pour accroître leur valeur. De tous ces individus, les Américains croient le meilleur et le pire ; une journée, les célébrités populaires combattent courageusement une maladie bénigne ou surmontent la douleur d'un divorce ; le lendemain, elles sont plongées dans de sordides relations amoureuses, ou ont été impolies envers leurs admirateurs – attitude qui s'apparente à une authentique hérésie. Tout cela est plutôt troublant lorsqu'on l'observe avec un certain détachement, mais se comprend mieux lorsqu'on le replace dans le contexte du fondamentalisme américain. Les ennemis sont le mal, les célébrités américaines sont des dieux héroïques, affligés des défauts inhérents à un statut aussi élevé. Achille était vulnérable au talon, Samson tenait sa force surhumaine de ses cheveux et Martha Stewart peut être alternativement, au gré des semaines, le parangon de la féminité américaine et une patronne obèse et vindicative.

Plus consternante encore est cette mode qui pousse les gens célèbres à développer les goûts frivoles, excessifs et corrompus des dieux. Ils sont si nombreux à devenir des défenseurs acharnés des droits des animaux et des adeptes du végétalisme qu'on croirait qu'il s'agit là d'un préalable à leur statut. Hollywood regorge d'herbivores qui piquent une crise si on leur demande de s'asseoir dans un fauteuil de cuir. On y trouve aussi, en abondance, des boulimiques qui, comme on le faisait dans l'ancienne Rome, se gavent de divers aliments, vomissent, redévorent, absorbent des drogues pour dissiper la sensation du vomissement, puis recommencent à manger. Puisqu'ils sont des dieux, ils se comportent comme des dieux ; et les Américains, en retour, manifestent leur dévotion et s'agenouillent devant leurs idoles. Cintra Wilson souhaite qu'ils renoncent, un jour, à cette religion fondamentaliste qu'est le culte rendu aux célébrités.

> La célébrité est une maladie virulente et mortelle qui s'attaque aux valeurs humaines fondamentales, et à moins que le sud de la Californie ne disparaisse, au jour du Jugement, dans un brillant nuage en forme de champignon, la meilleure manière d'en venir à bout est de cesser d'y croire. La plupart des gens évolués pensent qu'ils ne croient pas à la Célébrité, mais ils y croient, profondément, terriblement et de manière insidieuse. Lorsque vous *cessez vraiment* de croire à la beauté de la blonde de 44 kilos et aux (faux) seins, gonflés de solution saline, à la sincérité commerciale des jeunes athlètes ou au charme adorable du minois infantile de Goldie Hawn ; lorsque vous n'êtes plus ébloui par le soutien-gorge de Madonna et par le *Hummer* de Schwarzenegger ou par les pierres du Rhin qui ornent le piano de Liberace, alors il vous apparaît que l'Empereur est un monstre obèse et nu et que tout cela est stupide et ridicule [49].

Le même propos, fera-t-on remarquer ici, s'applique au culte délirant que les États-Unis rendent à la démocratie.

49. *Ibid.*, p. 226-227.

Chapitre 11

La révolution de palais de la démocratie

> Ce qui compte, ce n'est pas ceux qui votent, c'est ceux qui comptent les votes.
>
> Joseph Staline

Les Américains vénèrent la démocratie d'une manière assez peu convaincante. L'isoloir est une église que ne fréquente plus la population. À la fin du XXe siècle, le taux de participation aux scrutins était inférieur à 50 % et chutait même, dans certains cas, à environ 30 %. En dépit des politiciens flagorneurs qui leur chantent sur tous les tons l'importance du vote et la primauté du peuple, les Américains ne semblent guère intéressés par le processus démocratique.

Le fait est que ce pays, celui-là même qui exige du reste du monde une intense activité démocratique comme ticket d'entrée au royaume d'une éternelle aide financière, est une des démocraties les moins saines de la planète. Les États-Unis ont cédé leur système politique à des groupes d'intérêts, des avocats, des juges et des collecteurs de fonds, et sont désormais gouvernés par une classe dirigeante formée de politiciens élus à vie.

D'autres pays affichent régulièrement un taux de participation plus élevé lors d'élections générales qui mettent en lice des candidats de diverses formations, de l'extrême gauche à l'extrême droite; le vainqueur provient habituellement de partis proches du centre. Les États-Unis, par contraste, ne proposent que deux partis centristes gouvernés par les mêmes réflexes patriotiques qui les empêchent de remettre en question le statu quo. La gauche a été complètement marginalisée par l'hystérie anticommuniste de la guerre froide et par sa propre véhémence, cependant que la droite se réfugie, pour diffuser ses fort désagréables projets, derrière une chaire ou un capuchon à la Ku Klux Klan. Démocrates et républicains tentent de contrôler le Congrès et la Maison-Blanche; les républicains l'ont emporté plus souvent, ces dernières années, mais il ne faut pas croire que les choses seraient différentes si les démocrates avaient eu plus de chance. Les deux partis ne sont que les véhicules des opinions et des positions des groupes d'intérêts nationaux et locaux.

On ne comprend vraiment la raison de la plupart des lois adoptées par le gouvernement fédéral et par les gouvernements des États qu'à la lumière des groupes d'intérêts et des groupes financiers. Les États-Unis imposent des tarifs douaniers à l'acier importé d'outre-mer? Ce n'est pas que l'économie du pays l'exige, mais que les républicains doivent conquérir des sièges clés, lors des élections de mi-mandat, dans l'État de Pennsylvanie, grand producteur d'acier. Des droits compensatoires gigantesques sur le bois d'œuvre canadien? Le *congressman* d'un État producteur de bois d'œuvre a été prévenu qu'il perdrait son siège sans ces mesures discriminatoires à l'égard du Canada. Le président Bush, qui se prétend en faveur du libre-échange, a soudainement signé, en mai 2002, une loi qui accorde à l'industrie agroalimentaire américaine des subventions de 190 milliards de dollars (mesure hypocrite qui, en déprimant le prix des récoltes, prive des pays du tiers monde de revenus dont ils ont grand besoin). C'est là une autre manœuvre électorale.

Un autre exemple révélateur de la mort lente de la démocratie américaine nous a été fourni en 2002. Chaque décennie, le pays redessine les circonscriptions électorales afin de tenir compte des changements démographiques. Or, cette pratique est devenue une simple manière de créer des circonscriptions parfaitement incohérentes qui n'ont pour fonction que d'assurer un siège à l'un ou l'autre parti. Les circonscriptions ne sont pas redessinées par un organisme indépendant, mais par les politiciens eux-mêmes. Il s'ensuit que le parti qui contrôle un État peut truquer l'élection suivante en créant des circonscriptions à la Frankenstein : un bras et deux doigts de ce quartier républicain cousus au torse d'une municipalité républicaine et une paire de jambes qui se prolongent vers deux châteaux forts républicains qui peuvent être situés à des kilomètres plus loin. *The Economist* s'est beaucoup amusé de ce charcutage électoral lorsqu'on l'a rendu public au printemps de 2002 [1]. Le magazine britannique faisait état d'une circonscription de l'Illinois qui avait la forme d'un crabe dont les deux pinces s'étiraient pour « capturer » les électeurs démocrates ; ce redécoupage avait été l'œuvre des républicains qui entendaient ainsi assurer l'élection d'un des leurs en retirant d'une circonscription adjacente les électeurs démocrates. Une autre circonscription farfelue, cette fois en Floride, s'étend sur 144 kilomètres mais en fait moins de 4,5 dans sa partie la plus large.

Tout cela a pour but, bien entendu, d'éliminer l'électeur en tant que facteur inconnu. Les politiciens américains ne peuvent supporter le suspense créé par la démocratie ; il leur faut parvenir au *happy end* sans passer par les affres de l'angoisse. Ces manigances ont été facilitées, note *The Economist*, par une technologie moderne capable de tracer des courbes de comportement et d'en tirer des cartes électorales d'une extrême précision. Il en résulte un Congrès – Chambre des représentants et Sénat – occupé par des membres à vie. Lors de l'élection générale de 2000, tous les *congressmen*, sauf six, ont été réélus.

> À l'instar de la Corée du Nord, ce genre de résultats est devenu normal aux États-Unis : le taux moyen de réélection est supérieur

1. « How to rig an election », *The Economist*, 27 avril 2002, p. 29-30.

> à 90 % depuis 1952. Les *congressmen*, on s'en doute bien, sont réticents à abandonner leur nid douillet. Jusqu'à maintenant [avant les élections au Congrès de novembre 2002], seuls vingt-huit d'entre eux ont annoncé leur retraite, contre soixante-quatre en 1992[2].

Ce phénomène a des conséquences évidentes sur le système démocratique américain. Les *congressmen* détenant tous des forteresses inexpugnables, il ne sert pas à grand-chose de voter contre un élu ; pour l'électeur qui souhaite être représenté par un candidat d'un autre parti, mieux vaut déménager dans une autre circonscription que de livrer un combat perdu d'avance. La bataille devient plus désespérée à mesure que l'élu solidifie sa position, car l'opposition a d'autant moins de chances d'obtenir des fonds que la campagne qu'elle mène est quasiment vouée à l'échec.

Dès lors, pourquoi voter ? Ne demeure qu'une raison valable : choisir celui qui occupera le poste suprême de président et de commandant en chef des États-Unis d'Amérique. La course à la présidence, qui a autant d'impact sur la participation électorale que les élections au Congrès, pourrait sauver la politique américaine de sa désespérante vacuité. Mais même cela est désormais mis en doute.

Le scrutin du 7 novembre 2000 a donné au monde le deuxième président américain du nom de George Bush, surnommé, celui-là, « George W. » (prononcé « Dubya », à la manière texane) pour le distinguer de son père. Ex-gouverneur du Texas et fils d'un ex-président, George W. Bush prêta le serment d'office en janvier 2001, après avoir mené contre son adversaire Al Gore une bataille politique et juridique en comparaison de laquelle les élections truquées dans les dictatures africaines prennent un air de délicatesse et presque de noblesse.

Au moment où j'écrivais ces lignes, le hasard voulut que les feux de l'actualité se portent sur la réélection (truquée) de Robert Mugabe, dictateur du Zimbabwe. L'élection n'était

2. *Ibid.*

qu'une pittoresque formalité, conçue pour maintenir au pouvoir, contre la volonté de ses concitoyens opprimés et celle du reste du monde, un homme corrompu et sadique. Le vote, tenu sur trois jours dans la deuxième semaine de mars 2002, fut marqué par les tactiques auxquelles recourent habituellement les despotes à qui il apparaît soudainement opportun de se plier aux désirs d'organismes internationaux, tels que les Nations Unies, et de tenir une « élection » : les adversaires de Mugabe subirent des fractures des côtes en se jetant inconsidérément sous les bottes de ses hommes de main, des électeurs durent se mettre en file durant des jours à la porte de bureaux de scrutin qui n'ouvrirent jamais, des membres du personnel électoral partirent avec des urnes vides et les rapportèrent miraculeusement pleines de bulletins en faveur de Mugabe, la Cour suprême tenta sans grand succès d'intervenir, etc. Toutes manœuvres qui se traduisirent par ce qu'un observateur a qualifié d'« élection empoisonnée [3] » dans un de ces malheureux pays jadis colonisés et dont le bien-être demeure à la merci d'un aliéné mental à la tête d'une armée bien équipée.

Les États-Unis ne sont pas le Zimbabwe et l'on ne saurait établir de comparaison entre les élections de l'un et de l'autre, à moins d'appartenir à une gauche particulièrement grossière. Or, voilà qu'intervient Michael Moore, auteur et cinéaste, dont l'ouvrage *Stupid White Man and Other Sorry Excuses for the State of the Nation* [4] se livre précisément à un tel exercice. Moore assimile l'élection de George W. Bush aux coups d'État si courants en Amérique du Sud, en Afrique et en Europe de l'Est – et il ne plaisante qu'à demi. Selon lui, Bush a conspiré avec un gouvernement de Floride corrompu, dirigé fort commodément par son frère John Ellis « Jeb » Bush, pour priver de la victoire son adversaire Al Gore, candidat démocrate et vice-

3. Jan Cienski, « Mugabe has early lead in what monitors call a poisoned election », *National Post*, 13 mars 2002, édition finale, section Foreign, p. A16.
4. Michael Moore, *Stupid White Men... And Other Sorry Excuses for the State of the Nation*, New York, Harper and Collins, 2001.

président du libidineux Bill Clinton. (Le propos de Moore était à ce point cinglant que son éditeur, Harper and Collins, a d'abord refusé de publier son livre à la date prévue après le 11 septembre. Nous évoquons cet incident au chapitre 1.

Il est scandaleux de penser que le président des États-Unis a accédé au pouvoir à la manière d'un Mugabe. On accepte volontiers, en politique, d'acheter une élection, à crédit ou autrement, mais il est malhonnête de la voler. Les Américains soucieux de démocratie ne peuvent que prier pour que Moore ne soit qu'un cinglé de gauche mal renseigné. Ou ils peuvent lire un autre livre. On trouve, en effet, à l'autre extrémité du spectre politique, un ouvrage intitulé *At Any Cost: How Al Gore Tried to Steal the Election*. Écrit par un reporter du *Washington Times* nommé Bill Sammon et publié par Regnery Publishing, petite maison d'édition conservatrice de Washington, l'ouvrage soutient, à l'inverse, que c'est Al Gore qui a presque réussi à voler l'élection à Bush. On y explique « pourquoi l'agression de Al Gore sur notre processus démocratique empoisonnera le climat de Washington durant les prochaines années », sans parler des tentatives du candidat de « faire chanter les dirigeants du GOP » et de la manière par laquelle son équipe créa « à partir de rien » des votes en faveur de Gore [5].

Passionnante histoire. D'un côté se trouvent ceux qui croient qu'un malfaisant George W. Bush a filouté la volonté populaire et avili la démocratie américaine ; de l'autre, ceux qui remercient Dieu chaque jour de ce qu'un vertueux George W. Bush n'ait pas permis à Al Gore de filouter la volonté populaire et d'avilir la démocratie américaine. La vérité, comme il arrive si souvent dans les débats partisans, se situe quelque part entre les deux thèses. Il est notoire que les deux partis ont à ce point recouru à la manipulation du processus électoral et tablé sur les querelles partisanes afin d'obtenir le résultat attendu que chacun a raison d'accuser l'autre de vol électoral. L'élec-

5. Citations extraites du site Web de Regnery Publishing : www.regnery.com/regnery010403_atanycost.html.

tion du 7 novembre constitue l'exemple le plus désolant de ce qui peut advenir de pire dans un système politique atteint d'une si profonde division partisane que l'on ne peut faire confiance à personne, pas même aux juges de la Cour suprême. Une chose est certaine : ce ne sont pas les électeurs qui ont décidé de l'issue de l'élection présidentielle de l'an 2000.

En fait, on ne sait trop guère ce que voulaient ces électeurs. À la fermeture des bureaux de scrutin, ils avaient accordé à Gore deux cent mille voix de plus qu'à Bush, mais semblaient avoir donné le pays à ce dernier. Bien qu'une telle situation ne soit apparue qu'une fois dans l'histoire, elle est cependant possible en vertu du système électoral américain. Les électeurs, en effet, n'y choisissent pas directement le président ; ils votent pour un candidat dans l'État qu'ils habitent, et celui qui est élu dispose des « votes du collège électoral » attribués à cet État. Pour accéder à la Maison-Blanche, un candidat doit obtenir au moins deux cent soixante-dix voix de ce collège électoral ; certains États disposent d'un plus grand nombre de voix, de sorte que, bien que le phénomène soit rare, il n'était pas interdit à Bush de devenir président même si son adversaire avait un avantage de deux cent mille voix. Non que cette majorité ait été le moins du monde convaincante. Les Américains étaient carrément divisés en deux parties égales quant à cette question de la présidence : ou bien Bush, handicapé linguistique et fils paresseux d'un ex-président, ou bien Al Gore, vice-président ennuyeux qui avait épaulé son président coureur de jupons durant les procédures d'*impeachment* et en avait ensuite, durant la campagne électorale, critiqué par opportunisme la turpitude morale. Aucun des deux n'en imposait vraiment et le résultat de l'élection n'était pas vraiment important, semble-t-il, pour les Américains. Que les dernières cartes de cette partie aient été abattues en Floride n'est pas sans provoquer une certaine tristesse, sachant qu'à la même époque deux des terroristes du 11 septembre y suivaient des cours de pilotage commercial à Venice.

Aussi serré qu'ait été le résultat du vote populaire dans l'ensemble des États-Unis, celui de l'État de Floride le fut bien davantage. Au terme du décompte des six millions de bulletins, Bush disposait d'une majorité de mille sept cent quatre-vingt-quatre voix, soit de moins de 0,03 %[6]. Or, la répartition nationale des voix du collège électoral était telle que la présidence se jouait sur les vingt-cinq voix attribuées à la Floride. Au fil de la soirée, tous les yeux étaient tournés sur cet État. Tous ceux qui suivirent les reportages de cette soirée se souviendront que certains réseaux déclarèrent Bush vainqueur et retirèrent ensuite cette annonce. Gore, qui regardait aussi la télévision, concéda la victoire et changea lui aussi d'avis.

La marge victorieuse était si mince qu'elle entraînait automatiquement un recomptage, en vertu des lois de la Floride, ce qui amena Gore à ne plus concéder la victoire. Les deux camps établirent sans tarder leur position : Bush réclama une résolution rapide de la situation afin de pouvoir organiser la passation des pouvoirs, se posant ainsi comme le vainqueur ; Gore, forcé de contester le résultat apparent, lança un appel à la patience, invitant les Américains à ne pas décider trop rapidement du vainqueur sur la seule foi des résultats officiels[7]. Les camps ennemis s'engagèrent ensuite dans une lutte pour s'arracher l'un à l'autre la victoire. Chacun comprit rapidement que le résultat dépendrait de la nature et du lieu des votes en recomptage, ainsi que de la manière d'y procéder. À compter de ce moment historique, l'élection du quarante-troisième président des États-Unis ne dépendait plus de la volonté des électeurs du pays, mais de sbires politiques bassement partisans et, à la limite, de juges qui, apparaît-il maintenant, étaient tout aussi attachés à un camp qu'à l'autre.

Il est important de noter ici que, selon une source relativement digne de foi, l'élection fut volée, en effet, mais ni à Bush ni à Gore ; elle fut volée aux électeurs de race noire. La United

6. Mark Z. Barabak et Richard A. Serrano, « America Waits : Florida Justices OK Hand Recount », *Los Angeles Times*, 17 novembre 2000, édition finale, section National, p. A1.
7. Mark Z. Barabak et Mike Clary, « America Waits : Florida Recount Underway », *Los Angeles Times*, 9 novembre 2000, édition finale, section National, p. A1.

States Commission on Civil Rights (USCCR) reçoit les plaintes de citoyens privés de leur droit de vote (entre autres droits) pour des raisons de race, d'âge, de sexe, d'incapacité physique ou de nationalité d'origine. Créée en vertu de la Civil Rights Act de 1957, cette commission est née, en d'autres termes, de la lutte des Noirs américains contre la ségrégation et la discrimination.

En se basant sur les plaintes reçues de nombreux électeurs noirs à qui l'on avait refusé l'accès aux bureaux de scrutin le 7 novembre ou que l'on avait, disaient-ils, empêchés de s'enregistrer, la Commission utilisa son pouvoir d'assignation de témoins et tint des audiences durant trois jours en janvier et en février 2001. Elle rendit ensuite public un rapport accablant que les médias américains, et les autres, passèrent largement sous silence. En revanche, le recomptage et ses conséquences firent l'objet de si nombreux et précis reportages « en direct » que, au bout d'une semaine, les débiles mentaux et les ermites étaient les seuls à ignorer ce qu'était un *chad*.

Le recomptage et tout ce qui l'entourait étaient certes d'authentiques sujets de nouvelles, puisqu'ils allaient déterminer qui serait le prochain président. Mais la Commission mit à jour un problème plus profond. Au chapitre consacré aux données et aux recommandations, les commissaires écrivirent : « En dépit de la proximité des élections, le scrutin de Floride n'était pas remarquable pour la lutte serrée qui s'y est livrée, mais pour le refus généralisé du droit de vote auquel il a donné lieu[8]. » La Commission constata que ce refus avait été à ce point généralisé, particulièrement en ce qui concernait les électeurs noirs, qu'elle recommanda que le département de la Justice « décide immédiatement d'une action contre le gouverneur, le secrétaire

8. Voting Irregularities in Florida During the 2000 Presidential Election, rapport de la United States Commission on Civil Rights, chap. 9, p. 1. Le rapport est présenté intégralement sur le site Web de la Commission : www.usccr.gov. (N.B. : Les numéros de pages indiqués dans ces notes renvoient à la pagination portée sur le site Web. Il se peut que cette pagination ne corresponde pas à celle d'un exemplaire imprimé du rapport.)

d'État, le directeur de la Division des élections, certains superviseurs des élections et d'autres responsables de l'État et des municipalités[9] » pour leur rôle dans le retrait systématique des noms d'électeurs noirs des listes électorales, compte tenu du fait que ceux-ci étaient dix fois plus susceptibles que les électeurs blancs de voir leur nom retiré de ces listes. Le rapport réprimandait aussi des membres du personnel électoral pour avoir intimidé les électeurs rassemblés à l'extérieur des bureaux de vote dans les quartiers noirs en y envoyant un fort dispositif policier et en fermant ces bureaux avant que ne soit terminé le vote dans les quartiers adjacents. Et il recommanda l'achat, par l'État, de meilleurs outils de comptage. Les comtés utilisent des systèmes différents ; les plus fiables et les plus modernes sont installés dans les quartiers blancs, les moins fiables et les plus désuets – qui produisent davantage de bulletins rejetés – dans les quartiers noirs et hispaniques.

Pour Michael Moore, ce rapport prouve que le réseau de la famille Bush avait entrepris de voler l'élection bien avant la journée du scrutin. La manœuvre était simple : retirer le plus grand nombre d'électeurs noirs des listes électorales avant le vote, puisqu'il est bien connu que la plupart des Noirs votent pour le Parti démocrate. Le gouverneur de la Floride était nul autre que le frère de George W., et la secrétaire d'État, Kathleen Harris, était la coprésidente de la campagne de Bush en Floride ; on peut donc soutenir que ce retrait des listes était bien davantage qu'une opération administrative de routine.

La Commission se garda de toute opinion politique et s'en tint aux faits. Elle découvrit qu'en 1997, au terme d'une campagne à la mairie de Miami qui avait été extraordinairement « sale » – même selon les normes admises en Floride –, l'État avait entrepris de mettre à jour ses listes électorales. Le maire élu avait reçu un si grand nombre de votes provenant de personnes décédées que l'élection fut plus tard annulée. Le gouvernement de Floride confia le soin de rectifier les listes à une

9. *Ibid.*, chap. 9, p. 2.

société privée à qui il demanda de retirer non seulement les noms des personnes décédées, mais aussi ceux des personnes reconnues coupables de crime.

Aux États-Unis, les individus condamnés pour un crime (*felony*), par opposition à une infraction ou à un délit (*misdemeanour*), perdent leur droit de vote jusqu'à ce qu'ils aient purgé leur sentence. En janvier 2001, à l'époque où la Commission tenait ses audiences, 3,9 millions d'Américains se trouvaient dans cette situation. De ce nombre, 36 % étaient Noirs, même si les Noirs ne représentent que 13 % de la population (selon le recensement de 2000). La Floride, où 33 % de ces ex-criminels interdits de vote sont Noirs, est un des huit États qui ne rendent pas automatiquement leur droit de vote aux ex-criminels ayant purgé leur sentence. Il leur faut d'abord faire une demande de clémence auprès du cabinet de l'État, ce qui est un processus long et coûteux (selon des témoignages entendus à la Commission, il en coûte au moins 10 000 dollars et les procédures peuvent s'étendre sur six mois). Les autres États rendent le droit de vote automatiquement, sans poser de questions, sans frais juridiques, sans bureaucratie. Pas la Floride.

Chargée d'expurger les listes électorales, la société OTB Online rassembla des noms à partir de diverses bases de données de l'État et du gouvernement fédéral, et dressa de nouvelles listes en 1998, en 1999 et en 2000. Conformément aux instructions explicites qu'elle avait reçues, elle utilisa la méthode qui admettait le plus grand nombre de noms possible, même si elle disposait d'une technologie lui permettant d'être plus sélective. Bien qu'elle ait prévenu la Division des élections de l'État de Floride que sa « liste d'exclusion » comptait de nombreux « faux positifs » – c'est-à-dire les noms d'électeurs de Floride qui n'étaient pas des ex-criminels et n'y figuraient que parce qu'ils avaient le même nom ou la même situation qu'un authentique ex-criminel –, la Division des élections accepta la liste telle qu'elle était proposée et, chaque fois, l'expédia aux membres du personnel électoral en les invitant à en vérifier l'exactitude.

La Commission constata que le pourcentage d'erreurs de la liste de 2000 était de 14 %. Certains membres du personnel électoral, à qui l'on avait demandé de vérifier l'exactitude de leur liste, furent tellement épouvantés par son mode de compilation qu'ils refusèrent de l'utiliser aux fins de l'élection du 7 novembre, préférant utiliser des listes de 1998 que l'on avait mises à jour. Plusieurs d'entre eux firent tout ce qui était en leur pouvoir, le jour du vote, pour accorder aux électeurs le bénéfice du doute en les autorisant à voter s'ils déclaraient par écrit, sous serment, n'avoir pas été jugés coupables d'un crime ; d'autres refusèrent de laisser voter des personnes dont le nom figurait sur la liste et montrèrent peu d'enthousiasme à tenter de corriger la situation en faveur de l'électeur. Aux bureaux du superviseur des élections, les lignes téléphoniques furent encombrées durant des heures, les ordinateurs ne fonctionnaient pas et l'on fournit, aux électeurs qui entendaient faire rectifier leur statut, des renseignements erronés qui les forcèrent à se déplacer, en pure perte, d'un bureau de vote à l'autre. La Commission note : « L'utilisation, par l'État de la Floride, de cette liste de personnes interdites de vote, combinée à la loi qui impose le fardeau de la preuve à l'électeur qui entend en faire retirer son nom, a eu pour conséquence de refuser le droit de vote à d'innombrables Afro-Américains. » Le rapport n'en donna jamais le nombre exact et admit que des Blancs avaient aussi été inscrits par erreur sur cette liste, mais conclut qu'un nombre disproportionné d'électeurs noirs furent floués le 7 novembre. Sachant que, tout compte fait, le scrutin de Floride n'accorda à Bush qu'une infime majorité de cent cinquante-quatre voix, c'est là une preuve de ce que la volonté de la population fut contrecarrée par les actions d'un gouvernement d'État qui était, par allégeance politique, hostile à ses intentions. Si cent cinquante-cinq électeurs démocrates noirs de plus avaient été autorisés à voter ce jour-là, l'histoire des États-Unis aurait pris une autre tournure. C'est là une pensée stupéfiante.

Il faut aussi noter que, en vertu de précédents juridiques admis en Floride, un criminel condamné dans un autre État, qui y purge sa sentence et qui y retrouve automatiquement son droit de vote, est autorisé à voter en Floride. Or, pour des raisons inexpliquées et alors que la républicaine Kathleen Harris était secrétaire d'État – département responsable de l'établissement de ces listes d'ex-criminels –, la Division des élections affirma à OTB Online que les ex-criminels qui avaient retrouvé leur droit de vote dans un autre État devaient, malgré cela, faire une demande de clémence en Floride avant de pouvoir exercer ce droit. Lorsqu'on souleva cette question au cours des audiences de la Commission, le Florida Executive Board of Clemency confirma qu'il s'agissait d'une erreur ; mais ce correctif survint trop tard pour ceux qui n'avaient pu voter lors des élections de novembre.

La Commission constata de plus, autre frappante coïncidence, qu'à la suite d'une « "erreur de communication" (*miscommunication*), quelque huit mille personnes qui avaient commis des délits au Texas avaient été classés comme criminels en Floride [10] ». Or, cette « erreur » se produisit lors de communications entre l'État gouverné par Jeb Bush et celui que gouvernait son frère et candidat républicain à la présidence, George W. Bush.

Rien ne prouve que des forces politiques partisanes se soient affrontées dans les mois qui précédèrent l'élection en Floride. La Commission des droits civils n'y fait aucune allusion ; son rapport évoque plutôt l'incompétence et l'indifférence, traits qui caractérisent la bureaucratie indépendamment des allégeances de parti. Par contre, ces forces dominèrent nettement le tristement célèbre recomptage et les jours qui suivirent le vote.

Aux États-Unis, cette absolue démocratie, les postes publics sont presque tous pourvus à la suite d'une élection. Contrôleurs des finances de l'État, chefs comptables, procureur général, juges municipaux, shérifs, etc., tous sont élus. C'est là une des raisons pour lesquelles le régime juridique est si dur dans ce

10. *Ibid.*, chap. 5, p. 12.

pays ; si vous êtes un juge menant une campagne pour être réélu et que le public réclame l'application de sentences plus sévères, phénomène fréquent dans la plupart des États, comment, selon vous, allez-vous statuer dans des causes criminelles ? Quant aux postes sujets à des nominations, ils sont presque tous attribués selon les affiliations partisanes, y compris les juges des cours suprêmes des États et de celle des États-Unis. La vie civile américaine est parcourue de part en part, à tous ses niveaux, par cet esprit de parti. Dans plusieurs élections, le bulletin de vote se présente comme une longue liste de candidats à différents postes, de shérif à président. Les électeurs peuvent choisir les candidats de partis différents ou, par un acte de foi typique de l'esprit de parti, élire d'un trait de plume tous les candidats d'un parti, quels que soient leurs antécédents ou leurs valeurs. De telles démonstrations de loyauté renforcent l'esprit de parti qui marque la vie américaine. Les électeurs moyens sont presque tous des démocrates ou des républicains purs et durs, une minorité vaguement romantique demeurant attachée à des partis tiers, désespérément marginaux et sans avenir (les Verts, le Reform Party, le parti communiste, le American Heritage Party, le parti nazi américain, le Family Values Party, le parti phalangiste américain, le parti de la prohibition, le Pansexual Peace Party, etc.[11]). Le prétendu système de « freins et contrepoids » du système politique américain élimine habituellement les abus d'une si aveugle loyauté : le président peut opposer son veto aux mesures du Congrès ; au sein du Congrès, le Sénat et la Chambre des représentants peuvent s'annuler mutuellement, le contrôle de chaque instance passant régulièrement d'un parti à l'autre ; et le système judiciaire peut annuler les mesures du Congrès et celles de la Maison-Blanche. Il arrive rarement qu'un parti contrôle à la fois la Maison-Blanche, la Chambre des représentants et le Sénat, tout en disposant, à la Cour suprême, d'une majorité de juges de même tendance.

---

11. On trouvera la liste des partis farfelus sur le site suivant : www.politics1.com/parties.htm.

C'est dans ce contexte d'extrême « partisanerie » que Bush et Gore lancèrent leurs équipes en Floride après l'élection du 7 novembre. Le résultat ayant été ridiculement serré, la moindre manifestation d'insatisfaction du moindre électeur se transforma rapidement en une cause célèbre. L'indifférence et l'incompétence dont fit état la Commission des droits civils se manifestèrent de diverses manières relativement comiques.

À Palm Beach, communauté d'Américains retraités, les électeurs reçurent un bulletin de vote déroutant, replié en deux pages et nommé, pour cette raison, « bulletin papillon ». Les points qu'il fallait perforer pour exprimer son choix étaient disposés au centre des deux pages ; le nom de Gore était le deuxième sur la première page (celle de gauche), mais le point qui y correspondait était le troisième à partir du haut. Le deuxième point, en effet, correspondait au premier candidat de la page de droite, c'est-à-dire à Pat Buchanan, candidat de droite (Reform Party) et connu pour son discours antisémite. Or, le comté de Palm Beach abrite la plus importante population juive des États-Unis. Plusieurs de ses habitants sont âgés de plus de soixante-cinq ans et éprouvent quelques problèmes d'ouïe et de vision. C'est donc avec un certain étonnement qu'on apprit que Buchanan avait reçu trois mille quatre cent sept voix dans une circonscription où il n'avait pas fait campagne un seul jour, n'avait pas dépensé un sou en publicité et était généralement méprisé. À la communauté de retraités de Lakes of Delray, où 95 % des résidents sont juifs et 100 % démocrates, Buchanan recueillit quarante-sept votes [12]. Sa directrice de campagne elle-même, Bay Buchanan (qui est aussi la sœur du candidat), admit que ce résultat était ridicule. « Nous ne croyons pas qu'ils [les votes pro-Buchanan du comté de Palm Beach] soient tous les nôtres, déclara-t-elle alors. Nous croyons à une évidente confusion et nous comprenons

12. Mark Fineman, « America Waits : Where Balloting for Buchanan Surged, Outrage Among Voters Who Detest Him », *Los Angeles Times*, 10 novembre 2000, édition finale, section National, p. A1.

cela, car nous avons nous-mêmes examiné les bulletins de vote[13]. » Selon l'évaluation des responsables des élections, non seulement Buchanan bénéficia de plus de trois mille quatre cents voix sur ces bulletins déroutants, mais dix-neuf mille autres bulletins furent rejetés pour cause de « survote », c'est-à-dire parce que des électeurs troublés avaient voté *à la fois* pour Gore et pour Buchanan.

Le phénomène causé par des bulletins de ce type se produisit aussi dans d'autres parties de l'État. Dans le comté de Duval, les noms des candidats étaient répartis sur deux pages, mais le bulletin comportait ces mots : *vote all pages* (votez sur les deux pages). Plusieurs électeurs se conformèrent minutieusement à cette directive et, ce faisant, gaspillèrent leur bulletin. Plus de la moitié des bulletins ainsi rejetés portaient les noms de Gore ou de Bush en première page et celui d'un deuxième candidat à la page suivante. Une analyse indépendante de ces bulletins, menée par le National Opinion Research Centre, conclut (en supposant que les « survoteurs » entendaient voter pour Bush ou pour Gore) que leur annulation priva Gore de trois mille quatre-vingt-neuf voix.

Mais ce n'est pas le « survote » qui attira surtout l'attention lors du recomptage. Les médias s'intéressèrent surtout aux « sous-votes », ou « votes incomplets », phénomène sur lequel Gore fit porter tous ses efforts pour infléchir le recomptage en sa faveur. Le « vote incomplet » se produit lorsqu'un électeur ne réussit pas à marquer son choix conformément aux directives inscrites sur le bulletin. Il peut, par exemple, encercler le nom du candidat plutôt que de tracer un X dans l'espace prévu ; dans le cas des bulletins qu'il faut poinçonner, le petit segment de papier, qu'on appelle un « *chad* », doit être parfaitement délogé pour que l'appareil de comptage automatique puisse lire correctement l'intention de l'électeur. Certains électeurs ne

13. Megan Garvey, « America Waits : Bay Buchanan Sees Something Peculiar in Palm Beach Voting », *Los Angeles Times*, 10 novembre 2000, édition finale, section National, p. A2.

poinçonnent que timidement, ce qui donne un *dimpled chad* (esquissé) ; d'autres ne découpent le *chad* que partiellement, créant ainsi un *hanging chad* (suspendu). Dans l'un ou l'autre cas, l'appareil rejette le bulletin : nous sommes alors en présence d'un *undervote* (vote incomplet).

Toujours nez à nez, Bush et Gore entreprirent de former des équipes qu'ils envoyèrent en Floride au matin du 8 novembre. Selon les journalistes, chaque camp disposait ainsi de quelque quatre cents agents, mais ces chiffres sont peut-être trop prudents. Deux traits résument la situation sur le terrain : la confusion la plus totale et le désir d'intervenir dans le processus de recomptage afin d'obtenir le résultat désiré. L'équipe de Gore décida rapidement de ne pas exiger de recomptage à l'échelle de l'État, mais de concentrer ses efforts sur quatre comtés de tendance démocrate : Palm Beach, Miami-Dade, Broward et Volusia [14]. On espérait ainsi obtenir des votes en assez grand nombre pour peut-être effacer l'infime majorité de Bush ou, tout au moins, empêcher la secrétaire d'État Kathleen Harris d'officialiser les résultats du 7 novembre sept jours après le scrutin, tel que l'exige la loi en Floride, ce qui eût confirmé la victoire de Bush (dont, rappelons-le, elle avait coprésidé la campagne). La stratégie de Bush consistait à contrer les stratégies de Gore en contestant chaque vote recompté, ainsi que le processus même du recomptage, et en s'attirant la sympathie du public à l'idée que tout ce recomptage avait pour effet de diviser le pays et de le troubler inutilement. Si son équipe réussissait à garder la majorité jusqu'à la date de l'officialisation, Bush l'emporterait. C'est pourquoi son camp n'exigea jamais de recomptage à l'échelle de l'État.

Cependant, la loi de Floride était ambiguë. Elle stipulait que l'élection devait être officialisée le 14 novembre, mais déclarait aussi que tous les votes devaient être comptés. Par

14. Bob Drogin, Lisa Getter et Stephen Braun, « America Waits ; Sunday Report ; A Political War to End All Waged Over Recount Votes », *Los Angeles Times*, 10 décembre 2000, édition finale, section National, p. A1.

conséquent, qu'arrivait-il lorsque le recomptage avait lieu après la date d'officialisation ? La loi n'était pas claire à ce sujet. Harris tenta d'officialiser les résultats le 14 novembre, mais la Cour suprême de la Floride, composée de six juges nommés par des démocrates, déclara le 21 novembre que cette date n'était plus valable et reporta l'échéance au 26 novembre.

Les deux partis, cependant, avaient entrepris leurs manigances bien avant la décision de la Cour suprême. Des membres de l'équipe Gore admirent plus tard qu'une de leurs tactiques consista à recueillir des renseignements personnels sur les membres des comités de révision de chacun des quatre comtés choisis [15]. Douze personnes – trois par comté – furent ainsi soumises à une enquête semblable à celles que mène le FBI pour établir des dossiers sur les individus politiquement indésirables. Les démocrates apprirent, par ces renseignements, qui était de leur côté et qui ne l'était pas, qui pouvait être intimidé et qui pouvait être persuadé par des moyens plus subtils. La stratégie fonctionna dans le comté de Broward, où le comité de révision consentit à recompter les bulletins de la manière la plus favorable aux « intentions » des votants ; si un bulletin semblait, aux yeux des trois réviseurs, favoriser un certain candidat, ce vote était comptabilisé même si le *chad* était si légèrement esquissé qu'on aurait pu croire à l'effet d'un courant d'air. Gore gagna des centaines de voix devant ce comité.

Mais pas à Palm Beach, où le si déroutant bulletin et des électeurs juifs irrités attirèrent rapidement une meute de journalistes. Al Lieberman, candidat à la vice-présidence de Gore, piqua une colère devant les nombreux « survotes » de ce comté et invita instamment les démocrates à saisir la justice pour exiger que soit tenue une nouvelle élection où l'on utiliserait un bulletin qui n'ait pas été créé par un esprit tordu ; les avocats du parti abandonnèrent cette hypothèse que la loi de Floride vouait d'avance à l'échec [16]. Ils firent plutôt porter leurs

15. *Ibid.*
16. *Ibid.*

efforts sur les votes incomplets et sur le recomptage, mais le comité de révision du comté, dominé par des républicains, n'entendait pas, cette fois, imiter celui du comté de Broward et « lire » les *chads* comme on « lit » des feuilles de thé. Ils adoptèrent plutôt un ensemble de règles d'interprétation plus strictes, qui demeuraient tout de même assez favorables aux démocrates, et ce comté que Gore croyait être une mine d'or se révéla finalement décevant.

Le château fort du parti, Miami-Dade, déçut également les démocrates. Deux choses défavorisèrent Gore. Il y eut d'abord une manifestation, qualifiée de « *penny loafer riot*[17] », menée par un petit groupe de jeunes républicains vêtus à la mode et qui prétendaient que les démocrates volaient les bulletins pro-Bush. Ils commencèrent par frapper sur les cloisons de verre qui les séparaient de la pièce où l'on disposait les bulletins devant être recomptés et finirent par expulser tous les démocrates de l'édifice. Le comté annula ensuite le recomptage et s'en tint aux résultats du 7 novembre. Le second obstacle était moins tangible : on a rapporté que le maire de Miami, Américain d'origine cubaine, était furieux que l'administration de Bill Clinton ait utilisé son pouvoir pour arracher Elian Gonzalez (réfugié cubain âgé de six ans qui avait échoué sur les rives de Floride) du domicile d'un membre de sa famille vivant à Miami et le renvoyer à Cuba[18]. Le maire se serait ainsi vengé en interrompant rapidement le recomptage dans Miami-Dade, ce qui privait peut-être les démocrates de voix additionnelles. Mais cela n'a pas été prouvé.

Entre-temps, le comté de Volusia ajouta quatre-vingt-dix-huit voix à Gore. Le 15 novembre, la majorité de Bush n'était plus que de trois cents voix[19]. Les républicains avaient alors commencé à remettre en question la légitimité du recomptage

17. *Ibid.*
18. *Ibid.*
19. Mark Z. Barabak et Richard A. Serrano, « America Waits : Florida Justices OK Hand Recount », *Los Angeles Times*, 17 novembre 2000, édition finale, section National, p. A1.

et clamaient aux quatre vents que ce processus se prêtait à des « mauvais tours ». Le recomptage manuel n'était pas aussi fiable que le recomptage mécanique, disaient-ils, et leurs agents se lancèrent dans une chasse aux sorcières pour retrouver des *chads* errants. Un observateur républicain se mit à hurler et à paniquer à la vue d'un *chad* tombé sur le plancher du lieu de recomptage du comté de Broward ; d'autres observateurs affirmèrent avoir vu un membre du personnel électoral utiliser un bulletin pour se nettoyer les ongles. Les républicains accusèrent des démocrates d'avaler des *chads* et, en une occasion, firent appel au bureau du shérif pour faire saisir soixante-quinze petits bouts de papier qui prouvaient que l'on éliminait des *chads* ; mais il fut démontré qu'il s'était agi de simples... petits bouts de papier.

Républicains et démocrates organisèrent aussi, dans les rues du comté de Broward et d'ailleurs, manifestations et contre-manifestations. À l'une d'entre elles, six cents républicains hurlaient : « *No more chads*[20] *!* » S'ensuivit une bataille de pancartes, chaque camp s'efforçant d'imposer ses graffitis spirituels sur les écrans lors des nouvelles de fin de soirée. Les démocrates citèrent Staline : « Ce qui compte, ce n'est pas ceux qui votent, c'est ceux qui comptent les votes. » Les républicains se moquèrent de l'incapacité de certains citoyens âgés à comprendre un bulletin que, doit-on ajouter en toute justice, la grande majorité des citoyens de Palm Beach avaient correctement interprété : « Fait la mauvaise perforation ? J'espère que vous ne conduisez pas[21]. »

Ce comportement fut jugé, en plusieurs milieux, révoltant et dommageable pour la réputation de véritable démocratie que s'étaient acquise les États-Unis. Dans son numéro du 25 novembre, *The Economist* écrivit : « [Ces événements] remettent en question la notion selon laquelle, alors que d'autres

20. *Ibid.*
21. Ian Brodie, « Florida basks in spotlight; US election 2000 », *The Times* (Londres), 15 novembre 2000, édition finale, section Overseas : p. 19.

pays brûlent des pneus dans les rues, les États-Unis mènent, quant à eux, leurs élections conformément à la règle de droit[22]. » Le magazine notait aussi, en éditorial :

> Depuis le soir des élections, les principaux participants se sont couverts de honte. Il a semblé, à certains moments, que les deux partis s'étaient engagés dans un concours d'hypocrisie. La cohérence et l'intégrité ont cédé le pas au besoin de dire tout et n'importe quoi qui serait susceptible de convaincre un quelconque tribunal. M. Gore devrait être blâmé pour avoir amorcé cette spirale vers le bas. M. Bush, cependant, devrait l'être aussi pour avoir refusé d'approuver ce qui était sûrement la solution la plus juste : un recomptage manuel de tous les bulletins de l'État de Floride[23].

Mais tout ce qui s'était passé jusqu'alors n'était encore que broutilles par rapport aux trois derniers rounds joués devant les tribunaux. La loyauté républicains/démocrates devint alors le facteur décisif dans le choix du prochain président. Les deux partis savaient pouvoir compter sur cette loyauté. Les démocrates disposaient d'un atout majeur : six des sept membres de la Cour suprême de Floride y avaient été nommés par des démocrates, ce qui faisait de ce tribunal une institution favorable au parti. Ce que confirma, selon toute apparence, la décision (rendue le 21 novembre) d'autoriser les recomptages. Mais les républicains n'étaient pas en reste, puisqu'ils pouvaient compter sur cinq juges nommés par des républicains au sein du plus haut tribunal du pays.

Le 26 novembre, Kathleen Harris officialisa la victoire (par cinq cent trente-sept voix) de George W. Bush. Les démocrates intentèrent immédiatement une action en justice. Le 4 décembre, le juge N. Sanders Saul, du tribunal itinérant du comté de Leon, maintint la décision de la secrétaire d'État, estimant que d'autres recomptages ne changeraient pas le résultat. L'équipe de Gore s'en remit alors à une institution plus accueillante, la Cour suprême de Floride qui, le 8 décembre, annula le résultat officialisé et réduisit à cent cinquante-quatre

22. « Whatever will they think of next ? », *The Economist*, 25 novembre 2000, p. 29.
23. « In the mire », *The Economist*, 25 novembre 2000, p. 17.

voix la majorité de Bush[24]. La Cour décida, à six contre un, que les recomptages devaient être terminés afin de sauvegarder le droit des électeurs d'être entendus, même si ces recomptages se poursuivaient au-delà de l'échéance fixée par la Cour. L'opinion majoritaire du tribunal était la suivante : « Le résultat de cette élection devrait être déterminé par un examen attentif des votes des citoyens de Floride et non par des stratégies sans rapport avec le processus du vote. » La seule opinion dissidente vint du juge républicain qui critiqua le tribunal pour n'avoir pas fixé de règles au recomptage et prévint que la décision plongerait le pays dans « une crise constitutionnelle sans précédent et inutile[25] ».

L'équipe de Bush s'adressa immédiatement à la Cour suprême des États-Unis pour faire renverser cette décision, ce qui fut fait le 12 décembre par décision partagée selon les allégeances de parti : cinq juges républicains étaient d'accord, alors que quatre juges démocrates ne l'étaient pas. La Cour rendit, en fait, deux décisions : l'une, à sept contre deux, renvoyait la cause à la Cour suprême de Floride, à charge de fixer des règles de recomptage ; l'autre, à cinq contre quatre, fixait l'échéance d'officialisation à précisément deux heures après le rendu de l'arrêt de la Cour suprême des États-Unis, ce qui enlevait toute pertinence à procéder à un recomptage. Gore concéda alors la victoire de bonne grâce, permettant à Bush d'assumer la présidence par une majorité d'une seule voix au collège électoral.

Cet arrêt de la Cour suprême, salué par les républicains pour avoir sorti le pays d'une crise, est considéré par les démocrates et les penseurs libéraux comme une hypocrisie flagrante de la part de juges conservateurs qui ont dû, pour assurer la victoire de Bush, s'imposer un virage serré à gauche. Michael Moore écrit, dans *Stupid White Men*, que deux juges républi-

---

24. Mark Z. Barabak et Richard A. Serrano, « America Waits : Fla. High Court Back Gore », *Los Angeles Times*, 9 décembre 2000, édition finale, section National, p. A1.
25. *Ibid.*

cains âgés de plus de soixante-dix ans – le juge en chef William Rehnquist et sa collègue Sandra O'Connor – voulaient prendre leur retraite, mais entendaient le faire sous un régime républicain afin que leurs successeurs soient d'esprit tout aussi conservateur. « Le soir de l'élection, raconte Moore, on a entendu O'Connor se plaindre, au cours d'une soirée à [Washington, D.C.], de ce qu'elle ne pourrait tenir le coup durant encore quatre ou huit ans. Le jeune Bush représentait leur seul espoir de se retirer satisfaits[26]... » Moore écrit aussi que le fils d'un autre juge républicain était un avocat membre d'un bureau des conseillers juridiques qui avait représenté l'équipe Bush devant la Cour suprême, ce que Moore qualifiait de conflit d'intérêts[27].

Quoi que les juges aient pu penser en privé, le texte (non signé) de leur décision majoritaire laisse à penser que « les [juges] conservateurs, bien qu'unanimes quant au résultat, ont fait d'énormes efforts pour trouver une violation des lois fédérales qui justifie d'annuler l'arrêt des tribunaux de Floride ». Le texte soutenait que, la Floride n'ayant fixé aucune norme qui permette d'établir la validité ou l'invalidité des bulletins, les différents recomptages effectués jusqu'alors violaient la garantie constitutionnelle de « protection égale devant la loi ».

> Dans le passé, les juges conservateurs se sont élevés contre l'utilisation de libellés constitutionnels aussi vagues que « protection égale » et « respect de la règle de droit », estimant qu'ils ne servaient qu'à assujettir les États au pouvoir fédéral. Ils affirment également que la cour devrait revenir aux intentions des rédacteurs de la Constitution. La disposition de « protection égale », qui fait partie du 14e amendement, fut ajoutée à la Constitution après la guerre de Sécession afin de protéger les Noirs contre la discrimination dans le Sud. Les juges conservateurs n'en invoquèrent pas moins, au moment de rendre la plus importante décision de leur carrière, la disposition de « protection égale » pour justifier l'interruption des décomptes manuels en Floride[28].

26. Michael Moore, *op. cit.*, p. 11.
27. *Ibid.*, p. 11-12.
28. *Ibid.*

En d'autres termes, les juges se basèrent sur un amendement qu'ils avaient dédaigné à maintes reprises dans leurs arrêts antérieurs, particulièrement dans des arrêts relatifs au nombre disproportionné de Noirs en instance d'exécution dans les prisons américaines, pour mettre fin à des décomptes qui risquaient de faire entrer à la Maison-Blanche le mauvais candidat. Professeur de droit à Harvard et militant des droits civils, Alan Dershowitz a publié en 2001 un ouvrage intitulé *Supreme Injustice*, dans lequel il qualifie l'arrêt de la Cour suprême de « décision la plus corrompue dans l'histoire de la Cour suprême, car elle est la seule, à ma connaissance, où les juges de la majorité rendirent leur décision en fonction de l'identité d'un individu et de l'appartenance politique des parties[29] ». Un autre rédacteur déclara que les juges étaient des « criminels[30] », et certains conservateurs allèrent même jusqu'à admettre qu'ils éprouvaient des difficultés à trouver une justification à cet arrêt de la Cour.

Il se trouva aussi certains conservateurs intelligents qui y virent une décision juridiquement correcte et qui soutinrent qu'elle ne contredisait pas l'interprétation antérieure qu'avaient adoptée les juges conservateurs de l'amendement sur la « protection égale ». Inutile d'ajouter que cet arrêt fait désormais l'objet de nombreuses analyses dans les facultés de droit des États-Unis.

De nombreux critiques ont cependant eu l'impression que, si Bush avait obtenu la deuxième place au soir de l'élection, les mêmes juges conservateurs auraient autorisé la poursuite des recomptages. C'est là, cependant, faire fi du problème fondamental de la politique de partis aux États-Unis. Il apparaît maintenant évident que si la Cour suprême avait été de majorité démocrate, Gore aurait gagné sa cause. C'était là la plus importante décision jamais rendue par la Cour, la seule fois

29. David G. Savage, « The Nation ; Court Scrutinized for Supreme Intervention », *Los Angeles Times*, 30 août 2001, édition finale, section National, p. A18.
30. *Ibid.*

que ses neuf juges, tous nommés par le pouvoir politique, étaient en mesure de donner à ceux qui les avaient nommés à ce poste, une victoire d'une importance inégalée. Absolument rien n'indique qu'une majorité démocrate eût agi autrement ; il suffit, pour s'en convaincre, de penser à la décision rendue, quelque temps auparavant, par la Cour suprême de Floride.

Un des juges de la Cour suprême des États-Unis a écrit : « Bien que nous ne puissions pas connaître, avec une absolue certitude, l'identité du vainqueur de l'élection présidentielle de cette année, l'identité du perdant est parfaitement connue : c'est la confiance du pays en des juges considérés comme des gardiens impartiaux de la loi. »

Épilogue

Un an après l'élection, une analyse des bulletins de vote révéla que, même si la Cour suprême avait autorisé la poursuite des recomptages, George W. Bush aurait vraisemblablement été proclamé vainqueur à une infime majorité. Selon la même étude, si le décompte avait été effectué en vertu des lois ultérieurement adoptées en Floride (lois visant à accorder le bénéfice du doute aux électeurs qui commettent des erreurs en toute innocence), Gore l'aurait emporté par une majorité tout aussi minuscule. L'étude n'aborda pas les faits révélés par la Commission des droits civils et selon lesquels un nombre important (mais non précisé) de Noirs avaient été abusivement exclus des listes électorales et ne purent jamais remplir un bulletin de vote, rejeté ou accepté.

Le département de la Justice des États-Unis et le gouvernement de Floride ne donnèrent jamais suite aux recommandations de la USCCR. Jeb Bush, gouverneur de Floride, et d'autres républicains de cet État rejetèrent le rapport en le jugeant partial, six des huit membres de la Commission ayant été nommés par des démocrates. Plusieurs autres sources, dont le *New York Times*, l'acceptèrent dans son intégralité parce que les travaux antérieurs de la Commission avaient été systématiquement dénués de tout parti pris et que ses conclusions étaient basées sur des témoignages enregistrés. Deux anciens présidents, le démocrate Jimmy Carter et le républicain Gerald Ford, qui président ensemble la Commission nationale des États-Unis sur la réforme électorale, déclarèrent en 2001, dans le *Atlanta Journal Constitution*, que le mode d'enregistrement des électeurs utilisé au Pérou est « de beaucoup supérieur » à ceux qu'on utilise aux États-Unis. *The Economist* écrit : « Le système de vote des États-Unis s'est révélé non seulement mauvais sur le plan technologique, mais structurellement imparfait, car beaucoup trop de fonctions de surveillance sont confiées à des membres d'un parti[31]. »

Jeb Bush, qui avait écarté le rapport de la USCCR en le taxant de partialité, n'en mena pas moins, en 2001, une réforme des lois électorales de Floride[32]. La nouvelle loi interdit tout mode de vote (et de comptage) par perforation, ce qui élimine les *chads* ; elle bannit les « bulletins papillons » qui avaient déconcerté les électeurs de Palm Beach ; et elle prévoit des recomptages manuels dans les cas de résultats serrés, ce à quoi les républicains s'étaient opposés tout au long du recomptage, sous prétexte que cela pouvait donner lieu à des « mauvais coups ». Cependant, la loi ne change rien en ce qui concerne les criminels dont la sentence a été exécutée : ils doivent, comme auparavant, demander la clémence avant de retrouver leur droit de vote ; de même omet-elle de créer un organisme impartial de surveillance des élections. La plupart des réformes font écho aux recommandations du rapport de la USCCR. Une réglementation identique, adoptée en avril 2002 au niveau fédéral, a surtout porté sur l'élimination des modes de vote désuets et facilité aux électeurs la correction des erreurs parfois commises sur leur bulletin de vote.

31. « In the mire », *The Economist*, 25 novembre 2000, p. 17.
32. Dana Canedy, « Florida Leaders Sign Agreement For Overhaul of Election System », *The New York Times*, 4 mai 2001, édition finale, section National.

Robert Mugabe fut déclaré vainqueur de l'élection au Zimbabwe et entreprit aussitôt d'emprisonner ses adversaires.

Les Américains, même ceux qui, en Floride, étaient tellement mécontents au lendemain de l'élection, ne se sont jamais inquiétés, semble-t-il, de ce qu'on ait exclu la population du processus électoral et qu'on ait confié celui-ci à deux meutes de loups enragés. Al Gore, qui s'est laissé pousser la barbe (signe infaillible d'une mauvaise conscience, diront certains) et est devenu conférencier dans des facultés de journalisme, ne suscite tout simplement pas la loyauté qui inciterait à contester sa défaite. Et George W. Bush s'est si brillamment comporté après les attentats du 11 septembre que plusieurs sont finalement heureux qu'il ait accédé, par hasard ou par vol, au poste de président. Les reportages préparés à l'occasion de l'anniversaire de l'élection ont montré que les Américains n'imaginent pas qu'un autre que lui puisse être aux commandes ; son taux de popularité s'est maintenu dans les 90 % au cours des mois qui ont suivi les attentats, bien qu'il ait amorcé une chute au printemps de 2002. Lorsqu'on considère les pertes subies par le pays le 11 septembre, c'est là une réaction compréhensible ; il est malgré tout inquiétant de voir qu'un pays, déterminé à se gouverner par la voix de sa population, n'a pas mené d'enquête sur des événements qui ont détourné un principe à ce point essentiel.

La Commission of Civil Rights comprend cette tendance des Américains à résister à l'autoexamen. Dans son rapport sur les élections du 7 novembre, elle fait précéder le chapitre consacré aux faits et aux recommandations d'une citation de Martin Luther King : « La grande majorité des Américains [...] sont mal à l'aise devant l'injustice, mais réticents à payer le prix de son éradication. »

Chapitre 12

La culture vide

> Je me demande pourquoi nous écoutons les poètes, alors que tout le monde s'en fout.
>
> Wilco, *Ashes of American Flag*

La présence et l'intervention américaines à l'étranger ont dominé et façonné le monde depuis la fin de la Seconde Guerre mondiale. Des institutions étatiques aussi sacrées que frontières et gouvernements ont été des créations américaines ; plusieurs tensions entre les États-Unis et d'autres pays sont nées d'opérations clandestines de la CIA ou d'entreprises militaires menées à des fins politiques au cours des vingt-cinq ou cinquante dernières années. Mais l'influence malvenue des Américains sur d'autres pays, tout comme la réaction souvent brutale qui s'ensuit, ne se limite pas à l'action d'espions et à la présence de missiles. Elle s'étend aussi aux vedettes de cinéma et aux hamburgers.

L'omniprésence américaine en matière de vêtements et de style de vie, de cinéma, de musique et de télévision, irrite depuis longtemps les pays étrangers et crée une tension que les Américains attribuent à une simple jalousie ou, pire, à un relent de tribalisme. Au printemps de 2002, l'antiaméricanisme faisait surtout rage dans les pays arabes, mais c'est la France qui est le pays par excellence du rapport amour/haine avec les États-Unis ; et ce rapport est aussi ancien que l'histoire américaine.

La France fut le premier allié européen des États-Unis ; elle accorda son appui aux vainqueurs de la guerre révolutionnaire, et la pensée politique française de cette époque habita les rédacteurs de la Constitution américaine. La France colonisa aussi une grande partie de l'est et du sud de ce qui allait devenir les États-Unis ; Napoléon vendit ces possessions au gouvernement américain en 1803 et l'achat de la Louisiane fut un des moments fondateurs de la domination des États-Unis en Amérique du Nord. La statue de la Liberté fut un don du gouvernement français (1886). Tout au long du XXe siècle, les deux pays se sont échangé librement styles de vie et visions du monde. Durant le premier quart du siècle, des écrivains comme Hemingway et Ezra Pound vécurent durant des années à Paris, à l'époque où cette ville attirait les artistes non conformistes de tous horizons et de toutes nationalités. Les Français adoptaient avidement les modes américaines, des blue-jeans à James Dean, cependant que les Américains en quête de liberté artistique, de bon vin et, plus tard, de culture européenne et d'une vie de bohème, faisaient de la France leur principale destination. C'est là le volet « amour » de cette relation.

Mais si l'Amérique a toujours exercé une forte attraction sur les Français, la vulgarité et l'artificialité de sa culture populaire les ont aussi repoussés. En France, le mot « Américain » est une métaphore qui signifie : qualité inférieure, adulation du gigantisme, violence, arrogance, production de masse, arrivisme, précipitation et absence de raffinement. Cet antiaméricanisme s'est traduit dans un livre publié en 1980 et intitulé *La France colonisée*. Dans cet ouvrage, qui devint un best-seller, l'auteur Jacques Thibau apprit à ses concitoyens, entre autres révélations, comment leurs politiciens avaient entrepris durant les années 1970 de retenir les services de sociétés américaines de relations publiques et transformé les campagnes électorales françaises, jusqu'alors sobres et de bon ton, en des opérations de marketing où l'on vendait les candidats comme on vend du jus d'orange ou des automobiles.

Thibau fut aussi l'un des premiers à montrer comment les films américains avaient pris d'assaut les salles de cinéma des villes européennes au début des années 1970, réduisant à l'état de cinéma d'art marginal ce qui avait été un cinéma national de grande classe en France, en Grande-Bretagne et en Italie. Depuis lors, le cinéma américain domine le monde et la vision que le monde se donne de lui-même. C'est ainsi qu'entre la fin de la Seconde Guerre mondiale et 1970, la France a produit dix films sur la guerre, et les États-Unis, trois cent onze [1] qui ont tous renforcé, au détriment des autres nations combattantes, l'image d'une Amérique héroïque, conquérante et libératrice.

Aux États-Unis, commentateurs et politiciens soutiennent que ce recul du cinéma français face au cinéma américain répond au simple jeu du marché de la culture. Si les Français étaient davantage intéressés par leur propre cinéma, ils produiraient et rentabiliseraient des films en plus grand nombre ; si le cinéma américain était moins populaire, la demande déclinerait. C'est là un raisonnement spécieux. L'industrie cinématographique française est encore relativement solide ; au printemps de 2002, un complexe multisalles du boulevard Montparnasse, à Paris, proposait douze films dont six français et six américains. En comparaison avec le Canada, où presque tous les films présentés en salle sont américains, c'est là une proportion remarquable de films nationaux. Il est clair que les cinéphiles français apprécient les œuvres de leurs propres créateurs, mais si le cinéma américain est si populaire en France, a révélé Thibau, c'est que le gouvernement américain l'a voulu ainsi au terme de la Seconde Guerre mondiale.

Lorsque le gouvernement français, épuisé et sans argent, a négocié en 1945 un refinancement avec Washington, les négociateurs américains ont tenu à ce que, en retour du crédit accordé, la France ouvre son marché aux films américains.

1. Jacques Thibau, *La France colonisée*, Paris, Flammarion, 1980, p. 74.

Jusqu'alors, la France ne laissait entrer chez elle qu'un nombre limité de films étrangers. Les studios américains disposaient d'énormes stocks de films jamais encore projetés en Europe et avaient, durant la guerre, coopéré avec le gouvernement américain en prêtant leurs vedettes au War Department à des fins de propagande ou pour faire la tournée des troupes à l'étranger. Ils entendaient désormais être payés en retour. Ils le furent, et davantage. Soumis aux pressions des négociateurs américains et prêts à tout pour obtenir une assistance financière, les Français renoncèrent à leur politique et acceptèrent d'éliminer les quotas d'entrée d'œuvres cinématographiques. Avant cette entente, la France avait émis des visas d'entrée à quarante-six films américains en 1945. Ce chiffre grimpa à trois cent quatre-vingt-huit durant les six premiers mois de 1947 [2]. Les Français furent autorisés à imposer à leurs propres salles un quota selon lequel elles devaient, sur treize semaines de fonctionnement, projeter l'équivalent de quatre semaines de films français, mais cela n'apaisa guère les critiques. *Le Monde* écrivit : « Condamner le film français à la disparition équivaut à soumettre le public français à une propagande irrépressible en faveur des goûts américains et de la mentalité américaine [3]. » Tel est bien ce qui advint ; la culture et le cinéma français présentent aujourd'hui une forte composante américaine.

Le menu de la télévision française est américain [4]. Un touriste qui séjourne dans un hôtel de Paris peut ainsi découvrir des versions doublées d'émissions américaines populaires, telles que *JAG*, *All My Children* et *The Simpsons* (cette dernière est également reprise sur les chaînes allemandes que l'on peut capter à Paris ; entendre Homer Simpson parler la langue du sergent Schultz vaut à lui seul le voyage outre-mer). Les Français sont également nourris de feuilletons télévisés créés chez

2. *Ibid.*, p. 68-69.
3. *Ibid.*, p. 69.
4. Selon Variety.com, on compte plus de deux cents émissions de télévision américaines distribuées sous licence dans le monde et aux États-Unis.

eux, mais dans un style nettement américain : dialogues dans des demeures cossues, échanges larmoyants dans des chambres d'hôpital où se trouve un médecin bien foutu, accidents de voiture maladroitement mis en scène et générique de fin d'émission. Il en est de même des jeux télévisés, dont l'animateur affiche un sourire permanent qui est si peu français qu'on se croirait aux États-Unis si ce n'était la langue employée.

Les Américains considèrent donc que tout cela répond aux lois du marché et, dans la mesure où les chaînes de télévision font tout pour obtenir les meilleures cotes d'écoute en diffusant les émissions qui attirent le plus de monde possible, ils ont raison. Cette opinion, cependant, néglige deux faits importants. Premièrement, les États-Unis dominent la production mondiale de films et d'émissions télévisuelles[5], ce qui signifie qu'ils sont les créateurs, étant pratiquement les seuls, des montagnes de matériel bouche-trou requis pour les cases horaires des chaînes de télévision. La domination américaine sur le cinéma et la télévision dans le monde témoigne moins de la qualité de sa production que de son abondance. Cela dit, un pays qui domine le marché mondial des armes sans se soucier le moins du monde de la nature des acheteurs ne risque guère de se préoccuper de la valeur artistique intrinsèque de *The Dukes of Hazzard* (*Shérif, fais-moi peur*).

Deuxièmement, la thèse du libre marché néglige plutôt allègrement de s'interroger sur le sentiment des populations étrangères bombardées par une culture qui n'est pas la leur et par les valeurs qu'elle véhicule. Les États-Unis chérissent leurs valeurs mais semblent incapables de comprendre, ou refusent de comprendre, que les autres pays, aussi petits et pauvres qu'ils soient, chérissent aussi les leurs. Un Américain trouverait étrange que quelqu'un voie dans *Dallas* ou dans *JAG* autre chose qu'un

5. Selon Variety.com, sept des dix plus grandes sociétés de divertissement actives en 2001 étaient américaines, neuf sur dix si on y inclut Sony et Vivendi-Universal. De même, vingt-cinq des cinquante sociétés les plus importantes étaient américaines.

divertissement, mais cela tient à ce que les personnages, leur tempérament, leur mode de vie sont essentiellement américains, comme lui. Un chômeur vivant en Bulgarie y voit plutôt des gens d'une richesse éhontée, traités comme des rois parce qu'ils sont capables de voler et de trahir leurs amis ; il éprouve quelque difficulté à y voir autre chose que le peuple américain dans son ensemble. Pourquoi n'en voudrait-il pas aux États-Unis de permettre une vie si somptueuse à des bandits si méprisables, alors qu'il occupe une pièce dans un sous-sol de Sofia ? Pourquoi ne s'indignerait-il pas de voir des gens éperdument amoureux de leur pouvoir d'achat, alors que ses moyens lui permettent à peine d'acheter une ampoule électrique et un paquet de café ? Pourquoi les Américains peuvent-ils se permettre une telle débauche de consommation simplement parce qu'ils vivent en Idaho plutôt qu'en Europe de l'Est ? Et pourquoi les chaussures Nike coûtent-elles si cher ?

La toute-puissance mondiale de la culture américaine et les sentiments conflictuels qu'elle provoque dans les populations des autres pays sont des phénomènes dont les États-Unis pourraient regretter de n'avoir pas tenu compte. Ce sont aussi des phénomènes qu'avait fort bien décrits, avant le 11 septembre, un livre tout aussi prophétique que le *Blowback* de Chalmers Johnson et dont le titre lui-même créa un choc dans le monde de l'après-11 septembre : *Jihad vs. McWorld : How Globalism and Tribalism Are Reshaping the World*. La couverture montre une femme vêtue à la mode arabe, dont on n'aperçoit que les yeux et qui tient à la main une canette de Pepsi. Cette seule couverture fit probablement de ce livre un best-seller après le 11 septembre et de son auteur, Benjamen Barber, un conférencier-vedette.

Barber fait de « Djihad » et de « McWorld » des termes génériques (bien que « djihad » soit devenu, depuis lors, un mot lourd de sens) pour décrire deux visions du monde concurrentes : mondialisation et nationalisme. Il les considère tous deux comme des menaces pour la démocratie, ce qui rend sa thèse plus populaire à gauche qu'à droite. Ce qu'il dit est pourtant d'une parfaite clarté et a plus de sens que la division simpliste entre le bien et le mal.

> Ancré dans la race, le premier scénario [Djihad] ouvre la sinistre perspective d'une régression de larges pans de l'humanité à l'état tribal par la guerre et le carnage : des États-nations menacés d'une balkanisation en vertu de laquelle on joue culture contre culture, peuple contre peuple, tribu contre tribu, un djihad lancé au nom d'une centaine de croyances étroites contre toute forme d'interdépendance, contre toute forme de coopération sociale artificielle et d'échanges mutuels : contre la technologie, contre la culture populaire et contre l'intégration des marchés, contre la modernité elle-même. Le second scénario [McWorld] dépeint cet avenir en brillantes couleurs pastel, tableau frémissant de forces économiques, technologiques et écologiques qui exigent intégration et uniformité et qui fascinent partout les populations par une musique facile, des ordinateurs rapides et une nourriture minute – MTV, Macintosh et McDonald's – forçant les pays à entrer dans un parc thématique mondial et homogène, un unique McWorld cimenté par les communications, l'information, le divertissement et le commerce [6].

Nous vivons actuellement dans un monde dont se sont emparées des entreprises (surtout américaines) qui « vendent » un mode de vie et de divertissement et qui entendent étendre leur marché sur la planète entière, tout comme l'a fait l'industrie cinématographique américaine en France en 1945. Contre cet impérialisme culturel, une seule défense : le nationalisme, qui s'exprime par l'antiaméricanisme bénin et quelque peu hypocrite qu'on trouve en France ou, plus dangereusement, dans le fanatisme racial d'Oussama ben Laden et dans ce qui fut le gouvernement taliban d'Afghanistan. Dans le monde de George W. Bush, on ne peut choisir qu'entre McDonald's et ben Laden ; entre le bien du capitalisme et de la mondialisation et le mal du terrorisme ; entre un accès incontrôlé des géants médiatiques américains aux chaînes de télévision et aux cinémas étrangers et le ministère taliban du Vice et de la Vertu. Ce

6. Benjamin R. Barber, *Jihad vs. McWorld : How Globalism and Tribalism Are Reshaping the World*, New York, Ballantine Books, 1995, p. 4.

n'est pas pour rien que les partisans de Bush ont associé les manifestants antimondialisation de Seattle aux agents d'Al Qaeda qui ont détourné un avion et foncé sur des gratte-ciel[7]. Le gouvernement américain a pour responsabilité première de protéger les intérêts du pays, ce qui signifie développer l'économie américaine et, par conséquent, ouvrir des marchés à ses produits. Utiliser à cette fin les attentats du 11 septembre aura été, comme le disent les Français, « très américain ».

La vision de Bush est simpliste, cela va sans dire. Il existe autre chose qu'un choix unique entre ouvrir son pays à la mondialisation et succomber à une violente désintégration. Tous les pays du monde imposent des règles afin de protéger leurs institutions nationales et culturelles, et les États-Unis en feraient autant si leurs chaînes de télévision étaient menacées d'être inondées d'émissions russes de bas étage doublées en anglais. Cela ne risque guère de se produire. Mais le cas échéant, et si une élection se profilait à l'horizon, les États-Unis trouveraient immédiatement le moyen de contourner l'amendement constitutionnel qui garantit la liberté de parole et limiteraient la présence d'émissions non américaines sur ses ondes. Pour l'heure, le pays se préoccupe bien davantage d'acheminer ses propres films vers des écrans étrangers. Dans ses rapports sur l'économie et les pratiques commerciales des autres pays, le département d'État note régulièrement les limites imposées à l'importation de films étrangers ; la vente à l'étranger de films et d'émissions de télévision est, semble-t-il, d'intérêt national. Ce paragraphe révélateur est extrait du rapport sur Taiwan, en mars 2000 :

> Taiwan a assoupli, à la fin de 1997, ses restrictions sur les copies de films étrangers qui sont ainsi passés de trente-huit à cinquante-huit. Le nombre de cinémas autorisés, dans une municipalité donnée, à projeter simultanément le même film étranger

7. Voir, au chapitre 1, la citation d'un chroniqueur : « Dans la lutte entre la civilisation et la barbarie, ceux qui incendient un McDonald's et ceux qui emboutissent des gratte-ciel avec des avions de ligne mettent leur énergie destructrice au service d'une cause commune. »

est aussi passé de onze à dix-huit. À compter d'août 1997, les complexes multisalles sont autorisés à projeter le même film dans trois salles, contre une seule auparavant. Taiwan s'est engagé à abolir ces restrictions dès son accession à l'OMC. Quant au marché de la câblodistribution, on s'inquiète de ce que les deux principales entreprises de l'île ne s'entendent, à l'occasion, pour faire obstacle à la libre concurrence. C'est ainsi, par exemple, que le contrôle qu'elles exercent sur la distribution en amont a rendu difficile aux fournisseurs américains de négocier leurs émissions à des prix raisonnables [8].

Un autre rapport du département d'État sur les pratiques commerciales de l'Inde explique comment le gouvernement américain a tenté, au nom de l'industrie cinématographique de son pays, d'amener le gouvernement indien à assouplir ses restrictions sur l'importation de films étrangers et sur la propriété étrangère des entreprises de radiodiffusion. En matière de quantité (par opposition à budget de production), l'Inde est le plus important producteur de films du monde : on y produit annuellement huit cents films, contre environ cinq cents aux États-Unis. C'est là un marché qui résiste encore à l'industrie américaine du divertissement, contrairement à d'autres pays, dont le Canada – où, durant la semaine du 17 au 23 mai 2002, les dix films les plus rentables étaient tous américains – et au Japon (neuf sur dix) [9]. La vente à l'étranger du divertissement américain est, de toute évidence, aussi importante pour le gouvernement que celle des armes et des ordinateurs. Les gouvernements, partout dans le monde, sont soumis à une pression constante visant à autoriser les entreprises américaines à entrer librement chez eux, sans égard pour leur identité et leur

8. Repris sur le site suivant : www.state.gov/www/issues/economic/trade_reports/1999/taiwan.html.
9. Variety.com tient une liste hebdomadaire des revenus cinématographiques bruts dans divers pays d'Amérique du Nord, d'Amérique du Sud, d'Europe et d'Asie. Dans la semaine du 17 au 23 mai 2002, les top-10 dans chaque pays ainsi retenu étaient dominés par des films américains, notamment *Star Wars II : Attack of the Clones* et *Spiderman*. Rares étaient les pays qui avaient « placé » un de leurs films nationaux dans cette liste, à l'exception de la France qui en comptait cinq.

culture nationales. Selon la vision du monde américaine, aucune liberté n'existera tant qu'on ne permettra pas à tous les peuples du monde de regarder *Married... With Children* tous les soirs et que leurs multisalles ne pourront projeter *Spiderman* sur tous les écrans à la fois pour le lancement du film.

Cette insensibilité s'aggrave du fait que la moitié des films américains sur dix sont mauvais, sinon sans aucun intérêt. La plupart ne sont plus des œuvres d'art et, du reste, ne visent même pas ce titre : ils sont tout simplement des produits, des objets. *The Economist* rappelait, le 11 mai 2002, que les films à fort budget, tel *Spiderman*, ne retirent que 20 % de leurs revenus de la vente des billets en salle. Les quatre cinquièmes proviennent désormais des copies vidéo, DVD et de la télévision payante, des produits de consommation qui figurent dans le film (Spiderman préfère Dr. Pepper), et de la vente de jeux, de figurines, de sacs d'école, de repas minute et d'autres produits dérivés[10]. Les films américains ne sont que la partie visible d'un gigantesque iceberg commercial ; il leur est essentiellement demandé de faire naître une fièvre qui se traduira par une énorme vente de billets durant la semaine de leur lancement et d'inciter les enfants à harceler leurs parents pour qu'ils achètent la camelote qui va avec. À de rares exceptions près, ces films n'ont même pas le courage de leurs convictions ; avant de les lancer sur le marché, on les soumet au jugement de groupes cibles : Les personnages sont-ils suffisamment attirants ? La conclusion est-elle suffisamment inspirante ? Selon les réactions obtenues, on change la conclusion et l'on élimine certains personnages[11]. Si l'on en juge par la production cou-

10. « The spider's bite », *The Economist*, 11 mai 2002, p. 65.
11. Selon un article de CNN.com, daté du 28 septembre 1988, la version originale du film *E.T.*, de Steven Spielberg, se terminait par la mort de l'extraterrestre qui en est le personnage principal. Les groupes cibles ayant détesté cette fin, le film montre le héros qui retrouve sa famille. Ce sont aussi les réactions de groupes cibles, ajoute l'article, qui déterminèrent la conclusion de *Pretty Women* et de *Fatal Attraction*. Et dans *My Best Friend's Wedding*, le personnage d'homosexuel joué par Rupert Everett était d'abord secondaire, mais devint

rante, les Américains exigent des films qu'ils s'achèvent sur une conclusion à la Hollywood : le héros arrange tout et conquiert la fille, ce qui résout tout dilemme moral. C'est encore mieux si le film est basé sur un livre, une bande dessinée, une émission de télé ou un film dont la version originale connut un grand succès, ce qui en rend l'imitation plus facile à mettre en marché. (En 2001 et en 2002, le marketing le plus intense a porté sur des films basés sur des best-sellers du livre, de la bande dessinée et des dessins animés télévisés, dont, entre autres : *Lord of the Rings : The Fellowship of the Rings*, *Harry Potter and the Philosopher's Stone*, *Spiderman*, *Scooby-Doo*, *Bridget Jones' Diary* et *About a Boy* ; autre film à grand spectacle, *Attack of the Clones* était le cinquième volet de la série *Star Wars*). Les créations entièrement originales qui, parvenues dans les salles, proposent une fin déprimante ou moralement ambiguë sont très rarement rentables ou n'ont d'auditoire que chez les amateurs de cinéma d'art. Pendant ce temps, des films optimistes et proaméricains tels que *The Majestic* (2001) et *A Beautiful Mind* (*Un homme d'exception*) (2001) sont proclamés candidats classiques aux Oscars, même s'ils ne sont remarquables que par la banalité de leurs dialogues et par l'abondance des potins concernant leurs vedettes.

Depuis la fin des années 1990, les prétendues comédies sont ce qu'il y a de plus mauvais dans le cinéma américain. Ces tentatives lamentables de faire rire ne sont pas des comédies,

---

plus important lorsque les auditoires cibles s'entichèrent du jeu d'Everett. Il arrive parfois que ces projections ciblées aient des effets positifs, permettant à un réalisateur de s'apercevoir que son film est incompréhensible tel qu'il est monté, mais la plupart des changements sont apportés pour des raisons commerciales, à la seule fin de plaire au plus grand nombre. L'article de CNN.com provient de www.cnn.com/SHOWBIZ/Movies/9809/28/screen.test/. De son côté, CBSNews.com rapportait, le 6 novembre 2001, que la réaction des groupes cibles à *Black Hawk Down*, film qui raconte la courageuse mission de soldats américains en Somalie, incita le studio à sortir le film en décembre 2001 plutôt qu'en mars 2002 comme on l'avait prévu. Le public cible, encore secoué par les attentats de septembre, avait avalé goulûment cette histoire d'héroïsme américain.

mais des assemblages d'humour puéril qui repose essentiellement sur les fonctions excrétoires de l'individu. Hollywood a compris le succès de *There's Something About Mary* (Marie a un je-ne-sais-quoi) – qui offrait une certaine originalité – comme un encouragement à produire des films encore plus grossiers, dans lesquels de longs plans rapprochés d'individus en train de déféquer n'étaient qu'un timide avant-goût de ce qui allait suivre.

Le succès de ces films, répétons-le, repose entièrement sur le marketing. Le phénomène prit un relief particulier en juin 2001, lorsqu'un studio, Sony, fut pris en flagrant délit de falsification de comptes rendus dans sa publicité et sur ses affiches. L'entreprise géante s'était inventé un journaliste du nom de David Manning, chroniqueur de cinéma au *Ridgefield Press* ; or, il existe un authentique journal de ce nom au Connecticut. Lorsque ce journal déclara n'avoir aucun chroniqueur de ce nom, Sony admit avoir inventé et David Manning et l'article louangeur consacré au film *A Knight's Tale.* Le studio prétendit, pour se défendre, qu'une telle pratique était courante dans l'industrie cinématographique, ce qui est parfaitement exact. Par la suite, d'autres compagnies de production furent également accusées d'avoir inventé des comptes rendus et d'avoir fait jouer à leurs employés le rôle de spectateurs enthousiastes dans des publicités télévisés ; ces aveux se révélèrent bientôt contagieux. En mars 2002, Sony accepta de mettre fin à cette pratique et de payer à l'État du Connecticut une amende de 326 000 dollars.

Telle est donc cette industrie du film à laquelle les populations étrangères doivent accorder, au détriment de leur identité culturelle, un accès sans limite à leurs salles de cinéma afin d'assurer la liberté et prévenir le terrorisme. Or, ces populations ne reçoivent même pas, en contrepartie, l'image de la culture américaine, dans la mesure où ces films ne montrent pas la vie quotidienne telle qu'elle est aux États-Unis. Ce qu'elles reçoivent est l'équivalent cinématographique d'un sac de popcorn, c'est-à-dire un produit générique de masse qui, parce qu'il est fondamentalement sans contenu, n'attire que par son marketing et ses effets spéciaux. Le préférez-vous avec du caramel, au goût de fromage ou nature ?

La même critique vaut pour la musique populaire américaine qui mise sur le marketing et non sur le talent. Le pays qui a créé le jazz, le blues et le rock and roll continue de produire une musique d'une grande beauté et d'une superbe originalité – on songe immédiatement au groupe Wilco –, mais la plupart des gens n'en sauront jamais rien. La musique américaine est plutôt dominée par des « artistes » fabriqués qui doivent produire des succès instantanés ou périr à la tâche. Britney Spears, N'Sync, les Backstreet Boys – tels sont ceux et celles qui remportent les prix pour leur musique et leurs vidéos. Ils ne sont pas tout à fait « pourris », admettons-le, mais ils sont sans rapport avec une culture vivante ; ils sont une image préfabriquée qui a été testée et approuvée par des groupes cibles. La musique est vidée de son essence, elle n'est faite que de bruyants clichés sur l'amour, le sexe et la violence ; les vidéos qui les accompagnent sont une suite d'attitudes soigneusement étudiées (gros plan sur une moue, posture de défi dans la pluie, regard ému qui se baisse lentement, plan d'ensemble de danseurs, moment d'indifférence rebelle au tournage de la séquence) qui se suivent ensuite, après montage, à un rythme tel que toute interprétation en devient impossible. Ces vidéos n'existent que pour pénétrer dans le cerveau des adolescents sans provoquer la moindre réflexion.

Wilco, par contre, est un groupe intellectuellement stimulant, dirigé par un chanteur nommé Jeff Tweedy, et déterminé à témoigner de ce que la poésie et le folk américains ont produit de meilleur, tout en explorant des sonorités et un registre contemporains. À cause de cela, et parce qu'il avait commis le crime d'enregistrer un album qui ne comptait pas le moindre « hit » vendable à la radio, la compagnie de disques laissa tomber le groupe en 2001. Cette exclusion survint dans la foulée d'un album précédent, intitulé Summerteeth, que les critiques qualifièrent de classique moderne et qui s'était fort bien vendu sous l'étiquette « Reprise ». Ce succès antérieur, tout comme la volonté de Wilco de rester fidèle à sa vision, n'avait cependant aucun sens pour une industrie américaine de la musique qui se préoccupe bien davantage d'« industrie » que de « musique ». À propos de la saga Wilco, le magazine *Rolling Stone* a écrit :

> La consolidation survenue dans l'industrie de la musique a obligé ses dirigeants à penser encore davantage en fonction de succès instantanés et à se préoccuper de moins en moins de croissance à long terme. Chez Reprise, on commençait à manquer de patience envers les artistes en développement. L'étiquette avait été intégrée à l'empire AOL Time Warner, lequel, occupé depuis quelques années à réduire ses frais généraux, avait congédié quelque six cents employés et abandonnait les groupes non rentables. [David] Kahne, producteur d'expérience qui avait travaillé avec Sublime, Romeo Void et Paul McCartney, évaluait chaque production chanson par chanson plutôt que d'adopter une perspective à long terme. « En règle générale, dit-il, les disques dont des chansons passent à la radio se vendent mieux. L'image de marque d'une compagnie de disques tient beaucoup à ce qu'elle a été, mais, en même temps, elle évolue. » Et cela, aujourd'hui, signifie : produire des succès [12].

Wilco conclut ensuite une entente avec une autre compagnie après que son nouvel album, *Yankee Hotel Foxtrot*, eut provoqué un enthousiasme débordant sur Internet. La nouvelle étiquette, Nonesuch, appartenait aussi à AOL Time Warner. Ce va-et-vient et cette mauvaise gestion témoignent d'un pays qui ne sait pas comment reconnaître un talent qui n'est pas célèbre. À moins d'être célèbre ou de faire scandale, l'artiste américain – acteur, chanteur ou écrivain – ne retient pas l'attention de l'industrie de masse.

Se répandre en invectives contre la malhonnêteté artistique de l'industrie américaine du divertissement et contre son omniprésence dans le reste du monde semble, bien entendu, parfaitement vain. Tous les pays dominants de l'histoire, de la Grèce à la Rome antiques et de la France à l'Angleterre, ont

12. Greg Kot, « The Classic Album That Almost Wasn't », *Rolling Stone*, 23 mai 2002.

semé leurs valeurs en terre étrangère. L'opinion la plus répandue a toujours soutenu que l'impérialisme apporte avec lui prospérité et paix. La mondialisation, qui est une forme d'impérialisme qui ne renvoie à aucune nation particulière – étant l'expansion impériale des transnationales et d'un capitalisme sans État – est perçue, de même, comme une potion magique dont on sait que les propriétés calmantes provoquent une poussée démocratique. Qui donc s'opposerait à un tel bienfait ? Mais comme les États-Unis dominent les industries du divertissement et celles qui déterminent un mode de vie, « mondialisation » se distingue à peine de « américanisation ». Nombreux sont ceux qui y voient moins une voie d'échanges qu'une route à sens unique qui mène à ces valeurs américaines qu'expriment, chaque soir, des émissions telles que *Mork & Mindy*, *Magnum PI*, *Batman*, *Berverley Hills 90210*, *Scooby-Doo* – toutes émissions qu'a pu redécouvrir, au début de 2002, un correspondant du magazine *Atlantic Monthly* qui séjournait à Kazan, capitale du Tatarstan (république russe située à quelque 800 kilomètres de Moscou) [13].

Le journaliste repéra aussi, à Kazan, un détaillant de chaussures de marque Reebok et un restaurant McDonald's, et fréquenta un cinéma qui affichait trois films américains et un film français. Il rapporta avec plaisir, dans son article, cette présence de ce qu'il appelait des « agréments occidentaux », bien que, exception faite du film français, tous ces « agréments » étaient, en fait, américains. Il ne vit personne s'adonnant à la pétanque ou buvant du pastis ; personne ne buvait de bière Molson ou ne jouait au hockey ; on n'y trouvait aucun *biergarten* allemand et aucun pub anglais. Tout ce qui, à Kazan, sort de l'ordinaire (autre que journaux et vodka russes, comme il est normal en ces lieux) est américain : télévision, fast-food, cigarettes et boissons non alcoolisées. « Tel est précisément le type de laïcisme commercial, conclut triomphalement le

13. Jeffrey Tayler, « Islam versus the pleasure principle », *The Atlantic Monthly*, mars 2002, p. 35-37.

correspondant, que redoutent, avec raison, les religieux musulmans. » Cette crainte est peut-être justifiée, mais, interprétés par un réactionnaire musulman ou par un chef terroriste, les McDonald's et leurs semblables deviennent de puissants stimulants du sentiment antiaméricain.

Une nourriture infecte préparée à la hâte et dans l'indifférence peut difficilement passer pour un signe de supériorité culturelle ; elle témoigne plutôt de la faiblesse d'une culture. Il en va ainsi de chaussures de sport hors de prix, cousues par une main-d'œuvre bon marché dans des pays pauvres et commercialisées par des célébrités sportives dont les revenus égalent souvent celui du PNB des mêmes pays pauvres. En mai 2002, les citoyens d'Arabie Saoudite ont entrepris de boycotter des franchisés américains comme McDonald's, afin de protester contre l'appui des États-Unis à Israël. En mars 2002, un organisme du gouvernement iranien a commencé à mettre en vente un ensemble de poupées, appelées Dara et Sara, afin de contrer les fortes ventes dans ce pays des poupées Ken et Barbie. Les poupées, vêtues à l'iranienne, ont été conçues et dessinées par une division du ministère de l'Éducation : l'Institut pour le développement intellectuel des enfants et des jeunes adultes. Des propriétaires de magasins se sont dits heureux de pouvoir proposer à leur clientèle ces nouvelles poupées, car, à leur sens, Barbie portait des vêtements par trop révélateurs et, par conséquent, d'allure « libertine ». « Je crois que chaque poupée Barbie fait plus de dommages qu'un missile américain », a déclaré à BBC un propriétaire de boutique [14].

Dans plusieurs pays, la culture américaine ainsi exportée constitue un signe de modernité autant qu'un facteur d'exaspération, phénomène aggravé par l'indifférence des États-Unis aux sentiments de ces pays, ainsi qu'aux difficultés imposées à leur gouvernement. Le problème tient à ce que, pour les Américains, leur droit de vendre de la camelote quand et où ils l'entendent constitue la contrepartie que leur accorde le reste du

14. « Muslim dolls tackle "wanton" Barbie », BBC News Web site, 5 mars 2002.

monde en retour de la liberté, ou tout au moins de la paix, qu'assurent les forces armées des États-Unis. Les préférences, les valeurs et les cultures nationales n'ont rien à voir dans cette histoire. Lorsque tomba le régime taliban, la première chose que firent les Afghans fut de se précipiter au cinéma, d'écouter leur musique favorite et, dans l'ensemble, de se comporter comme des Américains. La soif de culture populaire ne se limite pas à un seul pays ; il arrive seulement qu'aucun pays ne peut en encaisser les formes les plus toxiques plus facilement que les États-Unis, et que tous les pays ne sont pas équipés pour y survivre.

Chapitre 13

L'Amérique aux bouchées doubles

Une frite avec ça ?

La question sans cesse
répétée chez McDonald's

Les Américains sont corpulents. Cela ne paraît pas tellement dans les beaux quartiers de grandes villes comme New York et Los Angeles, où le chic exige la minceur, mais promenez-vous dans les quartiers moins bien nantis, à la campagne et dans les plus petites villes, et la réalité vous saute aux yeux : la population des États-Unis est aussi bien en chair que les oies que l'on gave en France, et leur foie aussi mal en point que celui de ces malheureux volatiles. Les statistiques confirment cette impression : le U.S. Surgeon General (le ministre de la Santé des États-Unis) estimait, en 1999, que 61 % des adultes présentaient une surcharge pondérale ou étaient médicalement obèses [1], et que 13 %

1. Il ne faut pas confondre l'obésité dite « médicale » avec l'obésité morbide (ou « superobésité »), expressions qui s'appliquent à des individus exceptionnellement gras dont le poids peut atteindre 190 kg (selon le *Livre des records Guinness*, l'homme le plus gras du monde était un Américain qui pesait plus de 636 kg lorsqu'il décéda d'un arrêt cardiaque). Selon les normes établies par le ministère américain de la Santé, un homme mesurant 1,85 m est considéré comme ayant un excès de poids à 86 kg et obèse à 100 kg. Ces normes ne valent pas pour les individus de forte masse musculaire ou pour les femmes enceintes.

des enfants et 14 % des adolescents suivaient la même tendance[2]. On estime à cinquante et un millions le nombre d'adultes américains obèses[3]. Les données démographiques (la population américaine s'élève à 287 042 660 personnes[4]) ne rendent pas justice à la masse humaine qui se ballotte dans tout le pays ; en matière de poids, les Américains formeraient plutôt une population de quatre cents millions. On imagine avec stupeur les kilomètres de tissu extensible, de toile de jeans et de coton ouaté nécessaires pour couvrir cet amoncellement de chair.

Nous sommes au pays où règne la majorité, et cette majorité présente une surcharge pondérale. À sa manière inimitable, l'Amérique a donc décrété que « *fat is beautiful* » – et même sexy –, ce qui la démarque nettement de l'obsession de la minceur, du jogging et de la santé qui l'habitait durant les années 1970. Certains feuilletons et talk-shows télévisés mettent en vedette des hommes et des femmes de forte corpulence (*Drew Carey*, *The View*) ; les stars créent et commercialisent des lignes de vêtements pour cette catégorie de la population et se font les porte-parole de la majorité dodue. Il existe une National Association to Advance Fat Acceptance (NAAFA) (Association nationale pour promouvoir l'acceptation des personnes fortes) dont le « Temple de la renommée » affiche les noms de Babe Ruth, Louis Armstrong, Miss Piggy et Bouddha. Il existe également une American Obesity Association (Association américaine de l'obésité) dont le site Web proclame que « l'obésité n'est pas qu'une simple propension à trop manger. Il est désor-

---

Selon certains critiques, la méthode utilisée pour déterminer l'obésité médicale, basée sur un ratio appelé « index de masse corporelle » (poids divisé par taille), est trop rigoureuse et surestime le problème social en cause.

2. Statistiques tirées de « The Surgeon General's Call to Action to Prevent and Decrease Overweight and Obesity ». Le rapport fut rendu public le 13 décembre 2001. On le trouvera sur le site suivant : www.surgeongeneral.gov/topics/obesity.
3. The American Obesity Association : www.obesity.org/subs/fastfacts/obesity_US.shtml.
4. Selon l'horloge démographique du U.S. Census Bureau au 14 mai 2002. Cette « horloge » est présentée sur le site suivant : www.census.gov/cgi-bin/popclock.

mais reconnu qu'elle est une maladie chronique sérieuse. Aucune caractéristique humaine – ni la race, ni la religion, ni le sexe, ni l'appartenance ethnique ou la maladie – ne se compare à l'obésité en matière de préjugés, de mortalité, de morbidité et de stigmatisation [5] ».

On trouve des magazines, comme *Dimensions*, consacrés aux avantages qu'il y a à être une « BBW » – acronyme apparemment bien connu de Big Beautiful Woman. Une de ces publications s'est même donné le slogan : « The Power of Plus ». Des sites Web existent qui ont pour nom www.livinglargeinc.com et qui proposent aux femmes fortes des emplois de mannequins et les encouragent à se montrer fières de leur taille. Les sites pornographiques ne sont pas en reste, où de très grosses femmes se livrent aux mêmes jeux érotiques que leurs homologues sveltes (et aux seins artificiels) sur les sites pornos classiques. Plus de la moitié des Américaines portant désormais des vêtements de taille 12 ou davantage, les magasins « grande taille » sont tout aussi omniprésents que les magasins habituels ; les designers traditionnels, dont Liz Clairborne et Ralph Lauren, ont suivi la tendance et créent désormais des modes masculine et féminine spécifiquement conçues pour les grandes tailles [6].

Et n'oublions pas les poursuites en justice – le site Web de la NAAFA en mentionne vingt et une à lui seul – intentées par des Américains trop lourds contre des employeurs, des entreprises de transport et des gouvernements soupçonnés d'actes de discrimination contre des Big Beautiful Women et des hommes dodus. La plupart des causes décrites sur le site Web de la NAAFA se rapportent à des hommes et à des femmes, dont

5. L'American Obesity Association est un organisme sans but lucratif qui compte, au nombre de ses commanditaires, des compagnies pharmaceutiques et des entreprises de techniques et de produits amincissants qui auraient intérêt à exagérer le problème de l'obésité, afin de vendre davantage de produits inhibiteurs de l'appétit, d'équipement pour réduire le volume de l'estomac et des adhésions à des clubs de weight-watchers. Son adresse : www.obesity.org.
6. Kevin Cowan, « Big is beautiful : Designers catching on », *Scripps Howard News Service*, 19 février 2002.

certains font plus de 136 kilogrammes, qui ont été congédiés ou à qui l'on a refusé un emploi en raison de leur poids. Il arrive souvent, aux États-Unis, que les employeurs fournissent une assurance-maladie à leurs employés, ce qui constitue des avantages sociaux hautement recherchés dans un pays où la médecine n'a pas été socialisée ; certaines entreprises sont donc réticentes à inclure dans leur police d'assurance collective des individus beaucoup trop gros (et souvent en mauvaise santé). Mais c'est là, pour ces entreprises, une bataille perdue d'avance ; plusieurs États ont maintenant décrété que l'obésité était une forme de handicap, faisant ainsi de toute discrimination un acte criminel. Il existe, en Californie, des bureaux d'avocats qui ne traitent que des poursuites intentées par des gens souffrant d'obésité morbide ; ces causes portent très souvent sur le refus des assureurs d'assumer les coûts de l'opération chirurgicale, délicate mais habituellement réussie, qui consiste à réduire l'estomac du patient afin qu'il se remplisse plus rapidement et avec moins d'aliments [7].

En bref, l'excès de poids est devenu si habituel aux États-Unis que le fait de refuser un emploi aux personnes obèses est

7. Le site Web de l'American Society for Bariatric Surgery décrit en détail les diverses méthodes de réduction et de pontage stomacal utilisées dans les cas d'obésité morbide et de « superobésité ». À l'origine, le pontage visait à détourner les aliments digérés de manière à ce qu'ils passent directement de l'estomac au gros intestin, évitant ainsi aux calories d'être absorbées par l'intestin grêle. Cette méthode entraînait de nombreuses complications, dont de graves problèmes de foie, et n'est plus recommandée par l'Association. On préfère désormais réduire l'estomac par agrafage et effectuer un pontage qui va de la partie réduite de l'estomac jusqu'aux intestins, en contournant la partie inutilisable de l'estomac. Une technique plus récente consiste à « resserrer » l'estomac : la partie supérieure de l'estomac est enserrée par une lanière afin de créer un estomac plus petit qui permet cependant le passage des aliments vers l'intestin. On fabrique désormais des lanières gonflables qui permettent d'augmenter ou de réduire le volume de l'estomac au gré du patient ou du médecin. Toutes ces méthodes exigent d'abord une grande discipline de la part du patient, lequel doit mastiquer soigneusement ses aliments et en éviter certains, dont la crème glacée et les boissons gazéifiées, afin de prévenir des montées d'acide et des vomissements continuels.

devenu une affaire de droits civils. La surcharge pondérale est officiellement reconnue comme une maladie par le gouvernement fédéral, lequel verse mensuellement 77 millions de dollars à titre de prestations de sécurité sociale à quelque cent trente-sept mille obèses que leur état physique rend inaptes au travail[8]. Dans certains États, un service d'incendie ne peut pas plus refuser de mettre à l'essai un homme de 160 kilos qui se déplace lentement qu'il ne peut le refuser, pour des raisons de religion ou d'orientation sexuelle, à un homme en parfaite santé. Certains y voient un progrès, dans la mesure où la société impose ainsi un heureux contrepoids à l'influence des industries de la mode et du cinéma, toutes deux obsédées par des femmes d'une telle maigreur que leurs épaules, nota un jour Cintra Wilson dans un article de Salon. com, font penser à des jointures. Qui diable tient à se lancer dans un végétalisme privé de toutes les joies gastronomiques connues de l'humanité, à la seule fin de porter des vêtements de taille 1 qui laissent transparaître le moindre tendon sous la peau ? Et comment, du reste, les horaires de travail que s'imposent les Nord-Américains laisseraient-ils suffisamment de loisirs pour garder une forme physique parfaite et éviter toute graisse superflue ?

On oublie ainsi, cependant, ce que souligne l'Association américaine de l'obésité : aux États-Unis, l'obésité est à un stade « épidémique important[9] ». Surcharge pondérale et obésité sont la cause directe de plus de trois cent mille décès par année et peut-être de quatre cent mille ; ce taux de mortalité est identique à celui du tabagisme ou plus élevé. En d'autres termes, l'excès de poids est responsable d'environ 15 % des décès survenus aux États-Unis chaque année (c'est-à-dire de un sur six ou sept), y compris les décès pour cause de vieillesse, d'accident ou de meurtres[10]. Le tueur, cependant, n'est pas ici

8. www.obesity.org/subs/disability/.
9. www.obesity.org/subs/advocacy/.
10. Selon l'horloge démographique américaine, quelque deux millions et demi d'Américains décèdent chaque année, toutes causes confondues.

reconnu comme un poison détestable, telle la cigarette, mais considéré comme une excellente chose : le régime alimentaire américain.

Les Américains ont oublié comment s'alimenter. Pire encore, ils ont détruit la nourriture en la transformant, de soutien de la vie qu'elle devrait être, en facteur de destruction. Durant les Jeux olympiques d'hiver, tenus à Salt Lake City en 2002, le sous-ministre des Sports du Belarus se plaignit du régime de hamburgers et de sandwichs préfabriqués auquel les organisateurs soumettaient ses athlètes. « Nos athlètes [...], déclara-t-il à l'agence Reuters, ont besoin de viande normale, de jus de fruits frais et de soupe chaude. » Ce dégoût pour le régime alimentaire américain était compréhensible. On pourrait aisément soutenir, en effet, qu'un fort pourcentage des produits vendus dans les supermarchés et dans les restaurants américains devraient être étiquetés comme le sont les cigarettes, c'est-à-dire s'accompagner d'une mise en garde : une consommation incontrôlée peut causer des maladies parfois mortelles. Aux États-Unis, les aliments tuent.

Un livre publié en 2002 montre clairement comment le régime alimentaire a modifié l'ordre relatif des causes de décès aux États-Unis. Écrit par Marion Nestle, *Food Politics : How the Food Industry Influences Nutrition and Health* retrace l'évolution de la mortalité aux États-Unis entre 1900 et 2000. Selon un tableau comparatif dressé en 1910, les principales causes de décès étaient, en ordre décroissant : tuberculose, pneumonie, maladies diarrhéiques, affections cardiaques, maladies du foie, blessures, infarctus, cancer, bronchite et diphtérie[11]. On y retrouve plusieurs maladies contagieuses dont on comprenait mal la nature et qui étaient dues, entre autres, aux dures conditions de travail, à l'absence de traitement adéquat et à une mauvaise alimentation. Le département de l'Agriculture, créé en 1862 pour assurer au pays un approvisionnement alimen-

11. Marion Nestle, *Food Politics : How the Food Industry Influences Nutrition and Health*, Berkeley et Los Angeles, University of California Press, 2002, p. 32.

taire stable, décida à la fin du XIXe siècle de se faire conseiller en alimentation afin de prolonger la vie des Américains, fonction qu'il remplit encore aujourd'hui. Ajoutés à une amélioration des conditions sanitaires, de la médecine et du logement, ces meilleurs modes d'alimentation contribuèrent à augmenter l'espérance de vie des Américains, passée de quarante-sept ans en 1900 à soixante-dix-sept en 2000.

Tout indique, aujourd'hui, que le régime alimentaire américain est en voie d'annuler ces avancées. Cent ans plus tard, après l'arrivée des aliments transformés et, au cours des vingt-cinq dernières années, la prolifération des établissements de restauration rapide, l'ordre des causes de mortalité est le suivant : maladies cardiaques, cancer, infarctus, maladies pulmonaires, accidents, pneumonie et influenza, diabète, suicide, maladies rénales et maladies du foie. Sept des dix causes principales sont désormais, écrit Marion Nestle, directement liées au régime alimentaire et à la nutrition. Il s'agit de maladies qu'il est possible de prévenir, ou dont on peut retarder le déclenchement programmé génétiquement, par une nutrition adéquate et, notamment, en absorbant moins d'aliments. Le problème, note Nestle, tient à ce que « conseiller de manger moins [...] va à l'encontre des intérêts des producteurs alimentaires [12] ».

L'industrie alimentaire américaine est un monstre ingérable. Sept des dix plus grandes compagnies alimentaires du monde sont américaines (la plus grande étant la Suisse Nestlé – aucun lien avec Marion Nestle !). Elles se livrent à une concurrence féroce et débitent des tonnes de produits dont le succès commercial ne repose pas sur la valeur nutritive, mais sur le marketing, le prix, le goût et la facilité qu'a le consommateur de les obtenir. Pour un visiteur étranger, parcourir un magasin d'alimentation américain peut être une expérience stupéfiante. Le beurre d'arachide y est proposé sous des douzaines de marques différentes, les pains peuvent occuper une allée entière et

12. *Ibid.*, p. 31.

il en va de même des boissons gazeuses et des chips. Dans la seule année 1998, les compagnies américaines ont mis sur le marché onze mille nouveaux produits[13], dont la plupart étaient des amuse-gueule et des aliments préparés. En janvier 2002, le président George W. Bush a failli mourir étouffé en avalant un bretzel alors qu'il regardait un match de football à la télévision. Largement repris par les médias, l'incident a probablement eu pour effet d'augmenter le respect qu'avait pour son président l'Américain moyen après le 11 septembre. Plus que jamais, George W. était l'un des leurs.

Aux États-Unis, la production de hamburgers, de pizzas surgelées, de gâteaux, de viandes, d'œufs, de boissons gazeuses, d'amuse-gueule, de barres de chocolat et de céréales – en bref, tout ce qui s'aligne sur les tablettes des magasins d'alimentation et qui est offert dans les restaurants et les fast-foods – représentait en 2001 environ deux fois l'apport en calories nécessaires aux citoyens pour se livrer à « une activité humaine normale[14] ». La population américaine aurait pu doubler du jour au lendemain sans que personne ne souffre de la faim. Phénomène plus important, ajoute Marion Nestle, ce surplus oblige à la concurrence. L'offre excédant la demande, ou tout au moins le besoin, les compagnies doivent faire tout ce qui est en leur pouvoir pour attirer le client. C'est ainsi que les sociétés Coca-Cola et Taco Bell sont présentes dans les écoles secondaires, où elles vendent aux élèves leurs repas minute et des boissons à haute teneur calorique et sans valeur nutritive. À la télévision, les émissions pour enfants et les heures de grande écoute sont saturées de publicités de produits riches en matiè-

13. *Ibid.*, p. 25.
14. *Ibid.*, p. 13. Nestle écrit : « L'approvisionnement alimentaire des États-Unis – importations ajoutées et exportations soustraites – assure une consommation quotidienne moyenne de 3 800 calories par habitant. C'est deux fois le nombre de calories requis pour satisfaire aux besoins énergétiques de la plupart des femmes, une fois et demie ce qui est nécessaire à la plupart des hommes et beaucoup plus que ce que requièrent les bébés, les jeunes enfants et les personnes âgées sédentaires. »

res grasses et en sucre[15]. Les compagnies entretiennent des lobbyistes à Washington, où ils font pression sur le Congrès pour obtenir plus de subventions et influencent l'opinion publique en jouant sur l'image du fermier laborieux – ce classique de l'âme américaine –, même si la plupart des produits en vente dans les supermarchés proviennent d'immenses fermes-usines qui sont à des années-lumière de la ferme familiale. Cette influence de l'industrie alimentaire s'est une fois de plus manifestée en mai 2002, lorsque le président Bush a accordé, à des fins électorales, d'énormes subventions à l'agriculture par une loi qui a exaspéré le reste du monde et qui avait tout l'air d'une belle hypocrisie de la part d'un leader qui s'était engagé à libéraliser le commerce mondial.

Le lobbying de l'industrie alimentaire, écrit Nestle, ne se limite pas aux demandes de subventions, mais s'étend au domaine de la réglementation qui lui permet, désormais, de présenter ses produits sous le meilleur éclairage possible. Elle explique en détail comment l'industrie de la viande a amené le département de l'Agriculture à remplacer ce qui était un excellent conseil – « Mangez moins de viande » – par une incitation d'allure moins négative : « Mangez davantage de viandes maigres[16] ». Les viandes en général, dont plusieurs sont riches en graisses saturées susceptibles de causer des maladies cardiaques et d'autres problèmes de santé, se présentent désormais comme des produits « maigres ». Il est permis de dire des boissons qu'elles contiennent de « vrais fruits », alors qu'il s'agit de simples ajouts de sucres faits à partir de fruits. Il en va de même des céréales : parce qu'on a ajouté une demi-douzaine de vitamines « essentielles » à ce qui n'a aucune valeur nutritive

15. Selon Marion Nestle (p. 22), les entreprises alimentaires ont consacré, en 1999, 33 milliards de dollars en publicité, dont 70 % furent dépensés pour des aliments préparés, des bonbons et des amuse-gueule, de l'alcool, des boissons gazeuses et des desserts, et 2,2 % pour des légumes, des fruits, des grains et des légumineuses. L'essentiel de leur publicité porte sur les aliments les moins recommandables pour la santé : graisses, huiles et sucres.

16. *Ibid.*, p. 44.

et qu'on les accompagne habituellement d'un jus d'orange et de toasts (aliments vraiment fortifiants), il est permis de les présenter comme « faisant partie d'un petit-déjeuner nutritif ». Parce qu'il est riche en calcium, élément important que l'on trouve dans plusieurs autres aliments, on propose le lait comme un indispensable aliment santé, bien qu'il ne soit pas essentiel à un régime alimentaire sain et puisse même causer des problèmes de santé aux consommateurs âgés de plus de cinq ans [17]. Et, comble du ridicule, les boissons gazeuses dont la valeur nutritive est absolument égale à zéro, se vantent désormais d'être « sans graisses ». Ordinaire ou sans plomb, l'essence ne contient pas davantage de graisses, mais qui en boirait ?

On a le sentiment que la nourriture aux États-Unis n'est plus de la nourriture. Elle n'est plus qu'un ensemble de produits de marque conçus pour faciliter la vie d'une société dont les membres sont trop occupés pour préparer leurs repas à la maison, et qu'on renseigne fort mal sur la valeur nutritive des aliments préparés à l'avance et des repas pris au restaurant qui assurent pourtant plus de la moitié de leur régime alimentaire. Le lobbying permanent de l'industrie alimentaire à propos de la réglementation a rendu floue la frontière entre ce qui est bon pour la santé et ce qui ne l'est pas. Durant une décennie entière, les œufs ont été une source mortelle de cholestérol et devaient être évités à tout prix ; dix ans plus tard, ils sont devenus, dans la publicité, une charmante source de protéines. On vous annonce un jour que les graisses vous font du tort ; le lendemain, vous apprenez que certaines d'entre elles sont nocives mais que d'autres sont essentielles au bon fonctionnement de l'organisme. Ce qu'on a perdu, dans tout cela, c'est la capacité et le désir de cuisiner des repas maison riches en produits frais et sains, que l'on peut trouver selon la saison, ainsi que le sens de la quantité d'aliments nécessaires à la santé.

---

17. *Ibid.*, p. 78. Le lait contient du lactose, un sucre fondamentalement indigestible par les plus de cinq ans. Le lait entier a aussi une forte teneur en gras.

Il s'ensuit que les Américains mangent beaucoup trop en fonction des activités auxquelles ils se livrent. Dans un travail de recherche mené avec Lisa Young et daté du 3 juin 2001, Marion Nestle a montré que les portions servies dans les restaurants (particulièrement les fast-foods) et les portions d'aliments préparés, avaient régulièrement augmenté aux États-Unis depuis les années 1970, « parallèlement à l'augmentation du poids des individus [18] ».

> Par contraste avec les habitudes d'il y a à peine quinze à vingt-cinq ans, les compagnies alimentaires misent désormais sur le format pour attirer le consommateur (par exemple : Double Gulp, Supersize) ; les entreprises de fast-food vantent ces plus grosses portions par des affiches, des napperons et des badges portés par les employés ; les manufacturiers de repas minceur, comme Lean Cuisine et Weight Watchers (repas congelés), proposent des repas plus abondants ; les chroniques culinaires des médias font allusion à des portions plus grandes ; et les chaînes nationales de restaurants en font directement la publicité sur leurs menus. Les restaurants utilisent des assiettes plus grandes, les boulangeries vendent de plus gros muffins, les pizzerias emploient des plaques à pizza plus grandes et les fast-foods utilisent de plus grands contenants pour les boissons et les frites. Des éditions nouvelles de livres de cuisine classique, tel *Joy of Cooking*, proposent des recettes identiques à celles des anciennes éditions, mais précisent qu'elles nourriront moins de convives, ce qui signifie que les portions servies seront plus abondantes. Autre indicateur de cette tendance : les fabricants d'automobiles ont muni les nouveaux modèles de porte-gobelets plus grands, question de s'adapter à la nouvelle dimension des contenants de boissons gazeuses [19].

Les volumes en cause sont stupéfiants. Une chaîne de dépanneurs appelée 7-Eleven vend des contenants de boissons gazeuses de 2 litres, c'est-à-dire un seau contenant un demi-gallon d'eau sucrée qui fournit, à elle seule, un tiers des calories (800) nécessaires à la survie d'un être humain. Dans les

---

18. Lisa R. Young et Marion Nestle, « The Contribution of Expanding Portion Sizes to the US Obesity Epidemic », New York University, 3 juin 2001.
19. *Ibid.*

fast-foods, la plus grosse portion de frites contient 610 calories ; sans oublier les barres géantes de chocolat qui en contiennent 680. Un repas minute de format « super » peut aisément contenir toutes les calories nécessaires quotidiennement ; ajoutons-y le petit-déjeuner, le repas du soir et les collations, et l'on constate que certains Américains consomment, chaque jour, l'équivalent de trois jours de nourriture.

Les aliments préparés que l'on achète en magasin sont aussi plus volumineux, particulièrement les biscuits. En 2002, le biscuit moyen atteignait sept fois la taille (volume et poids) recommandé par le département américain de l'Agriculture [20]. Les portions servies aux repas et aux collations sont devenues carrément indécentes, ce qui complique une autre tendance inquiétante : l'utilisation constante d'acides gras saturés dans la presque totalité des aliments transformés. Les acides gras saturés sont des huiles végétales chimiquement altérées par hydrogénation afin qu'elles deviennent plus stables et plus solides ; les acides gras saturés sont produits au cours de cette opération. Ces acides gras furent conçus comme solution de rechange aux graisses saturées dont on sait qu'elles sont dommageables pour la santé. La publicité parle aujourd'hui de produits « faibles en graisses saturées », mais rien n'oblige les compagnies à révéler le pourcentage d'acides gras saturés qu'ils contiennent. La margarine est le plus connu de ces acides gras saturés, aussi appelé huile « partiellement hydrogénée » et « hydrogénée » ; ces acides gras se retrouvent aussi en abondance dans la plupart des aliments cuits au four, les craquelins, les collations et les repas surgelés. Le processus de l'hydrogénation était assez mal connu des scientifiques en 2002, mais un certain nombre d'études l'associaient aux infarctus, à l'obésité, au cancer et à d'autres problèmes associés au régime alimentaire. Selon une de ces études, les acides gras saturés causent annuellement trente mille décès prématurés aux États-Unis. Certains scientifiques

20. *Ibid.*

ont déclaré que leur consommation devrait être interdite ; à tout le moins, ajoutèrent-ils, les aliments qui en contiennent devraient être accompagnés d'une mise en garde quant à leurs dangers. La Food and Drug Administration a accepté cette idée, mais ne l'avait pas encore appliquée au printemps de 2002.

Dernier facteur qui complique les choses : le mode de vie sédentaire d'une forte proportion de la population américaine. Selon le ministère de la Santé (Surgeon General), moins du tiers des Américains se livrent à l'activité physique minimale requise pour ne pas prendre de poids et 40 % ne font aucun exercice physique[21]. De nombreuses études révèlent que jeunes et adultes passent en moyenne de trois à quatre heures par jour devant la télévision. Cette dernière est à ce point considérée comme un élément essentiel du mode de vie américain que lorsqu'un juge de New York condamna un fraudeur âgé de soixante ans à dix mois d'assignation à domicile sans télévision, les avocats du prévenu firent appel en se basant sur ses droits constitutionnels[22]. Dans sa lutte contre l'obésité, le ministère de la Santé recommande, entre autres, de réduire le temps passé devant la télé – occupation qui incite à grignoter, à paresser, et qui expose les enfants à des publicités de *junk food*. Certaines études montrent qu'une réduction, fût-elle de trente minutes par jour, peut mener à une perte de poids, pourvu que l'on consacre cette demi-heure à une activité physique.

Les Américains passent aussi beaucoup de temps, au bureau et à la maison, devant l'écran de leur ordinateur. Dans les secteurs les plus pauvres, où l'obésité est plus fréquente, les activités sportives organisées pour les enfants sont rares, sinon inexistantes. Tout parent sait qu'il est extrêmement difficile de

---

21. « The Surgeon General's Call to Action to Prevent and Decrease Overweight and Obesity ».
22. Benjamin Weiser, « Grounded For 10 Months (And No TV !), A Convict Pleads For Mercy », *The New York Times*, 6 mars 2002, toutes éditions, section National.

faire grossir un enfant (sauf s'il présente une prédisposition génétique à l'embonpoint), car les enfants sont naturellement actifs et leur métabolisme de croissance brûle rapidement les aliments. Mais les Américains parviennent pourtant à rendre obèse un enfant sur six.

Cette épidémie d'embonpoint qui sévit aux États-Unis serait moins digne d'être mentionnée si elle ne s'étendait à d'autres pays à un rythme inquiétant. Le Canada, où l'on connaît (et adopte) davantage le régime alimentaire américain, est lui aussi confronté à une épidémie d'obésité chez les enfants. Le *Journal de l'Association médicale canadienne* notait, en novembre 2000, que le pourcentage de garçons affichant une surcharge pondérale était passé de 15 en 1981 à 35,4 en 1996 et celui des filles de 15 à 29,2 ; durant la même période, le taux d'obésité chez les enfants avait triplé, passant de 5 % à 16,6 % chez les garçons et de 5 à 14,6 % chez les filles[23].

La France, dont la population est reconnue pour consommer d'énormes quantités de pâtisserie et de fromage sans prendre de poids, a été victime de la même épidémie depuis l'arrivée des chaînes de fast-food durant les années 1980. Il existe maintenant, à chaque coin de rue, un dérivé de McDonald's (appelé Quick) d'où émergent des parents épuisés à la remorque d'enfants saturés de graisses et de sucres et qui brandissent les babioles de plastique par lesquelles ces chaînes attirent les familles. Une étude menée en 2002 a révélé que le nombre de Français médicalement obèses avait triplé en trois ans pour atteindre 17 % de la population[24]. Les chercheurs imputèrent cette hausse à une consommation accrue de graisses animales et à une consommation en baisse d'aliments sains, traditionnellement ingérés en France. Ils ont aussi noté un déclin de la qualité et de la fraîcheur des aliments servis dans les restaurants, les propriétaires s'efforçant de réduire

23. Mark S. Tremblay et J. Douglas Willms, « Secular Trends in the Body Mass Index of Canadian Children », *Canadian Medical Association Journal*, 28 novembre 2000.
24. David Graham, « The Fat Revolution », *Toronto Star*, 22 mars 2002, toutes éditions, section Life.

leurs dépenses face à la concurrence des débits de fast-food – en bref, une américanisation des habitudes alimentaires. Les vitrines de toutes les pharmacies parisiennes proposent désormais, à côté des parfums et des crèmes solaires, des substances amincissantes et des crèmes anticellulite d'efficacité douteuse.

L'American Obesity Association a reconnu dans l'obésité une épidémie planétaire[25] transmise par le biais de la mondialisation ou, à tout le moins, par la prospérité et par la modernisation apportées par le libre-échange. Parvenue aux mêmes conclusions, l'Organisation mondiale de la santé (OMS) a créé un néologisme pour décrire le phénomène : globésité[26]. Elle rapporte : « En 1995, on estimait à deux cents millions le nombre d'adultes obèses sur la planète et à dix-huit millions celui des enfants de moins de cinq ans affligés d'une surcharge pondérale. Selon les données de 2000, le nombre de ces adultes est passé trois cents millions. » Dans certains pays en voie de développement, l'obésité coexiste désormais avec une terrible malnutrition : les classes aisées adoptent un mode de vie plus sédentaire, conduisent leur voiture et abandonnent leur régime alimentaire traditionnel au profit de repas pris de plus en plus rapidement, cependant que les classes pauvres demeurent surchargées de travail et privées de calories. Certaines populations autochtones affichent tout à coup des propensions génétiques à l'obésité après avoir été exposées à une alimentation à l'américaine, ce qui entraîne de sérieux problèmes de santé dans des régions privées de soins médicaux adéquats.

Ici encore, mondialisation signifie américanisation. Les populations des pays en voie de développement ne sont pas soumises à un régime alimentaire français ou italien, mais à un régime américain – d'énormes portions de fast-food et d'aliments préparés riches en acides gras saturés, des repas pauvres en valeur nutritive qui sacrifient la santé à la commodité, une

25. www.obesity.org/subs/fastfacts/obesity_global_epidemic.shtml.
26. « Controlling the global obesity epidemic » : www.who.int/nut/obs.htm

perte de contact avec le rythme des saisons et avec les produits locaux, et la destruction du rapport qui existait entre l'alimentation et la culture.

Mais ceux qui en souffrent le plus sont les Américains eux-mêmes, plongés dans la confusion par les conseils venus de tous les coins de l'industrie alimentaire. Il semble parfois que la seule chose à faire est de lancer la serviette et de grossir sa vie durant. Nous allons tous mourir, n'est-ce pas, alors pourquoi s'en faire ? Mais alors, pourquoi manger des choses aussi mauvaises ? Car en définitive, ce qu'il y a de pire dans la nourriture américaine, c'est qu'elle ne procure aucun plaisir. S'emplir la bouche de chips sursalées ou de frites cuites dans la graisse et faire passer tout cela en avalant un seau de Coke à 800 calories est une manière plutôt ennuyeuse de mourir ; mieux vaut faire un infarctus à la suite d'un régime soutenu de beurre frais, de steaks tendres et de bon vin. Le régime alimentaire américain ne fait pas la preuve d'une intelligence supérieure chez ceux qui l'ont créé. Il a plutôt pour effet de montrer, une fois de plus, que les États-Unis n'ont qu'une chose à offrir au monde : leur poids imposant, leur puissance et leur empressement à s'en servir.

Chapitre 14

Un pays de figurines-jouets

Qui doute que l'Amérique soit forte ?
Mais elle ne doit pas être que cela.

Susan Sontag, *The New Yorker*,
le 24 septembre 2001

Le 11 mai 2002, l'édition parisienne du *International Herald Tribune* rapporta que George W. Bush, président des États-Unis d'Amérique et commandant résolu de la lutte contre le terrorisme, allait passer le reste du printemps et l'été à s'occuper des affaires intérieures de son pays. C'était là une nouvelle importante, même à Paris. En janvier, les principaux conseillers de Bush lui avaient certifié que sa manière manichéenne d'aborder la guerre contre le terrorisme suffirait à assurer la victoire des républicains lors des élections de mi-mandat prévues pour novembre. Or, un sondage interne avait appris à ces mêmes conseillers que les Américains se préoccupaient davantage, désormais, de questions plus terre à terre, dont l'économie et l'éducation. « Pour gagner, il nous faut plus que les réductions de taxes et le terrorisme », avait-on dit aux républicains dans une note confidentielle qui accompagnait les données du sondage. Le *Herald Tribune* attribuait ces mots à l'auteur du sondage « Les Américains ont la mémoire courte : environ une nanoseconde. Nous quittons un monde dessiné par le 11 septembre pour entrer dans le monde, plus familier, d'une élection de mi-mandat. Ce qui veut dire que vous devez vous préoccuper de problèmes intérieurs [1]. »

Une semaine plus tard, la Maison-Blanche changea de nouveau d'objectif après qu'un reportage eut révélé que le président Bush avait été prévenu par ses services de renseignements, dès le 6 août 2001, de la possibilité de détournements d'avion, aux États-Unis mêmes, par des agents d'Al Qaeda. Selon un journal, « les avertissements concernant l'imminence d'une attaque terroriste majeure [qui surviendrait en juillet et août] avaient" flanqué la trouille" » aux dirigeants de Washington [2]. Le 16 août 2001, le FBI avait arrêté Zacharias Moussaoui, citoyen français d'origine marocaine, après qu'il eut versé 6800 dollars en espèces pour obtenir une formation sur simulateur de vol, mais l'agence fédérale n'avait pu établir de lien entre les activités de Moussaoui et un rapport, expédié par un agent de l'Arizona, signalant qu'il semblait que des membres d'Al Qaeda se soient inscrits à des cours de pilotage un peu partout aux États-Unis [3].

Les médias américains, qui se sentaient apparemment libres de critiquer un président qu'ils épargnaient soigneusement quelques mois auparavant, révélèrent que les services de renseignements savaient que des terroristes pourraient peut-être utiliser des avions de ligne comme missiles lancés sur des cibles américaines, dont la Maison-Blanche et le Pentagone. Les horreurs du 11 septembre n'avaient donc pas été inimaginables, quoi qu'en ait dit l'administration Bush. Dans un cas célèbre survenu en 1995, des terroristes algériens

1. Elisabeth Bumiller, « Polls drive Bush shift to domestic concerns ; Terror fight isn't key to midterm voting », *International Herald Tribune*, 11-12 mai 2002, édition parisienne, section World News : p. 2. Publié outre-mer, le *International Herald Tribune* appartient conjointement au *New York Times* et au *Washington Post*. L'article cité avait d'abord été écrit pour le *New York Times*.
2. Tu Thanh Ha, « Big picture missed in run-up to terror », *The Globe and Mail*, 15 mai 2002, édition finale, section World, p. A4.
3. *Ibid.*

s'étaient emparés d'un appareil qu'ils entendaient lancer sur la tour Eiffel, mais l'entreprise avait échoué lorsque la police avait pris l'avion d'assaut pendant qu'on le ravitaillait en carburant à Marseille[4]. En juin 2001, durant le Sommet du G8, l'Égypte prévint ses alliés occidentaux de l'existence d'un complot visant à détourner un avion de ligne qui s'écraserait ensuite à l'intérieur du périmètre de sécurité où se tenaient les rencontres.

Face à ces reportages qui rendaient publics les échecs lamentables des services de sécurité et menacé par une défaite des républicains aux élections de novembre, Bush et ses conseillers contre-attaquèrent. Dans une tentative non dissimulée d'empêcher que la suffisance manifestée par le gouvernement avant le 11 septembre ne devienne un handicap politique, ils rappelèrent les attentats à la courte mémoire de leurs concitoyens et évoquèrent le monde dangereux dans lequel vivaient désormais les États-Unis. Dans une suite d'interviews et de points de presse, les membres de l'administration, dont le vice-président et des haut gradés militaires, annoncèrent solennellement que d'autres attaques terroristes en sol américain étaient inévitables. Ce n'était plus, dirent-ils, une question de si mais de quand. Ils évoquèrent aussi la sombre possibilité d'attaques suicides de type palestinien dans des centres commerciaux et dans des rues passagères. Bush se rendit lui-même en Europe pour rappeler à ses alliés les enjeux de la guerre contre le terrorisme. « Dans cet enjeu, nous ne défendons pas que les États-Unis et l'Europe, clama-t-il devant le parlement allemand, nous défendons la civilisation elle-même[5]. »

Ainsi, le monde post-11 septembre était différent mais le monde politique américain était resté le même. Sept mois après avoir été décrit comme un moment historique qui changerait le pays à tout jamais, l'attentat du 11 septembre n'était

4. *Ibid.*
5. Toby Helm, « Bush urges Europe to join war on terror », *National Post*, 24 mai 2002, édition finale, section World, p. A12.

plus qu'un ballon politique qu'on se renvoyait de l'un à l'autre à Washington. Les démocrates exigèrent et obtinrent que le Congrès tienne des audiences sur les échecs des services de renseignements. Le FBI, que les attaques avaient trouvé en pleine désorganisation, annonça à l'avance qu'il réorganisait ses priorités. La lutte contre le terrorisme allait passer au premier plan.

Cette agitation de politiciens montrait à l'évidence que la vie était revenue à la normale aux États-Unis – l'hypocrisie égoïste avait repris ses droits. Les vertueuses déclarations de Bush à propos du bien et du mal et ses nobles appels à la défense de la civilisation masquaient des objectifs américains beaucoup plus vils : obtenir la mainmise sur les routes du pétrole dans la mer Caspienne et en Amérique du Sud, augmenter un budget militaire déjà colossal, établir de nouvelles bases militaires dans des régions clés, rétablir une présence militaire dans le Pacifique et en Asie de l'Est, maintenir son hégémonie au Moyen-Orient et réduire la résistance au libre-échange dans les marchés étrangers inexploités.

Il eût peut-être été facile, si nous étions en 1941, d'appuyer un président qui évoque la lutte du bien contre le mal. Mais il est difficile, en 2002, de croire à l'honorabilité des intentions des États-Unis ou à leur prétention à « défendre la civilisation ». Un examen, même bref, de leur histoire des cinquante dernières années montre abondamment que le gouvernement américain a tiré parti des événements du 11 septembre pour intensifier son programme d'action à l'étranger, étendre son influence et empêcher que l'on conteste son intention de mener des frappes de représailles. Il a omis de s'attaquer aux problèmes qui ont donné naissance à un ben Laden. Il a fait pire encore : il a empêché les citoyens de bonne foi de s'y attaquer, sous peine d'être considérés eux-mêmes comme proterroristes, réduisant ainsi la majorité à un douloureux silence. Il s'ensuit que le monde n'était plus sécuritaire en 2002 que dans la mesure où les frappes américaines avaient interrompu les activités d'Al Qaeda. Pour tout le reste, le monde était moins sécuritaire. Égoïste et hypocrite, la réplique américaine aux attentats devait fatalement aggraver les tensions qui ont donné naissance au terrorisme. La guerre contre le terrorisme peut certes mener à la capture de membres d'Al Qaeda, mais la multiplication des bases américaines au Moyen-Orient, en Asie du Sud-Est, en Asie de l'Est et ailleurs, créera inévitablement d'autres recrues. Il se peut fort bien que surviennent des attentats suicides dans des centres commerciaux et d'autres détournements d'avion à New York, à Brooklyn, à Los Angeles ou à Chicago, parce que les États-Unis continuent allègrement de nourrir la frustration et la colère de par leurs agissements.

Si je suis furieux contre le gouvernement américain, je n'en suis pas moins triste en pensant à ce qu'ont vécu les Américains ce jour-là. Outre la perte d'êtres chers, les Américains, dotés d'un sens aigu de la vie et de la liberté, ont été forcés de remettre en question leur idée de leur propre sécurité. Il est peut-être impossible à quiconque n'est pas Américain de comprendre à quel point ce questionnement peut être troublant. Les États-Unis sont un pays qui s'est longtemps considéré, quasi pathologiquement, comme invulnérable et héroïque. Les Américains ne se bornent pas à adorer leur pays ; ils le voient comme une Olympe moderne, séjour officiel des dieux, et ne peuvent comprendre pourquoi les autres ne partagent pas cette vision. Cette attitude tient, pour une bonne part, au fondamentalisme évoqué précédemment. Mais même les Américains modérés, qui sont conscients de toutes les atrocités et de toutes les entorses à la démocratie perpétrées en leur nom, finiront, à un moment ou à un autre d'une conversation portant sur leur pays, par se replier sur cette idée qu'il est le plus grand et le plus noble. C'est là un aspect fascinant de la vie américaine.

Dans son ouvrage *Diplomatie*, Henry Kissinger fait remonter cette foi aveugle aux origines mêmes des États-Unis d'Amérique. Les gens qui ne comprennent pas pourquoi les États-Unis se pensent supérieurs à leurs ancêtres européens (plutôt que d'y demeurer soumis, comme le Canada) devraient se souvenir que ce pays fut d'abord conçu par opposition à l'Europe – c'est-à-dire un pays gouverné par le peuple, non par les rois. Ses fondateurs entendaient vivre dans un lieu de la planète où la guerre n'était pas une occurrence régulière, déterminée par la nécessité d'équilibrer les forces entre voisins surpeuplés. Seuls dans cette partie du monde, habitant un continent bordé par deux océans qui leur servaient de remparts, les États-Unis ont toujours voulu agir à leur guise. Dès la naissance de cette nouvelle nation, George Washington affirmait que ses dirigeants ont choisi de ne pas « nous compromettre par des liens artificiels dans les vicissitudes ordinaires de la politique de l'Europe, ou les alliances et collusions ordinaires de ses amitiés ou inimitiés. Notre indépendance et notre éloignement nous invitent à poursuivre une autre ligne d'action[6]. » Géopoliticien pragmatiste, pour qui les pays devraient poursuivre leurs intérêts sans honte et sans états d'âme, Kissinger explique, sur un ton perplexe, comment cette attitude « d'indépendance et d'éloignement » s'est transformée en une vocation quasi religieuse, prosélytisme compris.

> Dépositaire du principe de liberté, l'Amérique estimait normal de voir dans la sécurité que lui assuraient deux océans l'expression de la Providence, et d'imputer ses actions à une intuition morale supérieure et non à une marge de sécurité dont ne jouissaient pas les autres nations[7].

Cela étant, les dirigeants américains successifs en ont conclu que la plus grande contribution que pouvait apporter leur pays au reste du monde serait d'en disséminer les valeurs démocratiques, ambition qui ne le cédait en grandeur à aucun des empires qui l'avaient précédé. Les États-Unis ont considéré leur expansion continentale comme une « destinée manifeste », un phénomène inévitable de nature divine qui s'étendait au Mexique, à l'Amérique centrale et à ses protectorats insulaires.

---

6. George Washington est cité dans *Diplomatie*, Paris, Fayard, 1996, traduit de l'américain par Marie-France de Palomera, p. 23. De tous les ouvrages parcourus durant l'écriture de ce livre, celui de Kissinger est le plus révélateur et le plus instructif. Tout Américain devrait en lire, au moins, les chapitres 2 et 31.
7. *Ibid.*, p. 24.

Se jugeant moralement supérieurs aux pays européens, ils ont estimé que leurs actions menées dans des pays étrangers échappaient à toute critique, et ont rêvé de « devenir une grande puissance – sans être obligée de pratiquer une politique hégémonique. Le désir d'expansion de l'Amérique et sa conviction d'être un pays plus pur et plus moral qu'aucun pays européen n'entrèrent jamais en conflit[8]. »

Ce dogme, écrit Kissinger, subit sa plus rigoureuse épreuve au début de la Première Guerre mondiale. Même si leurs intérêts étaient en jeu, les Américains n'avaient aucune envie d'aller se battre au nom de leur lointaine patrie européenne. Le président Woodrow Wilson était conscient que son pays avait tout intérêt à empêcher la montée d'une puissance unique en Europe, mais il savait aussi que cet argument ne suffirait pas, à lui seul, à éveiller l'esprit combatif des Américains.

> Wilson comprit qu'on ne viendrait à bout de l'isolationnisme instinctif de l'Amérique qu'en faisant vibrer le sens qu'elle avait de la nature exceptionnelle de ses valeurs. Pas à pas, il conduisit un pays isolationniste dans la guerre, après avoir d'abord prouvé, par une défense passionnée de la neutralité, que son gouvernement était acquis à la paix. Et il le fit en refusant tout égoïsme national et en affirmant que l'Amérique n'avait pas d'autre objectif que la victoire de ses principes[9].

Dès lors, Wilson conclut que « la sécurité de l'Amérique était indissociable de la sécurité de *tout* le reste de l'humanité[10] », propos d'une extraordinaire suffisance et qui signifiait, selon Wilson, qu'il n'existait « pas de différence fondamentale entre la liberté pour l'Amérique et la liberté pour le monde[11] ». Afin de mieux persuader ses concitoyens d'aller à la guerre, Wil-

8. *Ibid.*, p. 27.
9. *Ibid.*, p. 35.
10. *Ibid.*, p. 37.
11. *Ibid.*, p. 38. Kissinger cite le Discours sur l'état de l'Union prononcé par Wilson en 1915 : « [...] parce que nous exigeons de pouvoir nous développer sans être importunés et gouverner paisiblement notre vie en nous fondant sur nos principes de droit et de liberté, nous nous indignons d'une agression, d'où

son diabolisa l'empire allemand et affirma que la paix ne serait possible qu'après une victoire totale[12]; cette manière de tout appréhender en termes de « bien contre mal » est depuis lors devenue un trait caractéristique du discours américain en matière de politique étrangère.

Tel est donc la manière positive et proaméricaine de voir le rôle de ce pays dans le monde : les États-Unis sont une nation qui ne sert que les intérêts de la démocratie, de la souveraineté et de la liberté et jamais ses propres intérêts ; une grande puissance qui ne ferait jamais subir à d'autres pays ce qu'elle ne voudrait pas subir elle-même ; un pays prêt à se sacrifier lorsque apparaît un nouveau mal. C'est l'Amérique comme Pays héroïque, la superpuissance comme Superman.

Selon une description plus exacte, jugée antiaméricaine aux États-Unis, ce pays est une puissance impérialiste, dirigée par une classe d'affaires agressive dont le gouvernement protège sans pitié les intérêts sous prétexte de tâches plus nobles, telles la sécurité internationale, la propagation de la démocratie, le développement du libre marché et la protection des droits de la personne. Les États-Unis ne sont, dans cette perspective, qu'une autre puissance coloniale du XIXe siècle occupée à protéger ses frontières et à étendre son commerce tout en proclamant, à l'intention de ses citoyens et du reste du monde, que sa présence en terre étrangère découle d'une obligation morale d'apporter la civilisation aux indigènes mal civilisés qui habitent les lieux non démocratisés de la planète.

Les Américains n'ont jamais voulu se voir ainsi et ne le voudront jamais. Ils ont besoin de croire que leurs actes sont

---

qu'elle vienne, que nous-même ne pratiquerons pas. Nous privilégions la sécurité en poursuivant les orientations naturelles de notre développement national. Nous faisons plus : nous l'exigeons aussi pour autrui. Notre passion pour la liberté individuelle et l'essor sans entrave de notre pays ne s'arrête pas aux incidents ni aux mouvements d'affaires qui ne touchent que nous. Nous l'éprouvons partout où un peuple tente d'avancer sur les sentiers difficiles de l'indépendance et du droit. » (p. 37)

12. *Ibid.*, p. 39.

désintéressés, que leurs leaders sont héroïques, que leur pays est grand et leurs valeurs universelles. S'il en était autrement, leur existence même serait mise en doute. Une fanfaronnade de Woodrow Wilson a fort bien exprimé cette conception d'eux-mêmes qu'ont les Américains: « L'Amérique est le seul pays idéaliste du monde [13]. »

Le reste du monde est reconnaissant de l'existence d'un pays fondé sur des idéaux universellement admirés. Les États-Unis ne sont ni la plus ancienne démocratie ni, très certainement, celle qui fonctionne le mieux, mais leur existence a inspiré des peuples opprimés dans le monde entier et fait admettre par la communauté internationale que la situation d'un pays s'améliore lorsque disparaît l'oppression. En ce sens, les États-Unis ont toutes raisons d'être fiers et leur impérialisme, tout comme celui de l'Europe avant eux, a eu certains effets positifs.

Mais tout comme les puissances européennes l'avaient été, les Américains sont victimes d'un aveuglement symptomatique de la haute conception qu'ils ont d'eux-mêmes. Comme des chefs religieux qui ferment les yeux sur des abus sexuels commis par leur clergé et qui minent ainsi la crédibilité de leur Église, les leaders américains ne voient pas qu'ils ne peuvent prêcher les valeurs démocratiques et les trahir dans le même mouvement, sous peine de porter atteinte à l'idée même de démocratie. L'hypocrisie est la substance la plus corrosive qui soit; elle peut attaquer la patine des idéaux d'un pays en moins de temps qu'il n'en faut à la rouille pour trouer le plancher d'une vieille Buick. Lorsque les États-Unis trahissent la démocratie au Nicaragua, au Chili, au Guatemala, en Iran, en Corée du Nord ou dans d'innombrables pays en voie de développement dirigés par des despotes brutaux qui s'attirent le soutien et l'armement américains au nom de l'anticommunisme ou de l'antiterrorisme, ils corrodent la notion même de démocratie à

13. Citation extraite de *The Spirit of America: Favourite American Quotes, Poems, Songs, and Recipes*, New York, Clarkson Potter, 2002, p. 4.

l'américaine comme mode de vie supérieur. On ne peut à la fois proclamer la valeur de la liberté et la ridiculiser du même souffle. Nous vivons dans un monde postmoderne, mais pas autant qu'on le croit. La dévaluation, par les États-Unis, de cette devise qu'est la démocratie est peut-être la plus sombre réalisation de l'histoire de ce pays. La démocratie n'est plus un investissement sûr lorsque son plus ardent supporter est prêt à la corrompre au profit d'une société bananière. Mieux vaut peut-être, cela étant, vivre sous l'égide d'un monarque bienveillant.

À la fin d'un essai tel que celui-ci, le lecteur souhaite toujours que la conclusion apporte une solution, mais je n'en ai aucune à proposer. La réponse classique consisterait à dire que les États-Unis sont tout entiers contenus dans leur propre population et qu'il appartient à celle-ci d'exiger un meilleur comportement de son gouvernement. Mais les Américains, si l'on en juge par leur taux de participation électorale, ont perdu confiance en leur gouvernement ou, à tout le moins, en leur capacité d'en modifier les orientations.

On pourrait aussi songer à faire appel à l'admirable idéalisme enraciné dans chaque Américain, mais cela aussi semble en déclin. Si les États-Unis étaient vraiment un pays idéaliste, ils cesseraient de vendre des armes à des régimes répressifs. Un pays bâti sur des idéaux ne permettrait jamais que des suspects – fussent-ils soupçonnés de terrorisme – soient détenus durant des mois sans procès. Les porte-parole de son leader ne conseilleraient pas à la population de prendre garde à ce qu'elle dit, mais l'encouragerait plutôt à s'exprimer librement. Il ne serait pas permis que le riche fils d'un ex-président accède au pouvoir au terme d'une élection douteuse, avec l'aide d'un frère politiquement puissant et d'une Cour suprême politiquement partiale. Les républiques fondées sur des idéaux ne consentent pas à se transformer en une oligarchie des riches et des puissants.

Cela étant, la solution ne consiste peut-être pas à redonner de la vigueur aux idéaux américains, mais à les retirer des échanges internationaux nés du 11 septembre. Ma sœur et sa famille, de même que tous les habitants de la planète, ne vivent pas dans une plus grande sécurité depuis que les États-Unis ont déclaré la guerre contre le terrorisme. Il est plus probable que le danger d'actes de violence aveugle soit plus grand que jamais, car si nous sommes en guerre contre le terrorisme, le terrorisme contre-attaquera. L'équation est évidente et inquiétante pour tout pays qui s'est allié aux États-Unis. Les terroristes pourraient décider de viser le Canada, la France, la Grande-Bretagne, l'Allemagne ou un autre pays afin d'affaiblir le soutien qu'ils apportent au nouvel expansionnisme américain. Et nous savons que ce terrorisme sort de l'ordinaire. Le 11 septembre a montré clairement jusqu'où peut aller Al Qaeda et avec quelle cruauté.

Mais, répétons-le, la menace se limite au terrorisme. Contrairement à ce que prétendent les États-Unis, le monde n'est pas menacé par une force extérieure qui entendrait mettre fin à la civilisation sur la Terre. Le terrorisme s'est manifesté dans le passé, et il a été vaincu par l'action combinée des services de renseignements internationaux et des forces policières. Il est un phénomène odieux auquel doivent s'opposer vigoureusement tous les pays du monde, mais il ne doit pas déterminer la nature de leurs relations ou influer sur leur processus décisionnel. Dans son propre intérêt – en termes de mesures de sécurité nationale qui ne sont pas colorées par le discours américain –, le reste du monde ferait bien d'examiner les griefs qui sous-tendent le terrorisme, même si cela allait à l'encontre des objectifs du gouvernement américain. Il serait plus réaliste et plus utile de circonscrire le débat dans un cadre de stricte et froide géopolitique plutôt que de le définir dans les termes héroïques, et américains, du bien contre le mal. Ce ne serait pas idéaliste, mais cela pourrait fonctionner.

On pourrait alors espérer que les États-Unis, ainsi isolés, abandonneraient leur prétention adolescente à la supériorité morale. Si les Américains admettaient que leur pays n'est historiquement que le plus récent d'une longue lignée de magouilleurs géopolitiques plutôt qu'une exception – s'ils cessaient de penser, avec suffisance, qu'ils représentent la fin de l'histoire –, peut-être participeraient-ils davantage au monde qui les entoure et seraient-ils moins enclins à le regarder de haut.

Mais comment amener un pays à une plus grande maturité lorsqu'un événement aussi terrible que le 11 septembre provoque un renforcement de son idéalisme abstrait plutôt qu'un réexamen de son comportement concret ? Que faire d'un pays qui attribue l'attentat terroriste dont il a été victime au fait que les pays musulmans n'ont pas été correctement informés de la véritable grandeur des États-Unis et qui pense que la situation se corrigera du seul fait de diffuser davantage de Britney Spears sur les ondes du Moyen-Orient (ainsi que l'a proposé un membre du département d'État au cours d'audiences du Sénat) [14] ?

Voilà pourquoi je n'ai pas de réponse et voilà pourquoi je suis perplexe.

---

14. « U.S. Must Step Up Public Diplomacy, Officials and Senators Agree », *Washington File*, 11 juin 2002. Le Washington File est un service d'information du département d'État américain. Il rapportait alors les propos tenus devant le Comité du Sénat sur les relations étrangères (Senate Foreign Relations Panel) par Charlotte Beers, sous-secrétaire à la diplomatie et aux affaires publiques (*undersecretary for public diplomacy and public affairs*), et Norman Pattiz, président de Westwood One, le plus grand réseau radiophonique des États-Unis. Beers expliqua que, selon les sondages, les trois quarts des musulmans du Moyen-Orient avaient des États-Unis une « opinion défavorable ». « Nous n'avons pas tiré toutes les leçons [du 11 septembre], et l'une des plus importantes est certes que nous pouvons et devrions faire davantage pour renseigner les auditoires étrangers sur notre pays et influer sur leur opinion, a déclaré Beers. Il n'est plus acceptable de laisser les autres définir les États-Unis, nos croyances, nos principes et nos valeurs. Notre sécurité nationale et collective exige que nous sachions mieux nous définir aux yeux du monde. » Pattiz fit ensuite entendre aux membres du Comité un extrait de la programmation que les diffuseurs américains prévoient de diffuser au Moyen-Orient par le biais d'un réseau radiophonique de propriété américaine conjointe et appelé Radio Sawa (en langue arabe, Sawa veut dire « ensemble »). L'extrait comportait une chanson interprétée par Britney Spears.

Annexe

L'interview avec Amy

© National Post

Le texte qui suit est la transcription abrégée d'une interview téléphonique menée par l'auteur avec sa sœur le 11 septembre 2001. Il fut d'abord publié par le *National Post* le 12 septembre. On n'y mentionnait pas le nom de la personne interviewée, présentée comme une employée de bureau qui se trouvait au cinquante-quatrième étage de la tour Sud du World Trade Centre au moment où le premier avion heurta la tour Nord.

Témoin : Je suis arrivée au travail vers 8 h 30. Je me servais une tasse de thé lorsque l'édifice a frémi, les éclairages se sont mis à clignoter et nous avons ensuite entendu un bruit. J'ai regardé dehors et il y avait des papiers qui volaient partout ; j'ai regardé vers One World Trade [la tour Nord] et son sommet en était en feu.

Nous nous sommes alors précipités vers les ascenseurs, nous avons descendu plusieurs étages et nous avons dû faire le reste par les escaliers. Nous étions probablement rendus à mi-chemin dans les escaliers lorsque le deuxième avion a heurté notre édifice.

Ce n'était pas très agréable.

J'ai eu l'impression que l'édifice allait tomber sur le côté. Il oscillait, frémissant, d'un bord à l'autre.

National Post: Y eut-il une forte explosion ?

Témoin: Je ne m'en souviens plus. Tout le monde disait: « Marche plus vite », et tous étaient calmes, détendus et sereins. Nous sommes parvenus au sous-sol et ils nous ont dirigés vers le mail. Nous avons dû marcher sur une longue distance. Puis nous avons dû descendre à un autre étage, nous sommes sortis de l'édifice et nous avons vu qu'il était en flammes. À partir de ce moment, nous avons été en état de choc. Nous marchions très lentement, sans avoir trop conscience de ce qui s'était passé. Nous avions le sentiment qu'il fallait quitter cette zone, et… que s'était-il passé ? J'étais au téléphone, quelque part au centre-ville, lorsque le premier édifice s'est écroulé. Et…

Je ne puis vraiment me souvenir de tout.

Nous avons beaucoup marché. Il n'y avait pas d'automobiles dans les rues. Beaucoup d'ambulances… des gens vraiment hébétés et…

National Post: Lorsque vous étiez dans votre bureau, à faire du thé, et que vous avez vu l'incendie dans l'autre édifice, avez-vous spontanément pensé qu'une autre bombe avait explosé dans le World Trade Centre ?

Témoin: Non, non. Nous avons vu le feu et quelqu'un nous a dit qu'un avion avait heurté l'édifice et, nous, vous savez, nous avons pensé qu'il s'agissait d'un simple accident d'avion. Un accident. Alors, nous avons été calmes jusqu'à notre descente dans les escaliers… et nous avons ressenti le frémissement et ce fut un moment terrible.

National Post: Était-ce un frémissement qui vous a fait perdre l'équilibre ?

Témoin: Oui.

National Post: Les gens sont tombés par terre ?

Témoin:… Je ne pense pas. Nous avons poursuivi notre chemin.

National Post: Qui a organisé l'évacuation ?

Témoin: Personne. Personne. Il n'y avait pas d'organisation.

National Post: Vous avez tout simplement décidé de quitter l'édifice parce que l'autre tour était en flammes ?

Témoin : Oui.

National Post : C'était une bonne décision.

Témoin : C'était une incroyable décision.

National Post : Une fois dehors, les rues étaient-elles pleines de suie et de fumée ? Pouviez-vous voir clairement ?

Témoin : Là où nous étions, c'était plutôt clair mais, alors, nous étions dans… Oh !, je sais ce qui s'est produit. Nous sommes allés dans une galerie [d'art] de Soho parce que nous tentions de téléphoner et qu'aucun appareil cellulaire ne fonctionnait. Nous sommes arrivés à la galerie et ils avaient un téléviseur et nous avons pu commencer à voir ce qui s'était passé. Et c'est alors que le premier édifice [celui dont le témoin s'était échappé] s'est effondré.

Et alors nous avons marché dans Broadway et nous sommes entrés dans un magasin pour acheter des piles pour le cellulaire et nous avons entendu une journaliste de la radio qui décrivait ce qu'elle avait vu à la base de l'édifice lorsqu'une énorme boule de feu avait explosé au sous-sol de l'édifice. Elle laissait entendre qu'une bombe avait aussi été placée au sous-sol du World Trade Centre.

National Post : Vous a-t-il semblé que l'édifice penchait ou était déséquilibré après le choc de l'avion ?

Témoin : Je ne sais pas. J'étais tellement désorientée. J'étais moi-même hors d'équilibre. Je ne sais pas si c'était l'édifice ou si c'était moi…

National Post : Après cela, comment êtes-vous parvenue à Brooklyn [où habite le témoin] ?

Témoin :… Nous avons entendu, dans la rue, qu'il nous fallait quitter le centre-ville, alors nous avons marché vers le nord.

Nous avons aussi entendu dire que tout était fermé. Nous sommes allés au Village prendre un verre de vin chez une amie, nous y avons tout vu à la télé et nous avons pris conscience de ce à quoi nous avions échappé. C'était tout simplement atterrant.

Et puis… oh ! je sais ce que nous avons fait ! Nous avons décidé d'aller donner du sang et pris le chemin d'un hôpital.

C'était tranquille mais dans un état de choc. Il y avait des gens, dehors, qui attendaient d'en trouver d'autres. Ils nous ont dit de nous en aller.

La télé avait invité les gens à donner du sang, mais cet hôpital ne pouvait nous accueillir, alors nous avons marché plus au nord.

Nous sommes entrés dans une station de métro où on nous a dit que la ligne fonctionnait. J'ai donc pris le métro et ça n'était pas très amusant. Être dans un tunnel, entouré de gens, ce que les terroristes avaient visé…

National Post: Comment vous sentez-vous, maintenant, à vivre à New York ?

Témoin: Je ne sais pas ce que je pense de New York maintenant. Je suis absolument sonnée. Et, vous savez… il y a des morts et des gens dont on ne sait rien. C'est plus important que New York. C'est démesuré. Ce qui s'est produit aujourd'hui aux États-Unis est démesuré, monstrueux. Ce n'est pas seulement New York.

Table

Impression réalisée sur CAMERON par

BRODARD & TAUPIN

GROUPE CPI

La Flèche
en décembre 2002

Imprimé en France
N° d'impression : 16413
Dépôt légal : janvier 2003